高等学校虚拟现实技术系列教材

元宇宙通识
微课视频版

赵其刚 编著

清华大学出版社
北京

内 容 简 介

本书系统编排、内容新颖,旨在为读者提供一个系统完整的元宇宙知识框架。本书全面总结了丰富的知识、技术与案例,并实现了对元宇宙的跨学科融合阐述,有助于读者拓展知识面并提高综合运用知识的能力。

全书共四篇、二十章。概论篇从基本概念、哲学视觉、社会学维度、经济学维度和治理维度出发,以更宽广的角度解读元宇宙的复杂性。应用篇深入探讨元宇宙在生产、游戏、教育、娱乐和社交等不同领域的具体应用模式,并描绘由此引发的社会生产和生活方式的变革。技术篇详细解读元宇宙的整体技术架构及相关关键支撑技术,明确各项技术在元宇宙中的作用,为元宇宙创新创业者和技术开发者提供富有启发性的切入点。生态篇集中阐述元宇宙的产业生态结构、相关核心创新与技术环节、核心企业和产业环境,为元宇宙创新创业者、管理人员和政府决策者提供行业分析和参考。

本书可作为高等院校元宇宙通识教育的教材,也可作为感兴趣读者的科普读物,并可作为相关行业技术人员的参考用书。

版权所有,侵权必究。举报:010-62782989,beiqinquan@tup.tsinghua.edu.cn。

图书在版编目(CIP)数据

元宇宙通识:微课视频版 / 赵其刚编著. -- 北京:清华大学出版社,2024.8. --(高等学校虚拟现实技术系列教材). -- ISBN 978-7-302-67054-4

Ⅰ. F49

中国国家版本馆CIP数据核字第2024AQ0670号

策划编辑:魏江江
责任编辑:王冰飞 葛鹏程
封面设计:刘 键
责任校对:刘惠林
责任印制:杨 艳

出版发行:清华大学出版社
  网   址:https://www.tup.com.cn,https://www.wqxuetang.com
  地   址:北京清华大学学研大厦A座   邮   编:100084
  社 总 机:010-83470000   邮   购:010-62786544
  投稿与读者服务:010-62776969,c-service@tup.tsinghua.edu.cn
  质量反馈:010-62772015,zhiliang@tup.tsinghua.edu.cn
  课件下载:https://www.tup.com.cn,010-83470236
印 装 者:三河市天利华印刷装订有限公司
经   销:全国新华书店
开   本:185mm×260mm   印 张:15.5   字 数:380千字
版   次:2024年9月第1版   印 次:2024年9月第1次印刷
印   数:1~1500
定   价:49.80元

产品编号:105422-01

序
FOREWORD

模拟仿真现实世界事物为人所用是人类自古以来一直追求的目标，虚拟现实（Virtual Reality，VR）是随着计算机技术，特别是高性能计算、图形学和人机交互技术的发展，人类在模拟仿真现实世界方向达到的最新境界。虚拟现实的目标是以计算机技术为核心，结合相关科学技术，生成与一定范围真实/构想环境在视、听、触觉等方面高度近似的数字化环境，用户借助必要的装备与数字化环境中的对象进行交互作用，相互影响，可以产生亲临相应真实/构想环境的感受和体验。

虚拟现实在工业制造、航空航天、国防军事、医疗健康、教育培训、文化旅游、演艺娱乐等战略性行业和大众生活领域得到广泛应用，推动相关行业的升级换代，丰富和重构人类的数字化工作模式，带来大众生活的新体验和新的消费领域。虚拟现实是新型信息技术，起步时间不长，发展空间巨大，为我国在技术突破、平台系统和应用内容研发方面走在世界前列，进而抢占相关产业制高点提供了难得的机遇。近年来，我国虚拟现实技术和应用发展迅速，形成 VR+X 发展趋势，导致对虚拟现实相关领域人才需求旺盛。因此，加强虚拟现实人才培养，成为我国高等教育界的迫切任务。为此，教育部在加强虚拟现实研究生培养的同时，也在本科专业目录中增加了虚拟现实专业，进一步推动虚拟现实人才培养工作。

人才培养，教材为先。教材是教师教书育人的载体，是学生获取知识的桥梁，教材的质量直接影响学生的学习和教师的教学效果，是保证教学质量的基础。任何一门学科的人才培养，都必须高度重视其教材建设。首先，虚拟现实是典型的交叉学科，技术谱系宽广，涉及计算机科学、图形学、人工智能、人机交互、电子学、机械学、光学、心理学等诸多学科的理论与技术；其次，虚拟现实技术辐射力强大，可应用于各行业领域，而且发展迅速，新的知识内容不断迭代涌现；最后，实现一个虚拟现实应用系统，需要数据采集获取、分析建模、绘制表现和传感交互等多方面的技术，这些技术均涉及硬件平台与装置、核心芯片与器件、软件平台与工具、相关标准与规范，以及虚拟现实＋行业领域的内容研发等。因此，虚拟现实方面的人才需要更多的数理知识、图形学、人机交互等相关专业知识和计算机编程能力。上述因素给虚拟现实教材体系建设带来很大挑战性，必须精心规划，精心设计。

基于上述背景，清华大学出版社规划、组织出版了"高等学校虚拟现实技术系列教材"。该系列教材比较全面地涵盖了虚拟现实的核心理论、关键技术和应用基础，包括计算机图形学、物理建模、三维动画制作、人机交互技术，以及视觉计算、机器学习、网络通信、传感器融合等。该系列教材的另一个特点是强调实用性和前瞻性。除基础理论外，介绍了一系列先进算法和工具，如可编程图形管线、Shader 程序设计等，这些都是图形渲染和虚拟现实应用中不可或缺的技术元素，同时，还介绍了虚拟现实前沿技术和研究方向，激发读者对该领域前沿问题的探索兴趣，为其今后的学术发展或职业生涯奠定坚实的基础。

该系列教材的作者都是在虚拟现实及相关领域从事理论、技术研究创新和应用系统研发多年的专家、学者，每册教材都是作者对其所著述学科包含的知识、技术内容精心裁选，并深耕细作的心血之作，是相关学科知识、技术的精华和作者智慧的结晶。该系列教材的出版是我国虚拟现实教育界的幸事，具有重要意义，为虚拟现实领域的高校教师、学生提供了全面、深入、成系列且具实用价值的教学资源，为培养高质量虚拟现实人才奠定了教材基础，亦可供虚拟现实技术研发人员选读参考，助力其为虚拟现实技术发展和应用做出贡献。希望该系列教材办成开放式的，随着虚拟现实技术的发展，不断更新迭代、增书添籍，使我们培养的人才永立虚拟现实潮头、前沿。

北京航空航天大学教授

虚拟现实技术与系统全国重点实验室首席专家

中国工程院院士

前言
PREFACE

今天,人们正置身于一个数字化推动社会深刻变革的时代。

从20世纪中期计算机技术的诞生,到21世纪初互联网的飞速发展,再到近年来人工智能和大数据技术的崛起,数字技术的历史与演进已经深刻地改变了我们的生活方式。从最初的科研计算工具,到家庭和办公室的普通用品,再到如今深入到生活各方面的"智能"设备,数字技术已经渗透到日常生活的每个角落。数字技术的发展不仅改变了人们的工作、学习和交流方式,还使信息的存储和传输方式发生了革命性的变化。更重要的是,它构造了一个全新的数字世界,重新定义了人们对现实世界的理解和想象。数字世界提供了一个全新的视角和工具,使人们能够更加深入地理解和改造现实世界。

"元宇宙"是源于希腊文、于2021年开始全球兴盛的词汇,意为"超越现实的世界"。它首次被用于描述一个全新的、与现实世界平行的虚拟世界,这个世界既是对现实的延伸,也可能具有完全不同的特质。元宇宙——一个由无数数字空间组成的"新世界",不仅是现实世界的复制或延伸,还是具有自身独特属性和规则的新型空间。在元宇宙中,用户可以自由地创造和交流,无须受到现实世界中物理限制的束缚。这意味着元宇宙将使人们的生活方式、社会结构和价值观念发生前所未有的变化。

人们对元宇宙充满了好奇与期待。它预示着一个全新的虚拟世界,一个可能超越现实的、无限广阔和自由的空间。在这个新世界里,人们可以重塑身份,构建理想生活,甚至改写社会规则。这些美好的想象,激发了公众对元宇宙无限可能性的向往。然而,与这样的好奇与期待同行的,还有困惑与疑虑。公众的这种复杂心态,正是研究人员需要正视并深入探讨的。研究人员不仅需要从技术层面审视元宇宙,还要关注它可能引发的社会、文化和伦理问题。这些问题不仅是技术问题,更是深刻的哲学、社会和文化问题。为此,人们需要跳出传统的思维框架,以全新的视角和方式去理解和回应。

党的二十大报告强调,创新是引领发展的第一动力,在我国现代化建设全局中具有核心地位。在全球科技迅速发展、竞争日益激烈的今天,没有创新就没有未来。在这一战略布局下,元宇宙不仅是一个技术与科学领域的议题,更是一个国家与民族未来发展的重大议题。它既关乎国家在全球数字经济发展中的竞争地位,也关乎国家信息安全与数据主权,更关乎如何更好地利用数字技术服务人民、提高人民生活质量。

在党的二十大精神的引领下,我国正大力推动科技创新,不仅投入巨大的资源培养人才、支持基础研究和应用开发,还积极构建与国际科技创新体系的合作与交流。在元宇宙这个全新的领域,中国面临的是一个巨大的机遇与挑战。如何既能把握元宇宙为社会经济发展带来的机遇,又能妥善应对它可能引发的风险和问题,将是一个长期、艰巨和极具吸引力的任务和挑战。

为了系统、全面、深入浅出地将元宇宙这一重要概念呈现给读者,本书以独特的视角和深度构建一个完整的元宇宙知识体系,各篇内容如下。

(1) 概论篇旨在深入浅出地向读者展示元宇宙的全貌。从基本概念的定义开始,探索元宇宙的历史背景和发展轨迹,解析它为何成为今天备受关注的焦点。该篇还会探讨元宇宙的哲学认知,以及它如何从社会学、经济学和组织治理等视角重新定义我们对现实世界的理解和想象。通过概论篇,读者将获得对元宇宙的基本认识和全面理解,建立一个清晰的概念框架。

(2) 应用篇致力于详解元宇宙在各个层面的实践应用与潜在价值。从生产、游戏、社交、教育到城市建设等各个领域,通过丰富的案例分析,描绘元宇宙如何融入人们的生活并对现实世界产生深远的影响。该篇旨在回答两个核心问题:元宇宙为世界带来了什么?它的价值和潜力在哪里?

(3) 技术篇深入分析元宇宙的关键技术与整体架构。从人机接口、数字人到区块链与分布式存储、数字空间引擎等,梳理元宇宙的技术脉络,解析支撑这个虚拟世界运行的关键技术和基础设施。通过技术篇,读者将理解元宇宙是如何构建和运行的,并了解它的技术实现面临哪些挑战和机遇。

(4) 生态篇全面剖析元宇宙的产业价值链与生态环境。从核心企业、开发者到用户,深入分析元宇宙产业的各个环节和参与者,描绘一个完整的产业图谱。该篇将探讨元宇宙如何形成一个有机、健康、可持续发展的生态系统,它的未来趋势如何,以及它可能对全球经济和社会格局产生怎样的影响。

本书汇聚了该领域最新的知识、技术与案例。在迅速变化的科技环境下,力求提供最新、最准确、最具洞察力的信息和分析,使读者能够紧跟元宇宙这一新兴领域的最前沿。作为一本通识性的高校通识教材和科普读物,本书兼顾专业深度和普及性,以使专业人士和普通读者都能从中获益。

为便于教学,本书提供丰富的配套资源,包括教学大纲、教学课件和微课视频。

资源下载提示

数据文件:扫描目录上方的二维码下载。

微课视频:扫描封底的文泉云盘防盗码,再扫描书中相应章节的视频讲解二维码,可以在线学习。

此时此刻,一个由人类自己创造的"全新世界"正在不断拓展。这是一个充满无限可能与机遇的新纪元,它等待着人们去探索、去实践、去创新。可以预见的是,元宇宙不仅是虚拟的数字世界,还将与现实世界交织、互补,共同构建一个更加丰富、和谐、可持续的未来。让我们一同启程,探索元宇宙的无限可能,共同谱写一个崭新的未来!

由于作者水平有限,书中难免存在不足之处,敬请广大读者批评指正。

作　者

2024 年 8 月

目录
CONTENTS

资源下载

第一篇 概 论 篇

第1章 元宇宙概念 3
1.1 元宇宙兴起 3
1.2 宇宙概念的形成 🎬 4
1.3 元宇宙的概念 🎬 5
1.4 虚拟现实 🎬 6
1.5 元宇宙与新兴技术 8
1.6 元宇宙发展的意义 9
本章小结 11
习题 12

第2章 元宇宙的哲学问题 13
2.1 元宇宙认知迷茫 13
2.2 哲学基础认识 14
2.3 系统哲学观 18
2.4 以不同哲学观看待元宇宙 19
2.5 元宇宙哲学观 🎬 20
本章小结 22
习题 22

第3章 元宇宙的经济系统 23
3.1 经济活动与经济学 23
3.2 博弈论与经济活动 25
3.3 元宇宙的物质生产 🎬 27
3.4 元宇宙的文化生产 29
3.5 元宇宙的生产关系 🎬 30
本章小结 33
习题 33

第4章 元宇宙与社会变革 34
4.1 中心化与数据垄断 34
4.2 社会学基本问题 35
4.3 人类社会的社会学分析 37
4.4 元宇宙的社会学分析 41

4.5　元宇宙游戏人群的生存 43
本章小结 45
习题 45

第5章　元宇宙的组织与治理 46
5.1　组织治理 47
5.2　我国传统社会治理 47
5.3　现代组织的治理 48
5.4　传统治理面临的挑战 51
5.5　区块链的治理 52
5.6　元宇宙的治理 54
本章小结 55
习题 56

第二篇　应　用　篇

第6章　数字孪生应用 59
6.1　元宇宙应用分类 59
6.2　感知与数字技术 61
6.3　数字孪生技术 63
6.4　数字孪生应用 64
本章小结 70
习题 70

第7章　元宇宙游戏 71
7.1　游戏及其作用 72
7.2　元宇宙对游戏的拓展 74
7.3　GameFi 76
7.4　元宇宙运动游戏 77
7.5　元宇宙游戏的隐患 79
7.6　游戏相关法规 80
7.7　虚拟与现实的链接 81
本章小结 82
习题 82

第8章　数字加密货币 84
8.1　数字加密货币的发展历程 84
8.2　典型数字加密货币 85
8.3　数字加密货币的特点 88
8.4　DeFi的发展 90
8.5　数字加密货币的隐患 92
8.6　数字加密货币与元宇宙 93
8.7　元宇宙典型加密货币应用 95
本章小结 96
习题 96

第9章 数字艺术品 … 97
9.1 数字艺术品分类 … 98
9.2 数字艺术品与元宇宙 … 101
9.3 元宇宙数字艺术品的创作 … 102
9.4 数字艺术品的关键技术 … 103
9.5 典型的数字艺术品平台 … 104
本章小结 … 106
习题 … 106

第10章 元宇宙教育 … 107
10.1 教育的任务 … 108
10.2 教育内容 … 109
10.3 教育的模式 … 111
10.4 元宇宙推动教育变革 … 112
10.5 教育者变革 … 113
10.6 数字教师 … 114
10.7 教学模式变革 … 115
本章小结 … 118
习题 … 118

第11章 元宇宙社交 … 119
11.1 社交工具与分类 … 119
11.2 社交工具的商业模式 … 121
11.3 社交巨头与元宇宙 … 122
11.4 元宇宙社交 … 123
11.5 挑战中心化社交平台 … 126
11.6 典型元宇宙社交平台 … 128
本章小结 … 129
习题 … 129

第12章 元宇宙直播 … 130
12.1 直播的兴起 … 130
12.2 直播的商业模式 … 131
12.3 网络营销计费与直播电商 … 132
12.4 直播平台与应用 … 133
12.5 元宇宙直播 … 134
12.6 元宇宙直播商业模式 … 136
本章小结 … 137
习题 … 137

第13章 元宇宙城市规划 … 138
13.1 城市的形成 … 138
13.2 城市的规划 … 139
13.3 数字技术与城市规划 … 140
13.4 元宇宙与城市规划 … 142
13.5 相关技术与标准 … 145

13.6 典型元宇宙城市规划案例	146
本章小结	149
习题	150

第14章 元宇宙经济组织 ... 151

14.1 经济活动与经济组织	151
14.2 典型经济组织——公司	152
14.3 传统经济组织的弊端	154
14.4 新经济组织	155
14.5 DAO	155
14.6 元宇宙经济组织	156
14.7 元宇宙经济组织的建设与运营	157
14.8 典型元宇宙经济组织	160
本章小结	161
习题	161

第三篇 技 术 篇

第15章 元宇宙技术架构 ... 165

15.1 互联网与元宇宙	165
15.2 元宇宙集成技术	167
15.3 元宇宙基础设施建设	168
15.4 元宇宙内容建设	171
15.5 元宇宙的运营	172
本章小结	174
习题	175

第16章 人机接口技术 ... 176

16.1 人的感知系统	176
16.2 人机接口技术发展历程	177
16.3 元宇宙人机接口技术	178
16.4 元宇宙人机接口应用	182
本章小结	183
习题	183

第17章 数字人技术 ... 185

17.1 元宇宙对"我"的拓展	185
17.2 实体数字人	187
17.3 AI 虚拟人	190
17.4 数字人的应用	191
17.5 典型数字人应用案例	195
17.6 真人、数字人的融合世界	196
本章小结	197
习题	197

第18章 区块链与分布式存储 ... 198

18.1 去中心化技术的发展	198

18.2 区块链技术 ……………………………………………………………… 200
18.3 区块链的应用 …………………………………………………………… 202
18.4 去中心化分布式存储技术 ……………………………………………… 203
18.5 去中心化分布式存储应用 ……………………………………………… 205
18.6 典型应用案例 …………………………………………………………… 206
本章小结 ……………………………………………………………………… 207
习题 …………………………………………………………………………… 208

第 19 章 数字空间引擎技术 …………………………………………………… 209
19.1 元宇宙房地产 …………………………………………………………… 209
19.2 元宇宙建造与运营 ……………………………………………………… 210
19.3 元宇宙开发商组织 ……………………………………………………… 212
19.4 元宇宙数字空间技术 …………………………………………………… 213
19.5 典型数字空间引擎平台 ………………………………………………… 215
本章小结 ……………………………………………………………………… 220
习题 …………………………………………………………………………… 220

第四篇 生 态 篇

第 20 章 元宇宙的产业生态 …………………………………………………… 223
20.1 元宇宙生态 ……………………………………………………………… 223
20.2 元宇宙创新与技术 ……………………………………………………… 227
20.3 元宇宙产业 ……………………………………………………………… 229
20.4 元宇宙生态环境 ………………………………………………………… 232
本章小结 ……………………………………………………………………… 234
习题 …………………………………………………………………………… 235

参考文献 …………………………………………………………………………… 236

第一篇 概 论 篇

元宇宙概念

第 1 章
CHAPTER 1

在 2021 年的 Facebook Connect 年度大会上，Facebook 决定将公司改名为 Meta，这标志着元宇宙正式成为备受瞩目的科技热点和重大产业发展方向。

1.1 元宇宙兴起

随着 Facebook(Meta)的重大宣布，谷歌、微软等科技巨头也开始积极布局元宇宙，开发各类与元宇宙相关的硬件设备(如 VR 眼镜、AR 设备)和软件平台。创业公司也纷纷涌现，推出不同类型的元宇宙项目，包括虚拟社交平台、虚拟商品交易平台、虚拟地产开发等。

元宇宙的兴起不仅引起了科技公司的高度重视，在经济和社会中也产生了重要影响。元宇宙产业链的形成，包括硬件生产、软件开发、内容创作、数字资产交易等，为全球范围内的创业者和投资者提供了新的商业机遇。2021 年、2022 年，上市公司一旦与元宇宙有所关联，其股价立刻飙升。在不少地方，元宇宙成为地方政府招商引资的重要对象，有些园区或城市主动将自己打造成元宇宙产业发展的重点区域，通过提供税收优惠、政策支持和基础设施建设等激励条件，吸引元宇宙相关的创业者、投资和人才，期望打造元宇宙的产业基地。

元宇宙的兴起逐渐改变传统的商业模式，越来越多的品牌开始进入元宇宙空间进行虚拟商品的推广和销售。同时，元宇宙的兴起引发了对教育、就业和社交模式等社会制度的重新思考，虚拟学校、虚拟办公空间等开始出现。随着人们在元宇宙中的活动逐渐增加，一些传统的社交与生活方式正在受到挑战，人们对于现实与虚拟的界定也变得越来越模糊。

与此同时，许多人对元宇宙的发展表示了担忧。例如，著名作家刘慈欣就对元宇宙表达了负面观点，担心沉迷元宇宙将使人类丧失仰望星空的能力，因此称元宇宙可能会引导人类走向死路。这些担忧主要集中在人工智能、隐私保护、虚拟现实等方面，这些元宇宙技术一旦未受到充分监管和控制，就可能导致一系列社会问题。社会舆论也开始关注元宇宙可能加剧的数字鸿沟问题，即那些无法接触或使用高科技产品的人群可能会被进一步边缘化。另外，元宇宙的匿名和虚拟特性可能使之被用于非法活动，如洗钱、网络诈骗等，这也引发了人们对元宇宙治理和监管的关注。

面对元宇宙的迅猛发展，各国政府开始制定相关的法律法规，以保护用户的数据安全和隐私权利。同时，政府也开始探索如何在元宇宙空间内征收税收，以及如何确保虚拟空间的秩序和安全。

1.2 宇宙概念的形成

"宇"源自古代汉语,最初是指屋檐的翘起部分,后来引申为房屋的内部空间。随着时间的推移,"宇"逐渐扩展为指代广阔的空间范围,代表着辽阔无边的空间。在我国古代,"宇"也被用来指代尊贵的人或皇帝的住所,表示其至高无上的地位。

"宙"在古代汉语中指的是一段时间,特别是一个时代或历史时期。例如,"宇宙同此时,无声胜有声"中的"宙"指的是在某一段时间内。后来,"宙"逐渐演变为表示广阔无边的时间和空间,涵盖了一切存在和发生的事物。

在汉语中,"宇宙"最早是由佛教引入的概念,用于指代一切存在的世界和空间,包括物质世界和精神世界。随着时间的推移,"宇宙"的含义逐渐扩展为指代整个天地间的广阔空间,包含了星球、恒星、行星,以及其他天体和宇宙空间。它代表宏大、无限的存在,包含了一切存在和发生的事物,即人们所处的宏伟宇宙。

简单地说(见图1-1),在"宇宙"这个词语中,上下四方的空间称为"宇",过去到现在的时间称为"宙",无限的时间和空间则称为"宇宙"。宇宙包括人们所知道的时间和空间存在的一切事物,就像一个无比巨大的舞台,上面演绎着无数的故事。从宏观来看,宇宙包含了无数恒星和星系,形成了浩瀚的星空;从微观来看,宇宙又包含了无数微小的粒子,构成了一切物质。

图1-1 宇宙的概念

有什么样的宇宙观就会形成什么样的世界观。而世界观是人们所谓的三观——世界观、人生观与价值观中最基础的一观,对人们认识世界、改造世界,以及追求生命意义、人生价值与幸福具有重要作用。

"杞人忧天"讲的是古代有位老人总是担心天会塌下来,这其实就是人类在蒙昧无知的时代的一种宇宙观。"盘古开天"讲的是人类始祖盘古开天辟地,他用巨斧将混沌的世界一分为二,将天和地分离开。这是古人对宇宙起源的一种假说,反映了古人对宇宙起源的猜想和探索。"天圆地方"也是古人的一种宇宙观,他们认为整个世界是天圆地方的,天是圆的,就像一个巨大的圆盘,在这个圆盘上,布满了日月星辰,好像一幅璀璨的画卷;而地是方的,像一张巨大的棋盘,棋盘上分布着纵横交错的山脉、湖泊和池泽,形成了壮观的自然景观。古人宇宙观的形成主要基于眼睛的观察和头脑的思索。

近代,望远镜的发明使人们对宇宙的认识发生了巨大的改变。1543年,波兰天文学家哥白尼提出了一个革命性的理论,即著名的"日心说"。"日心说"理论认为宇宙的中心是太阳,而不是地球。在这之前,人们普遍认为地球是宇宙的中心,所有行星和恒星都围绕着地球运转。哥白尼的《天体运行论》打破了这个传统观念,他认为一切行星都围绕着太阳运转,地球只是其中一个行星。后来,有着丰富天文观测数据的天文学家开普勒和伽利略对"日心说"进行了进一步证实和完善。"日心说"理论的提出是一个具有历史意义的里程碑,引发了人们对宇宙本质的深刻思考,也为后来的天文学和其他科学的发展奠定了基础。

现代科学基于更为先进的观察工具和多位杰出的物理学大师的贡献,使人们全面刷新了对宇宙的认识。著名物理学家牛顿在17世纪提出"万有引力",他发现了地球上物体落地的规律并将这个规律推广到整个宇宙。万有引力指出,所有物体之间都会相互吸引,而这种吸引力的大小取决于它们的质量和距离。正是因为万有引力的作用,行星才会围绕着恒星运动,整个宇宙也因此保持着相对稳定的结构。爱因斯坦在20世纪初提出的"相对论"指出,时间和空间是相互联系的,而不是各自独立的。相对论揭示了物体在高速运动或强引力场下的奇妙现象,也解释了行星运动和光的传播规律。相对论的提出彻底改变了人们对宇宙的认识,让人们意识到时间和空间是弯曲的,而不是简单的直线和平面。

"宇宙大爆炸"理论认为宇宙在遥远的过去经历了一次巨大的爆炸,从而形成了现在的宇宙。"宇宙大爆炸"理论是现代宇宙学的基石,它解释了宇宙的起源和演化。通过对宇宙中天体"红移"现象的观测和分析,科学家得到了宇宙扩张的证据,这也进一步支持了宇宙大爆炸理论。现代物理学的明珠"量子力学"是研究微观世界的规律,它解释了微观粒子的行为方式。量子力学指出,微观粒子有着奇妙的行为,它们并不像人们日常经验中的物体那样遵循经典的规律。量子力学带来了一系列匪夷所思的现象,如量子纠缠和不确定性原理等,为人们揭示了微观世界的奥秘。

现代物理学的这些理论让人们对宇宙的认识更加深入和精确。

1.3　元宇宙的概念

视频讲解

元宇宙的概念与人类历史上的宇宙观都有所不同,因为这个宇宙不是人类本身所存在、所观察的客观世界,更大意义上似乎是由人类自己所创造的世界。

"元宇宙"中的"元"字表示头、首、始、大等,它传递了起源、根本或超越的含义。英文Metaverse中的"Meta"表示"超越",代表着超越现实的维度或层面。因此,将"元"和"宇宙"这两个概念结合起来,就得到了"元宇宙"的含义——超越宇宙的存在。也就是说,"元宇宙"是一个超越人们熟知的宇宙和时空的概念,它代表了一个全新的世界,这个世界是一个纯粹的信息世界或虚拟世界。

"元宇宙"的发展过程可以追溯到虚拟世界的发展。虚拟世界最初是从简单的计算机图形和游戏开始的,随着科技的进步,它不断地扩展和演进。从早期的 2D 游戏到后来的 3D 图形,再到如今的虚拟现实技术,虚拟世界的发展经历了巨大的飞跃。随着虚拟现实技术的日益成熟,人们开始创造更加逼真、更加沉浸式的虚拟世界。这些虚拟世界超越了人们日常生活的限制,让人们可以在其中体验到超越现实的感觉。这就是"元宇宙"的概念所在——一个超越人们熟知宇宙的虚拟世界。它开启了一个全新的维度,让人们可以在其中自由探索和创造。

本质上,人们头脑中的世界或人们意识中的世界都是由感知构造的世界,都是虚拟的、虚幻的、不真实的。因此,元宇宙作为对世界的一种描述方式,与其他方式相比并没有本质上的不同,它只是人们在描述方式上的一种历史性进步。事实上,人类社会对人们所生活的这个世界的描述、表达方式是一个不断演进的过程,经历了从最初的口耳相传到如今的元宇宙。

在古代,人类的信息传播主要依靠口耳相传。人们通过口述的方式将历史、文化、故事等知识传递给后代。这种传播方式极其简单,信息的传递范围和速度均受到一定的限制。随着文字的出现,人们开始使用书籍作为信息的载体,书籍成为主要的传播方式。通过文字的记录,人类的知识和文化得以广泛传播,知识也得到了更长久的保存。

20 世纪初,无线电技术的发明使得信息传播迈出了重要的一步。无线电波对声音的传播,使得广播成为可能。人们可以通过收音机收听来自远方的声音,世界各地的信息得以传递和交流,从而拉近了人与人之间的距离。随后,无线电波实现了影像的传播,电视成为信息传播的新媒介。人们可以通过电视看到图像和视频,信息传递更加直观和多样化。20 世纪末至 21 世纪初,互联网的出现彻底改变了信息传播的方式。互联网打破了地域和时间的限制,使得信息可以快速传递和广泛分享。互联网多媒体信息传播与互动成为主流,人们可以通过网站、社交媒体、在线视频等多种方式获得信息,并进行交流和互动。进入 21 世纪,移动互联的全面连接使得人们随时随地都能接触到信息。智能手机的普及和移动网络的发展,使人们获取信息更加便捷和高效。

如今,虚拟现实技术的发展为人类带来了全新的信息表达方式。通过虚拟现实技术,人们可以沉浸地体验虚拟世界,信息互动更加直观且丰富。

1.4 虚拟现实

视频讲解

虚拟现实(Virtual Reality,VR)技术对元宇宙概念的出现具有至关重要的影响。VR 技术通过计算机技术模拟出逼真的三维虚拟场景,通过头戴设备等交互工具,让使用者置身于虚拟世界中并与虚拟环境进行互动。VR 技术旨在创造一种高度沉浸感和身临其境的体验,使用户感觉仿佛置身于一个与现实世界完全相同的虚拟环境中。

VR 技术的工作原理涉及计算机图形学、传感器技术和交互设备等多方面。VR 眼镜是 VR 技术中最重要的交互设备之一,它通过显示透镜和传感器等技术,让使用者能够看到虚拟环境并与其进行交互。VR 眼镜的构成如图 1-2 所示,其原理主要包括以下几方面。

1) 显示技术

VR 眼镜采用高分辨率的显示屏,以此呈现虚拟世界的图像。通常,VR 眼镜配备两个显示屏,分别对应使用者的左眼和右眼。这种双显示屏的设计是为了实现立体视觉效果,让

图 1-2　VR 眼镜的构成

用户感受到真实的深度。

2）透镜技术

VR 眼镜采用透镜技术，以使虚拟世界的图像在用户眼中呈现出立体感。这些透镜通过特定的设计和校准，能够将显示屏上的二维图像投影成逼真的三维图像，使得用户仿佛身临其境。

3）传感器技术

VR 眼镜配备多种传感器，如加速度计、陀螺仪、磁力计等，用于跟踪使用者头部的运动。通过实时监测用户头部的转动和倾斜，VR 系统能够准确地计算用户在虚拟世界中的视角变化，并相应地调整虚拟场景的图像，使用户感觉到与虚拟环境的身体交互。

4）交互设备

VR 眼镜通常还配备各种交互设备，如手柄、触控板等，让用户能够在虚拟世界中进行互动。这些设备能够通过无线连接与计算机进行交互，让用户能够在虚拟世界中进行各种操作，如选择、移动、抓取物体等。

VR 技术的发展经历了漫长的历程。

1838 年，人们就开始尝试使用立体镜来实现 3D 影像，以提供深度和沉浸感。这是 VR 技术发展的最初尝试，虽然当时还很简陋，但奠定了 VR 发展的基础。20 世纪初，出现了第一个飞行模拟器。这个模拟器被用于飞行员的培训和技能提升，让他们能够在虚拟环境中进行飞行练习，以提高飞行技巧。此后，科幻小说家开始对虚拟现实的概念进行大胆的想象，"皮格马利翁的眼镜"的故事被认为是最早的虚拟现实科幻作品之一，其中描述了一个佩戴者可以通过眼镜体验虚构世界的情节。

20 世纪 50 年代中期，第一台 VR 设备问世。1961 年，第一个运动跟踪装置出现，为 VR 技术的进步带来了新的可能性。1968 年，虚拟现实之父伊凡·苏泽兰设计出了第一款真正的头戴式显示器，被称为"达摩克利斯之剑"。这个头戴式显示器大大增强了沉浸感，可以让用户更贴近虚拟环境。1980 年，手套式输入设备的出现进一步丰富了虚拟现实的交互体验。1985 年，NASA 研发了目前主流 VR 设备依然使用的 LCD 光显戴显示器，目的是使宇航员在模拟环境中学习控制太空站外的机器人进行太空作业。1987 年，任天堂推出了消费型的商业 VR 眼镜，使得虚拟现实第一次进入民用和商用领域。

1989年，VPL Research公司研发了第一套商业VR设备，虽然造价较高，但标志着虚拟现实这个名词正式诞生。1991年，NNSA科学设计了一套VR系统用于模拟火星机器人操作，为VR技术在科学领域的应用打下了坚实基础。随后的几十年里，VR技术逐渐发展成熟，但真正的突破发生在2012年，Oculus Rift的众筹项目引起广泛关注，该项目的成功让VR进入了新纪元。

2018年，VR一体机的需求开始兴起，更加方便和便携的VR设备受到欢迎。2020年，脸谱网发售了第二代VR设备Quest2，通过全新升级的配置，提供了更加出色的VR体验，成为VR历史上单个产品销量千万级的产品。

VR技术及应用的发展历程经历了不断的探索和进步，从最初的简陋尝试到如今的高度沉浸式体验，均为元宇宙概念的诞生产生了重要的推动作用。

1.5 元宇宙与新兴技术

2021年被誉为元宇宙元年。VR、区块链、人工智能和5G技术等多种新兴技术发展到新的阶段后，通过充分融合、集成发展，形成了元宇宙概念，这个概念超越了由VR技术所塑造的虚拟现实世界。

区块链技术在元宇宙的发展中起到了重要的作用。区块链的去中心化可信网络特性，使现实世界的经济关系可以映射在元宇宙中，基于区块链使元宇宙的虚拟资产和交易可以得到高度的安全性和透明性，让用户可以拥有真正的数字资产，并在元宇宙的虚实融合世界中进行各种经济活动。人工智能的发展也为元宇宙提供了强大的支持。在元宇宙中，人工智能可以被用来创造和控制虚拟角色，提供智能化的虚拟助手、数字人，为用户提供极其丰富、智能化的个性化交互体验。5G技术的应用则使得元宇宙的终端交互更加实时和流畅，为虚拟世界的实时互动提供了更高的网络带宽和稳定性。

因此，元宇宙是多种新兴信息科技融合与集成发展而出现的一个全新概念。它超越了传统的以VR为核心的虚拟现实和现实世界，成为一个数字化的、仿真的、高度沉浸式的虚实融合空间，涵盖了现实世界中人与人、物与物之间的关系，为用户提供了全新的交互体验和生活方式，如图1-3所示。元宇宙对信息科技的再次大规模集中、集成运用，将成为互联网发展的又一个高峰，并由此全面促进人类社会物质空间、数字空间与人自身能力的高度发展和融合。

元宇宙不仅是数字信息的映射和创造，更重要的是将现实世界和虚拟世界进行全面的融合。它不只是一种技术层面上的发展，更是一种社会范式和发展趋势的转变。元宇宙的发展将推动人类社会在物质空间和数字空间之间实现高度发展和融合。通过互联网和新兴技术的集中应用，元宇宙将实现数字化和虚拟化的物质空间，让人们能够在虚拟环境中创造、交流和互动。虚拟世界中的各种数字资产和信息将得到高度的价值认可和交易，为数字经济和虚拟经济带来新的机遇和挑战。

在元宇宙的影响下，人类社会将经历生产、生活方式及产业形态的重大改变。人们可以在虚拟环境中开展工作、学习、社交和娱乐，极大地提高生产力和生活质量。同时，各种行业和产业也将面临巨大的转型和变革，虚实融合技术将渗透教育、医疗、娱乐、工业和农业等各个领域，推动传统产业的数字化和智能化升级。

图 1-3 元宇宙：虚实融合的世界

1.6 元宇宙发展的意义

元宇宙代表了信息科技发展的一个新阶段，它将人类社会的物质空间、数字空间和人的能力进行全面融合，开创了全新的虚拟与现实交互模式。随着元宇宙的发展，人类社会将经历巨大的变革和进步，开启一个充满挑战与机遇的全新时代。

元宇宙发展的意义可分为以下几方面。

1. 元宇宙是信息科技的又一次大规模集成应用高峰

元宇宙的崛起与虚拟现实、增强现实、3D扫描、人工智能、区块链和分布存储等技术紧密相连。这样的技术集成与创新，预示着人们即将进入一个沉浸式、交互式和智能化的数字时代。元宇宙作为核心载体，将颠覆传统的信息互动模式。

1) 技术的集成与高峰

元宇宙是信息科技的又一次大规模集成应用高峰。过去，人们可能会看到某一项技术的独立崛起和应用，如社交媒体或智能手机。元宇宙是多种技术交汇的结果，它展示了当多个前沿技术相互融合时，可能创造出的强大力量。

2) 开启沉浸式数字时代

与传统的 2D 屏幕互动方式相比，元宇宙为用户提供了一个三维、多感官的互动体验，使人们能够更加深入地沉浸在数字内容中。

元宇宙不再是单向的信息传递方式，还是一个多维度、多参与者、智能互动的共创空间，它颠覆了传统的信息交流和消费模式。

2. 元宇宙是互联网的高级阶段

在传统的互联网中，信息和数据可以被充分地共享，但仍然存在着严重的中心化问题。而在元宇宙中，所有人都可以参与其中，共同构建和创造虚拟世界，形成一个更加开放、平等和共享的网络社区。

1)互联网的高级发展阶段

元宇宙被视为互联网的高级阶段。与早期的互联网相比,它代表了一个更加成熟、复杂和多元的网络体系。从初步的静态网页 Web1.0 到更加互动的 Web2.0,再到元宇宙所代表的 Web3.0,不仅是技术上的演进,还包含了更深层次的价值观和理念变革。3D 沉浸式体验使得用户更深入地沉浸在内容中,而数据产权和隐私保护则为用户提供了更高级别的安全和自主权。

2)挑战中心化的互联网络

传统互联网虽然能够充分共享信息和数据,但仍存在中心化问题。这种中心化不仅限于技术,还涉及数据的控制、经济利益和权力结构。元宇宙为解决这些问题提供了新的机会和方案。元宇宙强调每个人都可以参与其构建,鼓励用户共同创造和构建虚拟世界,以形成一个更加开放、平等和共享的网络社区。这种参与式的理念使得元宇宙更加民主和去中心化。

3. 元宇宙是物质空间与数字空间的充分融合

元宇宙中的物质空间与数字空间是融合关系,而不是各自独立的平行世界。在元宇宙中,虚拟世界和现实世界相互交织,数字化的虚拟环境可以与现实世界进行无缝衔接。人们可以在虚拟空间中创造、体验各种场景和活动,而这些体验也会影响和丰富现实生活。

1)非平行的融合世界

元宇宙强调,物质空间与数字空间是互相融合的,而不是各自独立、平行存在的世界。这意味着虚拟与现实不再是隔离的,而是相互影响、相互渗透的。由于虚拟与现实的紧密结合,元宇宙的出现使得人们的现实生活变得更加多彩。人们可以利用元宇宙中的工具、资源和社交网络,以改善、创新和丰富他们的真实生活。

2)虚拟与现实的交织

在元宇宙中,虚拟世界与现实世界紧密交织,这种交织使得人们可以在元宇宙中模拟现实情境或将虚拟的成果带入现实中。元宇宙为人们提供了一个广阔的平台,人们可以在虚拟空间中创造、体验各种场景和活动。它不仅是游戏或娱乐,也可以是教育、工作和社交等各种现实生活的延伸。这些虚拟的体验与互动不仅限于数字空间,也会对人们在物质世界中的决策、情感和行为产生影响。

4. 元宇宙将实现个人能力的充分提升

元宇宙以"真人"为核心,通过构建数字空间中的虚拟人(化身)和现实空间的智能机器人(假身),实现人们个人能力的全面提升。在虚拟世界中,人们可以超越现实的限制,实现自己的理想和愿望;在现实世界中,智能机器人的辅助将大大提高人们的生产力和生活质量。

1)真人与拓展的化身

元宇宙以"真人"为核心,允许个体在数字空间中创建虚拟化身。虚拟化身不受物理世界的限制,从而具有飞行、变身、快速传送等超越现实的能力。这不仅是一种全新的互动方式,还使个体能够体验并实现那些在物理世界中不可能达到的理想和愿望。元宇宙提供了一个超越现实世界限制的平台。个人身体上的障碍、地理位置或资源限制,都可以在虚拟世界中被突破,这意味着每个人都有机会探索、创造和实现自己的最大潜能。

2)现实中的智能助手

除了在虚拟世界中的拓展外,元宇宙还通过智能机器人为个体在物理世界中提供辅助。

这些智能机器人可以理解和响应人类的需求，协助人们完成各种任务，从而极大地提高生产力和效率。通过元宇宙中的虚拟体验与现实中的智能机器人相结合，人们的生活质量可以得到明显提升。无论是工作、学习还是娱乐，都可以通过这种整合方式得到更好的体验和效果。

5. 元宇宙将改变人们的社会生活方式

元宇宙的发展将深刻地改变人们的社会生活方式，并创造出新的产业生态和产业结构。它将带来更加智能化、数字化、虚拟化的社会，使得人们可以更自由地创造、交流和互动，进而推动社会的进步和发展。

1）经济方面

元宇宙中的虚拟物品和服务将创造新的经济模型（如虚拟地产、虚拟商品交易等），设计、开发、维护元宇宙所需的技能将为许多人创造就业机会，越来越多的资金将投入相关技术和业务中。

2）社会生活

人们可以通过完全自定义的虚拟形象在元宇宙中互动，突破传统社交的局限。元宇宙可以为教育和培训提供一个沉浸式、交互式的平台，使学习变得更加有趣和高效。另外，通过使用VR/AR技术，元宇宙也可以为心理健康治疗提供新的方法。

3）文化交流

元宇宙为具有不同文化背景的人们提供了一个交流的平台，可以有效促进文化的交融和理解。从虚拟音乐会到互动艺术展，元宇宙为艺术家和娱乐产业创造了全新的展示和互动方式。

4）创新创意

元宇宙为创意人才提供了一个无限的空间，他们可以在这个虚拟世界中尽情创造。企业可以使用元宇宙进行远程合作，共同研发新产品或服务。

本章小结

（1）"宇宙"即时空，即人们所处的这个世界；"宇宙观"即"世界观"，代表了人们对这个世界的根本看法。从古人朴素的、传说中的宇宙观到当代由现代物理学支撑的宇宙观，人类的宇宙观在不断地发展变化。元宇宙不是在变革人们的世界观，而是在变革人们对世界的描述与互动方式。

（2）"元宇宙"是指超宇宙，即超越现实世界的"新世界"，实质上是人类自身所创造的一种崭新的世界描述或表达方式，类似于口耳相传、文学创作、电影电视。它建立在新兴信息科技的大规模集成运用之上，可以实现对现实世界和意识世界的全方位的表达、描述和融合互动。

（3）虚拟现实、区块链、人工智能、5G、物联网、云计算等新兴技术对元宇宙的诞生均具有重要的影响。

（4）在推动信息科技集成运用、互联网向高级阶段发展、数字空间与物理空间的充分融合、人类自身能力的拓展和经济社会生活方式变革等方面，元宇宙都将产生重大影响。

习题

1. 简述人类社会各个时期的宇宙观及其形成的经济社会背景。
2. 简述元宇宙的概念及其形成的背景。
3. 元宇宙的本质是什么？它是一种世界观吗？简要说明理由。
4. 简述 VR 技术对元宇宙诞生的影响。
5. 简述区块链及分布式存储技术对元宇宙诞生的影响。
6. 简述人工智能在元宇宙中的重要作用。
7. 简述物联网、5G、云计算等技术对元宇宙发展的重要意义。
8. 为什么说元宇宙是互联网发展的高级阶段？
9. 元宇宙的发展将带来经济社会生活方式的哪些变革？举例进行说明。
10. 元宇宙可能会对个人生活、职业发展带来哪些具体影响？试结合自身体会进行说明。

元宇宙的哲学问题

第 2 章
CHAPTER 2

2022 年 7 月 19 日,特斯拉 CEO 埃隆·马斯克发表意识上传到互联网的声明,引发了公众对意识上传的强烈关注和热烈讨论。他声称自己已将大脑上传到云端,并且能够与自己的虚拟版本进行交流。马斯克是一位颇具影响力的企业家和科技先驱,他的言论让人们开始思考意识上传可能带来的伦理风险与道德问题。

2.1 元宇宙认知迷茫

在科幻电影中,人们常常看到类似的场景:一个人在现实世界的肉体消亡后,他的意识和记忆被提前上传到虚拟网络中,从而得以在另一个维度继续存活。在这个虚拟网络中,意识可以与亲朋好友进行对话并保持联系,仿佛他从未离开过。这种设想令人着迷,也激发了人们对于生命的本质和意识永生的深刻思考。

在关于未来的畅想中,人类可能会进入一个令人震撼的科技时代。他们佩戴着精致的头盔,踏入神秘、辉煌的元宇宙。打开这个虚拟世界的门,便展现出绚丽多彩的星系、宏伟壮观的星云,以及光怪陆离的异星文明。人们在元宇宙中可感受到自由飞翔、行走在绵延无垠的星系之间,体验太空探险的刺激和激情。这里不再受现实世界的束缚,无论是参观古代文明的历史遗迹还是探索未来科技的奇妙,都变得触手可及。

在元宇宙中,知识的海洋是无边无际的。人们可以轻松获取各种知识和技能,只需要简单的手势或命令,便能进入虚拟学校、图书馆或工作坊。这里的学习体验不再受时间和空间的限制,人们可以在瞬间获得犹如身临其境的学习体验。同时,元宇宙也是社交的天堂。无论身处何地,人们只需要佩戴头盔,便能进行实时互动。这里的社交体验丰富多彩,从音乐会到艺术展,从团队合作到竞技游戏,无不充满着兴奋和欢乐。

而在现实世界,机器人主导的社会正在为人类提供全方位的支持。高度智能化的机器人负责生产和提供各种物质产品,包括新鲜可口的营养液,让人们不再为生计忧虑。这样的社会也大大减少了资源浪费和环境污染,有助于实现可持续发展和绿色生活。

虚拟化的生活方式会带来一系列值得深思的严峻问题。如图 2-1 所示,在元宇宙中沉浸太久,是否会让人们失去对现实世界的关注和关怀?在机器人主导的世界中,人们是否会变得过于依赖科技,从而失去对生活的主动掌控?这种生活是人们向往的理想生活吗?

一些人认为,元宇宙是一个更高维的空间。在元宇宙中,时间成了可以自由调整的维

图 2-1 一切皆元宇宙的生活

度,使得人类可以实现从三维世界向四维世界的升维。在现实世界中,人们所处的空间是三维的,通过 3 个坐标轴可以描述物体的位置。而在元宇宙中,除了 3 个空间维度外,还存在灵活的时间维度。人们可以自由穿梭于过去、现在和未来,体验时间的非线性特性。这种非凡的体验使得元宇宙被认为是更高维的空间,可以超越现实世界的限制。

与之相对地,也有人持不同的观点。他们认为,无论元宇宙的空间形态如何,它都是现实世界在数字空间的投影。在元宇宙中,人们可以通过数字技术将现实世界的信息和元素转化为虚拟的表示形式。这种转化过程实际上是一种信息的压缩表达,将现实世界中复杂的信息和细节化为虚拟世界中简化的形式。从这个角度来看,元宇宙可以被视为现实世界的降维表达。这种观点认为,元宇宙虽然在某种程度上模拟了现实世界的各方面,但它并不能完全还原现实世界的复杂性和真实性。在元宇宙中,人们只能通过数字化的方式来感知和交互,而无法亲身体验现实世界中的真实感觉和物质实体。因此,元宇宙通常被看作现实世界的降维表达,它虽然提供了一种新的体验和交流方式,但仍然是对现实世界的简化和压缩。

那么元宇宙究竟是高维空间还是低维空间呢?

这些问题,不是科学问题,而是哲学问题。因为科学关注可观察、可测量的自然现象和规律,通过实验、观察和数据收集来研究自然界的现象,并通过观察到的规律和模式来推断和解释现象背后的原因和机制。而哲学则研究广泛的思维和思考问题,涵盖道德、知识、存在、价值观等抽象的概念,关注深层的问题和普遍的原则,通过思辨、逻辑推理和辩论来探讨这些问题的本质和意义。这些问题显然属于哲学范畴,因此本章将对元宇宙进行哲学范畴内的思考和探讨。

2.2 哲学基础认识

哲学是一门深刻而抽象的学科,它关注的是人类对世界、自身和存在的根本看法和思考。在哲学中,人们试图回答那些超越具体经验和科学领域的问题,探索宇宙的本质和人类的意义。

1. 哲学中的基本问题

哲学探讨人类的认知和知识观,关系以下问题:我们如何认识世界?我们能获得真理吗?这些问题让我们追求知识的本质和我们的认识能力。在道德和伦理领域,哲学探讨人类的价值观和行为准则,涉及以下问题:什么是善?什么是恶?我们应该如何行动?这些问题引导着我们对道德的思考和伦理决策。哲学还探究自我和自我意识,关心以下问题:我是谁?我如何认识自己?这些问题涉及人类的自我意识和自我认知。对于存在本身,哲学涉及以下问题:宇宙的本质是什么?我们的存在有何意义?这些问题追求的是宇宙和人类存在的意义。

哲学中的基本问题包括人类的认知和知识观、价值观和行为准则、自我和自我意识、存在本身等。哲学是对这些基本问题进行深入思考和探讨的学科。它不拘泥于具体的实验和观察,而是依靠思辨、逻辑推理和辩论来探索问题的本质和意义。通过哲学的探讨,人们试图找到普遍适用的原则和真理,深刻地认识自身和宇宙。哲学的重要性在于激发了人类思维的深度和广度,推动着人们不断追求智慧和真理。虽然现代科学为人们带来了对自然和宇宙的深入认识,但哲学依然为人们提供了超越科学的思维层面,引导着人们不断探索人类存在和生命意义的奥秘。

对于元宇宙这一超越人类历史经验的全新世界体验,毫无疑问只有从哲学的角度才能明确其根本意义,以及为此应该秉持的基本原则和态度。

王阳明(1472—1529)是中国明代著名的哲学家和思想家,他在心学(理学)领域有着深远的影响。他提出了"致良知""格物致知"等重要观念,并对人生的痛苦来源进行了深刻的探讨,将其总结为3方面:不明事、不明己、不明人。

1)不明事

这是指对事物本质和真相缺乏了解和认知。人们在面对复杂的事物和问题时,常常因为对其本质和规律不了解而感到困惑和迷茫。不明事导致人们处于焦虑、疑惑和无助的心理状态,缺乏对事物的正确认知和理解,可能做出错误的选择和决策,从而陷入痛苦之中。

2)不明己

这是指对自身内心和情感并不清楚。人们常常因为不了解自己的内心需求、欲望和情感,而无法准确把握自己的情绪和行为。不明己导致人们在情感上感到迷茫和困扰,可能产生内心的冲突和矛盾,在纷繁复杂的世界中迷失自我,从而产生心理上的痛苦。

3)不明人

这是指对他人的不了解和不理解。人际关系是复杂多变的,人们的观念、价值观、需求和情感各不相同。因为不明人,人们可能产生误解、隔阂、争执和冲突,造成人际关系的紧张和痛苦。因为不明人,人们无法真正感受到彼此的共鸣和理解,可能产生孤独和失落的感觉。

显然,王阳明早在600多年前就清楚地指出了人生的痛苦来源于人们缺乏对人、事、物的根本认识。

2. 人的三观

通常所说的"三观"是指成人所形成的世界观、人生观和价值观,它们构成了一个人对世界和生命的基本看法和价值判断,在相互影响下共同构建了一个人的思想体系和行为准则。

(1)世界观是指一个人对整个世界和宇宙的看法和认知。它包括对宇宙的起源、本质和发展规律的理解。世界观涉及对自然界、社会和人类的整体认知，以及人类在宇宙中的地位和作用。世界观影响着人对外部环境的感知和理解，决定着一个人的价值追求和行为方式。

（2）人生观是指一个人对生命和个人存在的看法和态度。它涉及人类生命的价值、意义和目的。人生观涉及人的生命轨迹和成长过程，以及人类如何应对生活中的挑战和困难。一个人的人生观影响着他对人生价值和生活目标的认知，决定着他对待生活和面对困境的态度。

（3）价值观是指一个人对于道德、美学和个人行为的评价标准和信仰体系。价值观涉及个人认可和尊崇的价值原则和规范，以及对正确与错误、善与恶的判断。价值观决定着一个人的行为准则和行事风格，引导着他的日常决策和道德选择。

一个人的三观决定了他的价值取向、人生目标和道德准则，塑造了他的个性和行为表现。在三观中，世界观是最根本的哲学观，决定了人生观和价值观。

现代哲学体系基于对物质第一性还是意识第一性的认识，将世界观划分为两大体系：唯物主义世界观与唯心主义世界观。这两种世界观在理解世界本质和人类认知方式上存在着根本的区别。

3. 唯物与唯心哲学观

唯物主义是一种以物质第一性为基础的世界观，主张物质第一、意识第二，意识是一种反映现实世界的能量活动。根据唯物主义的观点，物质是世界的本原和基础，意识和思维是物质的产物和反映。唯物主义认为宇宙中的一切现象和规律都可以通过物质的运动和相互作用来解释和理解。人类的意识和心理现象被看作大脑活动和神经元的反应，没有超越物质的本质。在唯物主义的观念下，科学方法和实证主义是获取认识和真理的有效途径。唯物主义者强调通过实验、观察和数据收集来揭示自然界的规律和本质。物质和能量是唯物主义者关注的核心，他们试图通过对物质世界的研究和理解来解释一切现象和现实。

唯心主义是一种以意识第一性为基础的世界观。根据唯心主义的观点，意识或心灵是世界的本原和基础，物质是意识的产物和表象。唯心主义认为宇宙中的一切现象和规律都是意识的表达和反映。人类的意识被看作构成世界的基本元素，物质实体只是意识的投射和存在。在唯心主义的观念下，哲学思辨和直觉的洞察是认识和真理的重要来源。唯心主义者强调通过内省、思辨和精神体验来理解世界的本质。意识和思维是唯心主义者关注的核心，他们试图通过对意识的研究和探索来揭示一切现象和现实。

唯心主义世界观可进一步分为客观唯心主义和主观唯心主义。客观唯心主义是一种以意识第一性为基础的世界观，强调绝对精神绝对理念第一性，物质世界由此生发，人也是绝对精神的产物。根据客观唯心主义的观点，意识或心灵是世界的本原和基础，物质是意识的产物和表象。在客观唯心主义的观念下，物质世界的存在和现象是由超越感知和思维的意识力量所决定的。宇宙中的一切现象和规律都是意识的表达和反映。客观唯心主义者认为，意识具有超越物质的能力，它可以创造和影响现实世界。物质实体只是意识的投射和存在，而意识是创造世界的原动力。这种观点强调了意识的独立性和力量，认为它是构成世界的基本元素。西方基督教的上帝信仰即可认为是一种客观唯心主义。

主观唯心主义是一种强调个体意识和体验的世界观，如主张心即宇宙、境由心生、世界的形态取决于意识、世界的本质是空等。根据主观唯心主义的观点，意识是世界的唯一存在，而物质实体是意识的产物和幻觉。主观唯心主义认为宇宙中的一切现象和现实都是个体意识的产生和表现。主观唯心主义者认为，每个个体的意识构成了其所知觉和体验的全部现实,外部世界的存在是由个体意识的心理活动所决定的。这种观点强调了个体的主观感受和体验,认为它是构成世界的唯一真实。

4. 唯物唯心看世界

唯物世界观与客观唯心世界观均强调对现实世界的客观认识,站在超然的角度来观察这个世界。它要求对所形成的认识能够不断地重复验证,以此发展科学的思维方法。这类世界观为科学的发展提供了基础。通过客观的观察和研究自然现象,人们可以更好地认识世界和自己。唯物世界观与客观唯心世界观的科学方法强调实证主义,即通过实验、观察和数据验证来揭示事物本质。无论是古希腊、中国道家文化的朴素唯物世界观,还是西方的上帝信仰的客观唯心世界观、辩证唯物主义,这类思想对科学态度和方法的形成、人类的技术进步和社会发展均做出了重要贡献。

在唯物世界观中,人被看作自然进化的产物,是一个高级动物。意识是在人这个高级动物的大脑物质基础上而形成的反映。意识活动本质上是一种能量活动,是脑细胞的相互作用和信息传递的结果。唯物世界观导致了人的渺小感和无意义感,这是因为人处于宇宙的广袤之中,相较之下显得微不足道。这种观念在一定程度上减弱了人的自我意识和自豪感。同时,过分强调物质和金钱的重要性,追求物质财富和物质享受,也是唯物世界观可能带来的消极影响。

主观唯心世界观站在不受外界污染、绝对纯洁的"意识"角度来观察这个世界。根据主观唯心世界观的看法,这个世界是主观的、虚幻的,它的本质完全取决于人们内心的"心"或"意识"。也就是说,人们所感知和体验的现实是由意识所构建和影响的。主观唯心世界观特别强调要修好人们的本心,让本心保持纯净无瑕,强调内在修行和精神追求。在这种观念下,人们认为通过内求、修炼心灵,可以获得更高层次的洞见和体验,从而超越尘世的束缚,追求内在的平静和真理。

主观唯心世界观发展了人本主义,将人的价值和意义置于极为重要的位置。它关注人的内心世界、情感和精神追求,强调人类对于意义和幸福的追求。在唯心世界观下,人生的目标在于实现内在的成长和提升,追求心灵的宁静和满足。主观唯心世界观强调主观的和内在的世界,可能会导致对外在现实的忽视或者误解。这可能妨碍人们对于客观世界和自然规律的理解。与唯物世界观、客观唯心世界观相比,主观唯心世界观更倾向于在精神层面探索和追求,对科学的发展可能会产生一定的阻碍。

唯物主义和唯心主义代表不同的观察世界的角度和方法。每种世界观都有其自身的优点和局限性,因此它们都是不完全、不完整的观察世界的方法。这使得它们在某种程度上都具有一定的片面性与偏见。

唯物主义关注物质和自然规律,强调通过科学的研究和实证方法来认识世界。它试图从客观、实证的角度来解释事物的本质和规律,强调通过观察、实验和数据验证来获得知识。然而,由于唯物主义忽略了内在的心灵和主观体验,无法完全解释人类情感、意义和价值等非物质层面的问题,从而产生了一定的偏见。

主观唯心主义关注人类的内心世界和意识,强调通过内省、思辨和精神体验来理解世界。它注重人的主观感受、意识和情感,将人类的心灵和精神放在重要位置。然而,主观唯心主义忽略了客观世界的实在性和自然规律,导致对物质世界的认知不够全面,从而产生了另一种偏见。

2.3 系统哲学观

人在观察世界时,受到所选择的观察角度的影响,会产生偏见与片面性,导致对世界的认知有限,并因观察角度不同而呈现出不同的观察结果和观点。当人们选择特定的角度观察问题时,可能会忽略其他角度的信息,导致对事物的理解不够全面和深入。例如,站在不同的位置观察一座山,人们会看到不同的景象,如图 2-2 所示。站在山脚下可能感觉山是高大威严的,而站在山顶可能感觉山是平坦无垠的。同样的山,在不同的视角得到了不同的观感,这就是视角选择带来的偏见。

(a) 山脚视角

(b) 山顶视角

图 2-2　不同角度看到的峨眉金顶

事物的一体两面意味着事物的整体性和对立统一性。任何一个事物都有其内在的一体性,即整体和部分是相互联系、相互作用的;同时也有两面性,即事物有其正反两方面,互为存在。例如,光明与黑暗、善与恶、优点与缺点等,都是事物的两个不可分割的方面。"健康的人:强健的身体,积极的精神"强调了健康的两方面。一个健康的人不仅应拥有健康的身体,还要有积极向上的心态和精神状态。身体和精神的健康是相辅相成的,二者缺一不可。只有身心合一,才能达到真正的健康。"太极生两仪,一阴一阳之谓道"是一句道家哲学的经典描述。其中,"太极"指的是宇宙的始源,是无极无限的境界;"两仪"指的是阴阳两个相对而立的原则,包含了万物的对立统一。道是阴阳相生相克的自然规律,是宇宙万物的根本。

对立统一思维是一种认识世界的方法,它在承认事物存在对立性的基础上,认识到不同事物之间的统一性,是一种整体思维和升维思维。在对立统一思维中,人们首先认识到事物的对立面。世界上存在着很多对立的事物,如黑与白、阴与阳、善与恶、物质与精神等。这些对立面相互作用、相互依存,构成了事物的复杂性和多样性。而在这种对立关系的背后,人们发现了事物的统一性,即对立面相互联系、相互融合,共同构成了事物的完整性。例如,人们看到世界上有夜与昼的对立。在白天,阳光照耀,万物活跃;而在夜晚,月亮升起,昼伏夜出的生物开始活动。这两个对立的状态形成了昼夜交替的自然规律。然而,如果从更高的维度来看,昼夜其实是地球自转与公转的结果,是地球与太阳的共同作用,从整体上来看,它们是统一的。

在对立统一思维面前,唯物主义和唯心主义这两种哲学观都是一种偏见。唯物主义强调物质的第一性,认为意识是物质的产物;唯心主义则强调意识的第一性,认为物质是意识的表象。然而,在对立统一思维中,人们认识到人同时具有肉体和意识两个不同特征体,二者不是简单的割裂关系，而是相互联系、相互影响的统一整体。人的意识可以从超然视角观察世界，也可以从意识本体视角认知世界，这两个视角是相辅相成的。

学会对立统一思维意味着人们掌握了从不同视角、立场观察世界的能力，这使人们具有了更广阔的自由度和完整性，能够更全面地认知事物和世界。通过对立统一思维，人们可以消除偏见和狭隘，不再将事物简单地划分为对立的黑白，而是理解其复杂性和多样性，从而更好地理解并把握世界的本质和规律。

2.4 以不同哲学观看待元宇宙

1. 以唯物世界观看待元宇宙

元宇宙是人类信息科技发展到一个新阶段后的综合应用，它将数字技术、虚拟现实、增强现实、人工智能、区块链等新兴技术进行集成，形成一个全新的虚实融合世界。在这个融合世界中，人们可以与计算机生成的虚拟环境进行互动，仿佛置身于一个虚拟的现实中。

元宇宙的发展将进一步推动人类与世界的互动效率。通过元宇宙，人们可以实现更高效、更便捷的沟通和交流，不再受时空的限制。在工业生产中，元宇宙可以帮助企业模拟生产过程和产品设计，降低开发成本，提高产品质量。在教育领域，元宇宙可以提供沉浸式学习体验，让学生更加深入地理解知识。在医疗健康领域，元宇宙可以辅助医生进行手术模拟和诊断，提高医疗水平。

元宇宙具有的这些极其广泛的应用前景将深刻改变人们的生活，但它并没有改变作为人的工具的本质属性。这意味着元宇宙是由人类创造和控制的，它不是一个独立的自主存在，而是受人类意志操控的工具。人类在元宇宙中创造虚拟环境，并在其中进行活动，但这一切仍然是建立在人类的科技和智慧基础上的。

2. 以唯心世界观看待元宇宙

在元宇宙中，虚拟现实与现实世界交织在一起，人们可以通过虚拟环境与数字化技术与世界进行互动。现实与虚幻的模糊界限使人们进一步认识到虚拟世界并非绝对存在，而是由人类意识和观念塑造的。

在元宇宙中，人们可以轻易地陷入虚幻的诱惑和幻觉之中。各种虚拟体验和数字娱乐很容易让人沉迷其中，忘记真实世界的存在。在这种情况下，主观唯心世界观认为人们更需要保持自己的精神意识的独立性，不被外在的幻象左右，回归内心并对自己的觉察和认知进行深入反思。回归对自己内心的觉察，意味着人们应该反省自己的价值观、信念和欲望。在元宇宙这样虚幻的世界中，人们面临更多的选择和诱惑，而这些诱惑往往与物质、精神沉迷等享乐有关。唯心世界观认为，要抵御这些诱惑，人们需要关注自己内在的真实需求和精神追求，保持内心的纯净和清明。

同时，唯心世界观也强调了意识的独立性。在元宇宙中，人们的意识可以在超然视角和意识本体视角之间自由切换。唯心世界观认为，人们应该保持对自己意识的控制和引导，避免被外界的影响左右。只有通过觉察和认知自己的意识，人们才能真正认识自我，超越世俗的欲望，追求更深层次的意义和价值。

以唯心世界观看待元宇宙进一步证明了世界的虚幻性。在这个虚拟世界中，人们更需要保持自己精神意识的独立性，回归内心觉察，抵御外界的诱惑和干扰，寻求更真实、更深层次的意义和价值。唯心世界观强调了对内心的反省和探索,让人们拥有更自主、更自在的心灵状态,从而超越虚幻的幻象,以实现真正的自我成长和进步。

3. 以系统观、整体观、对立统一思维和健康的人生观看待元宇宙

人们既要充分利用元宇宙给生产生活带来的便利性,同时还要警惕其对意识独立性的侵蚀,以保持身心的自由与全面的发展。

一方面,人们要充分利用元宇宙带来的便利性。元宇宙为人类提供了无限的虚拟体验和数字化资源,使得信息的传播和交流更加便捷,生产生活更加高效。例如,通过元宇宙的虚拟现实技术,人们可以身临其境地体验不同的场景和文化,拓宽视野和认知。在工作和学习中,元宇宙的数字化工具也能帮助人们更加高效地完成任务和获取知识。因此,人们应该善于利用这些科技手段,使自己的生活更加便捷和丰富。

另一方面,人们也要警惕元宇宙对意识独立性的侵蚀。在元宇宙中,虚拟体验很容易让人沉迷其中,忘记真实世界的存在。例如,在虚拟游戏中,人们可能会长时间地沉浸于虚构的世界,忽视现实生活中的责任和义务。这种过度沉迷于虚拟体验可能会削弱人们对现实世界的认知和理解。因此,人们要保持对意识的独立性,意识到虚拟世界只是现实世界的补充,不能取代真实的体验和情感。

为了实现身心的全面发展,人们需要在元宇宙的数字空间与现实世界之间自由切换。这意味着人们要学会在虚拟和现实之间保持平衡,不让虚拟世界削弱人们对现实生活的关注和投入。人们可以在元宇宙中获得娱乐和放松,但同时也要时刻关注自己的身体健康和精神状态。与此同时,人们也要保持意识精神的自由,不受虚拟世界的束缚和限制,始终保持独立的思考和判断力。

2.5 元宇宙哲学观

视频讲解

由不同哲学观可知,人们对世界的观察所形成的观点取决于各自的立场。

1. 数字人的元宇宙哲学观

对于"在元宇宙中,人可以获得永生""一切皆元宇宙""元宇宙是比现实世界更高维的空间"等观点,所具有的角度与立场是什么呢?显然这个角度与立场是数字人或虚拟人。

如图2-3所示,在数字人眼中,人在元宇宙中可以获得永生。元宇宙是一个虚拟的数字空间,它允许人们创造和控制虚拟的个体或数字化人格。数字化的意识可以在这个虚拟空间中被保存和复制,人们可以模拟自己的意识和个性并实现虚拟永生。虚拟人在元宇宙中可以永久存在,即使其现实世界的原型不复存在。

元宇宙是一个虚拟的数字化空间,涵盖了各种虚拟体验和数字化资源。在这个虚拟空间中,人们可以创造、模拟和体验各种事物和现象,包括人、物、景象等,使得虚拟世界成为现实世界的映射。因此,在元宇宙中的一切事物都是数字化的,即"一切皆元宇宙"。

2. 真人的元宇宙哲学观

上述观点只在数字人/虚拟人的立场和视角下成立,从一个健康的、全面发展的人的角度来看,这些观点是错误的。虽然元宇宙可以提供虚拟的永生和无限体验,但这种永生和体验只是数字化的虚拟状态,并不等同于真正的人类生命和现实体验。在现实世界中,人类的生命是有限的,每个人都会面临生老病死的过程,无法获得真正的永生。

图 2-3　数字人眼中的元宇宙

元宇宙虽然提供了丰富的虚拟体验和数字化资源,但这些体验和资源仍然是虚拟的,无法替代真实世界中的身体感知和情感体验。全面发展的人应该注重身心的健康和现实生活的体验,而不应过度依赖虚拟世界带来的数字化体验。

与数字人/虚拟人的立场和视角不同的是,在真人眼中,元宇宙是人类信息工具的一次全面、系统、大范围的升级,如图 2-4 所示。

图 2-4　真人眼中的元宇宙

3. 立场与选择

如何从哲学、道德上看待元宇宙,取决于人们选择一个什么样的角度和立场进行观察。若一定要人们自己来说,那一定是站在人类社会的角度和立场。这个立场形成的元宇宙世界观可以总结为:元宇宙就是人类社会的一种新兴信息技术工具,它具有强大的能力并可能导致人们沉迷,在与其交互过程中必须保持个体意识的独立性、主体性,并牢牢地将其置于人们的控制之下。

本章小结

（1）目前出现的元宇宙认知迷茫，根本原因是哲学认知混乱。哲学认知是关于世界、人、社会、价值、伦理与道德等根本问题与原则的认知。消除元宇宙认知迷茫，需要人们具有一定的哲学思维。

（2）在哲学认知中，世界观最为重要，是人生观、价值观的基础。世界观就是人们如何看待自身所存在的这个世界，以及人在其中的地位。三种世界观特别值得关注：唯物世界观、客观唯心世界观和主观唯心世界观。

（3）系统观是一种更高维的思维方法，它反映了人类思维的局部性、片面性，即使是经典的哲学观同样如此。它在认识到对立观察的局部性、片面性的同时，强调了二者的联系性、统一性，在这个意义上，唯物与唯心世界观均是人们观察世界的一种角度，人们完全可以融合二者来观察世界。

（4）通常以唯物世界观、主观唯心世界观和系统哲学观三个角度来看待元宇宙，分别形成不同的元宇宙哲学观。同时，在元宇宙中，人们可以选择从数字人或真人的观察角度来看待元宇宙，分别形成不同的元宇宙哲学观。当然，对人自身而言，对元宇宙的哲学观察毫无疑问应该选择"真人"所处的立场和角度。

习题

1. 目前对元宇宙认知存在诸多不同的看法与观点，试分析这些看法与观点背后的思考逻辑。
2. 哲学研究的问题是什么？三观是什么？三观之间是怎样的关系？
3. 王阳明所讲的人生痛苦的三大来源"不明事，不明己，不明人"与通常所讲的三观之间是怎样的关系？
4. 简述唯物世界观、客观唯心世界观和主观唯心世界观的定义及它们的区别，并举例说明各个哲学观的典型代表。
5. 简述系统哲学观对于对立统一思维的应用，以及为何唯物、唯心其实都是对世界的一种选择性或片面性认识。
6. 简述如何以唯物世界观看待元宇宙。
7. 简述如何以主观唯心世界观看待元宇宙。
8. 简述如何以系统哲学观看待元宇宙。
9. 简述如何以数字人立场看待元宇宙。
10. 简述如何以真人立场看待元宇宙。

元宇宙的经济系统

第 3 章
CHAPTER 3

人们可以在装修精致的家中,坐在松软的沙发上,一边削产自大凉山的苹果,一边看惊险刺激的北京冬奥比赛;或者开着新能源汽车,驶向海边美丽的滨海公园,享受周末的休闲时光;再或者一群人聚集在宽敞豪奢的宴会厅,祝贺一对新人举办童话般的婚礼……此时此刻,人们可以思考:为什么仅用那么少的时间完成了一项单一的工作,却可以享受如此丰富多彩的生活?

这个思考就是对经济活动的思考。

3.1 经济活动与经济学

为什么会产生经济活动?它有什么样的内涵?

经济活动产生的根源,即人们的"身体"与"意识"所具有的各种各样的欲望与需要。可以说,人类所有的经济活动都是为满足这些欲望与需要而产生的。按照全球社会心理学家、第三代心理学开创者亚伯拉罕·马斯洛著名的需求层次论,人的需求可以划分为生理、安全、归属、尊重与自我实现 5 个层次需求,对此可以简单地概括为物质的需求与精神的需求。吃、穿、住、行、用等物质需求,以及娱乐、社交、文化活动等精神需求,绝大部分都需要通过人类自身的劳动来创造和满足。

由于个人或家庭自身能力、经验水平和精力的限制,所能创造的物质与精神产品是有限的,因此通过独立的劳动来满足自身需求的程度非常有限。在我国传统"男耕女织"的小农经济社会中,人们过着"日出而作,日落而归"的极简生活,这种需求满足的程度显然是非常粗糙和低水平的。

那么,如何才能提供更多的物质与精神产品,从而满足人们更加丰富、精细的需求呢?这就需要"劳动分工"。根据各自擅长领域、能力经验与水平的不同,生产不同的物质与精神产品。当每个人都聚焦自身最擅长的细分领域进行物质与精神产品创造时,整个社会就能创造更丰富的物质与精神产品。

当人们聚焦各自最擅长的领域进行劳动生产时,所创造的产品数量将远远超出自身在该方面的需求,而其他很多方面的需求却无法满足。此时,人们就需要"市场"进行劳动产品的交换,出售过剩产品与服务,并从市场采购所需要的产品与服务,以此使单一的专业劳动与多层次的需求实现良好匹配与均衡。

有了劳动分工与市场,"经济"就产生了,经济系统模型如图 3-1 所示。通常劳动分工越精细,市场交易效率越高,社会所创造的总体财富就越多,经济就越发达。改革开放前,国民装普遍为蓝色、灰色或黄色,人们所穿的鞋统一为布鞋或解放胶鞋。但今天,在市场经济高度发展后,仅运动鞋就有篮球鞋、足球鞋、网球鞋、跑步鞋等数十种。显然,劳动分工的高度专业化与发达的市场带来了社会总体财富的大幅增长。

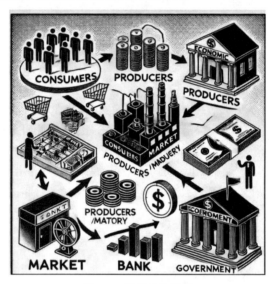

图 3-1 经济系统模型

经济学的核心学科"微观经济学"就是专门研究分工与市场的学科,它可以说是市场经济的基础性理论。微观经济学的基础内容就是描述需求与供给如何通过"市场"中的价格机制来实现供需的平衡。在微观经济学中有一个重要的假设,即经济学之父亚当·斯密在其巨著《国富论》中提出的理性经济人,这个假设认为人都是自利、自私的,而这种自利、自私通过一只看不见的手——"市场"却在客观上形成了利他与互利,人类(或国家)的财富因而获得增长。

完全自由的市场经济,经过一定时期的发展后,就会出现贫富分化、垄断、产业结构失衡、失业和经济危机等一系列社会问题,这在西方资本主义几百年的发展历史中已屡试不爽。那么,如何从总体上把控一个国家的经济,通过相关工具和手段调控经济,在总体上保持国家经济的稳定运行呢?此时需要用到宏观经济。

宏观经济的产生就是因为完全凭借微观经济的自由竞争无法解决社会的整体经济问题,如市场交易中基础设施——货币及其政策问题,生产者之间竞争所形成的不合理产业结构问题,公共安全、公共秩序、公共设施的建设与维护问题,信息不对称、不公平竞争导致的行业垄断问题,社会财富的不均衡积累所导致的严重贫富差距问题等。宏观经济通过货币政策、财政政策等宏观经济手段、工具来调整微观经济不能解决的问题。例如,在经济下行时,执行宽松的货币政策,通过提供更多的货币,增加市场中的资金流动性,从而激励更多的人参与创业,刺激经济的增长;通过在富裕的沿海地区征收更多的税收,转移支付给西部落后省份用于教师、公务员工资发放,以维护整个社会的公平正义和社会稳定;等等。

宏观经济本质上是一种中介经济,它不直接创造经济价值,但具有整体社会价值。微观经济的自由竞争所产生的诸多社会矛盾通常可以借助宏观经济的手段进行消解,如借助货币政策实现市场供需的稳定,借助财政政策(如税收政策、转移支付等)维持公共支出和缩小社会贫富差距等。

在经济活动中,人们特别关注产业生产部门及其结构。生产部门的丰富程度决定了经济的发展程度和对人们需求的满足程度,它取决于劳动分工的精细程度。在经济发展环境上,人们关注市场和宏观经济政策对经济活动的影响。不合理的市场或经济政策可能会给经济发展造成消极作用,如市场中介对经济的垄断与控制、过度宽松的货币政策、不合时宜的高税收财政政策等。

3.2 博弈论与经济活动

理性经济人的假设和市场可以自发地实现经济活动的均衡和更高的效率,这一直是西方自由市场经济的重要原则。博弈论的重要奠基人、诺贝尔经济学奖获得者纳什提出了非合作博弈理论——纳什均衡理论,这根本性地动摇了微观经济学的理论根基。

如同数学是自然科学物理、化学、生物学的基础工具与方法论,博弈论可以说是社会科学(如经济学、社会学)的基础工具与方法论,它是一门专门研究人与人之间互动关系与规律的学科。近年来,多位诺贝尔经济学奖获得者均与博弈论的理论贡献有关,可见经济学领域对博弈论的重视程度。

下面通过非合作博弈中非常著名的例子"囚徒困境"说明纳什均衡理论,如图3-2所示。

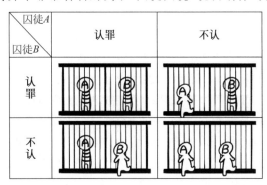

图 3-2 囚徒困境

假设有两名犯罪嫌疑人被警察逮捕,分别被关押在不同的房间审讯。警察局给他们的政策是:如果两人都不坦白交代犯罪问题,由于缺乏证据证词,两人均被关押1年;如果两人其中一个坦白而另一个不坦白,则坦白交代者将被当场释放,而不坦白交代者将被关押10年;如果两人都坦白交代,则将分别被关押6年。

显然,如果两人都选择不坦白,他们的总体效用将达到最大:只关1年。但纳什基于对人性自私(经济学中的理性经济人)的假设出发,通过严密的数学推理证明,双方最终将在都坦白这一策略下形成稳定均衡,即两人均被关6年,总共12年。显然,双方都从自利、自私角度选择的策略,最终形成的结果并不是整体最优或整体效用最大的。

纳什均衡理论的提出,使亚当·斯密基于"理性经济人"与"市场这只看不见的手"可以自发实现社会经济最富效率的理论受到广泛质疑,因而动摇了微观经济学的理论根基。那经济究竟在怎样的条件下才可以实现更高的效率呢？

实际上完整的博弈论既包括纳什的非合作博弈（或竞争博弈）理论，也包括另外一位诺贝尔奖获得者沙普利（Sharply）等的合作博弈理论。从博弈参与人所获得的整体效用来看，非合作博弈（或竞争博弈）属于零和博弈或负和博弈，即如果参与人之间是竞争而不是合作关系，则参与人之间的利益不一致，博弈最终所获得的效用一定是小于或等于双方不参与博弈的效用。在现实社会中很容易得到这个结论，如买彩票、参与股市投机、打麻将，如果不算其中发生的中介成本、参与者的时间精力成本，总体效用最多就是不增不减；如果减去这些成本，总体效用就会减少。例如，打架、战争这种竞争博弈就属于典型的负和博弈，总体效用一定是减少的。

在囚徒困境这个例子中，如果假定两个囚徒关在同一个房间且相互之间可以互通信息，则他们会很清楚警察局的政策，可能相互达成攻守同盟并共同决定选择不坦白。在这种策略下，他们将达到整体效用的最大化：分别只关 1 年。

在这种情况下，他们之间的博弈模式称为"合作博弈"。合作博弈发生在利益一致的博弈参与人之间，是一种正和博弈，即博弈参与方通过合作所获得的效用大于他们不合作的效用。在现实社会中，人们要选择团队合作而不是单打独斗，双寡头企业要选择价格同盟而不是价格战，就是这个原因。

合作博弈可以提升参与方的总体效用，但为什么经济社会中还广泛存在着非合作的竞争博弈呢？这是因为在经济社会中要达成合作其实是非常不容易的，涉及合作博弈的前置条件问题。

（1）合作的双方或多方要达成合作，必须要有充分的信息互通，达到信息对称。囚徒困境中要达成合作博弈需要两个囚徒有充分的信息沟通。在现实社会中，要实现这一点非常困难。通常创业团队的初始合作需要发生在创始人的周围熟人圈子里，两个组织要达成合作需要经过前期大量的交流了解，而两个人要实现成功的婚姻需要一定时间的婚前恋爱。

（2）合作双方对合作可能产生的效用分配或利益分配必须提前进行约定。参与方如果对合作所产生利益的归属分配存在疑虑，则可能会阻碍合作的继续执行。囚徒困境中的两个囚徒非常清楚他们通过合作可以实现的效用。实际中，创始团队成员之间因股权纷争最终导致一个曾风光无限的企业迅速衰败，其原因很多就是最初的约定不清楚。

（3）合作中所约定的合作内容能获得切实的执行。例如，在囚徒困境中，即使两个囚徒开始就形成了攻守同盟的约定，但在实际执行中，如果各怀鬼胎，则最终的效用必将滑向非合作博弈的结果：一方释放而另一方被关 10 年，或者都被关 6 年。现实社会中因为合同纠纷而导致的社会资源的广泛浪费，就是因为尽管形成了合作的约定，但往往参与人因自私而破坏或不执行合作约定。这样就不能带来合作博弈的效用增加，合作效用一般低于不合作时，甚至低于大家在竞争下所获得的效用。

因此，尽管人们知道合作博弈可以带来效用的增加，但现实中真正形成合作博弈仍是不容易的。

按照博弈论的分类，现实经济关系究竟是处于一个怎样的博弈体系呢？这其中又存在什么样的问题呢？

人类社会的分工之所以可以带来社会整体财富的增加，是因为消费者与生产者之间的博弈关系实质上是一种合作博弈，人们各自从事自己最擅长的工作，通过市场交易可以达成合作。但这种合作博弈是存在缺陷的,因为消费者与生产者之间一般很难做到完全的信息对称。例如,在市场购买商品时,对产品的成本结构、品质构成等信息很难通过短暂的市场交易来掌握,这时影响选择的信息主要来源于产品的包装、广告和销售员的推销。

为解决信息不对称问题,人们借助了中介组织,如广告媒体、销售平台、权威认证,这助长了中介组织的壮大。而可供选择的中介组织之间、同类产品的生产商之间却是一种竞争博弈的关系,他们为了取得与消费者的合作而相互竞争。这种竞争若始终坚持正向、积极,则可以促进社会整体效率的提升,并淘汰其中低效率的竞争者。但现实状况往往是参与竞争者为了取得与消费者的合作,不惜采取价格战、过度包装、以次充好等手段,很多时候消费者缺少辨别能力,使得"劣币驱离良币"盛行,最终结果是消费者的利益长期受损。

网约车平台本质就是一类中介组织,它在抢占市场时,人们几乎可以免费乘车。在实现垄断经营后,它要提高里程价格并不会与用户商量,用户也没有更多的选择。市场上销售的品牌月饼,其包装成本、广告与营销成本基本占销售价格的80%以上,因此品牌月饼的高价格实质上主要是为解决合作博弈而产生的信息付费。参与市场竞争的生产商、中介组织为了在自由市场竞争中获胜,开发了专门的学科——市场营销学。这门学科主要研究如何对付消费者,一旦被不良商家利用就会成为专门研究如何欺骗消费者的"学问"。

基于博弈论的分析可以知道,在"消费者"与"生产者"这个不完全信息的合作博弈之中,经济获得了繁荣与增长,同时因为信息的不对称产生了庞大的中介经济。中介经济特别是互联网平台,一方面解决了经济活动中"生产"与"消费"之间信息不对称,推动了合作博弈经济活动的进行;另一方面,在该过程中实现了信息中介的高度集中,形成了中介经济的垄断地位。垄断的互联网平台(如当前的互联网电商平台)凭借信息垄断,在与消费者、生产者的合作中取得不对称的利益分配,这就是当前经济中非常突出的问题——互联网平台垄断问题,这也是元宇宙的经济基础设施——区块链"去中介经济"受到大家广泛关注与重视的原因。

有了博弈论这个理论工具,人们就能够更精确化地分析经济活动。

3.3 元宇宙的物质生产

视频讲解

元宇宙不会也不可能消灭人们的身体,因此就不能消灭个人和社会的物质需求。在元宇宙时代,人们的物质需求将获得更全面的满足,从而实现身体更充分的时空自由,当今社会正在发展的系列现代科技将提供有力的支撑。

新能源科技和碳中和政策将为人们提供更新鲜的空气和更宜居、更可持续的发展环境,现代医疗科技的发展将促进人们疾病的治疗和寿命的延长,生物工程技术将为人们提供更丰富的食物、药物和宜居的环境,航天科技将拓展人类的活动空间和宇宙视野……

在所有正在发展的新兴科技中(见图3-3),以元宇宙所集中、集成运用的信息科技,对人类社会接下来的物质文明生产方式(主要是第一产业农业和第二产业工业的物质资料生产)将产生重大的影响,主要表现在以下几方面。

(1) 智能设备在农业、工业中广泛应用。在农业生产中,结合物联网与人工智能的智能农机将广泛地在智能耕种、智能灌溉、无人机喷药、智能化病虫害防治、自动收割等领域应用,无人农场将广泛存在。已存在了几千年的传统农民和耕种方式将彻底消失。在工业生

图 3-3 元宇宙时代的物质生产

产中,具有自主学习、智能协同的工业机器人遍布自动化工厂中,智能交通支持的无人驾驶与具有自动分拣、智能分装的智能仓库,使工业生产的全产业链实现自动化、智能化、无须人工干预的协作协同。具有灵活生产能力的智能工厂极可能成为一种社会公共设施,在接收生产指令后将智能、自动地生产、运输与交付。作为"真人"和数字空间中"虚拟人"的替身的智能机器人,将代替人们在实体世界中巡查和处理现场事务。

(2) 具有极高临场感的数字化监管与工艺设计。基于数字孪生的农业、工业物理环境、设施设备将完整、全面地在数字空间呈现,监管人员在世界的任何角落均可通过虚拟现实终端设备查看每个零件的工作状态及其历史数据。工艺设计人员在数字空间即可进行工艺创新设计,并进行与物体实体完全一致的仿真验证,在发出应用的指令后即可进入智能化、自动化生产线中使用。生产管理人员、产业链上下游相关方各自在任何时间、任何地点,均可通过数字空间中的复刻"虚拟人"发起与实际会议室相一致的沉浸性工作会议,并随时进入作业现场的数字空间进行虚拟现场办公。

(3) 透明化、可视化,定制性、订单性生产。客户根据农业、工业生产服务商在数字空间中所提供的产品生产服务目录,根据自身个性化需求,参与产品设计,进行产品功能、性能定制。订单发出后,由生产服务商的无人智能农场或智能工厂生产,生产过程高度透明和可视化,客户可随时在数字空间查看。处于客户亲眼监视下的透明化生产,将为客户提供高度可信的产品,假冒伪劣将不复存在。

(4) 产业链广泛去除中间商、中介方。用户可以直接在数字空间直观地查询到所需要的产品,产品的外观、性能、功能可全方位地从数字空间查看。生产服务商与产品需求客户可直接在数字空间完成产品需求与供应的洽商与订单合作,并由生产服务商的智能化生产服务链进行产品的生产和交互。产业链中的每个环节均参与价值的创造,主导产品经济的中间商企业将大范围去除;生产服务商为了让客户长期使用他们的产品,将根据客户使用服务的数量和时间,按照相应规则授予生产服务商企业的数字股权或数字分红权。

由于大规模地采用智能化、自动化设备,并广泛地基于人工智能进行生产过程的管理和自动化交易和结算,因此元宇宙时代的农业、工业生产将消灭当今存在的大量具有重复性工作的劳动岗位(如农民、工人、销售员、会计和工厂管理人员等),同时增加大量需要灵感与艺术的创意、创新、创造性设计岗位。

3.4 元宇宙的文化生产

元宇宙时代高度发达的智能化、自动化生产能力,将充分满足人们各方面的物质生活需求,并将绝大部分人类从过去重复性的体力、脑力劳动中解放出来。此时,基于数字空间急剧增加的精神文化需求,将推动精神文化产品的创新、创造,并成为未来产业发展的主要领域和方向。正如当今洗衣机、燃气灶、电冰箱等家电,将人们从繁杂的家务劳动中解放出来,使其可以广泛地进入社会参加工作并享有充裕的休闲时间。在元宇宙时代,从原来繁重的农业、工业生产中解放出来的人们,将有更充分的时间参与精神产品的创新、创造,并进而享用这些精神文化产品。

在元宇宙时代,精神文化产业将成为未来产业发展的主战场,如图3-4所示。精神文化产品对人的全面发展具有根本性的影响,如何引领、有序管理好这些精神文化产业和产品将成为未来产业发展的重大课题。元宇宙精神文化创新、创意产业,必须依据我国社会主义精神文明要求和中华文明的传统文化精髓传承需要,实现"立心""立德""立法",才有可能使元宇宙真正成为未来的理想家园,否则将成为新时期社会发展的噩梦!

图3-4 元宇宙时代的精神文化产业

精神文化产品将从个人、社会健康有序发展角度,助力实现身心、品德、文化与社会责任的全面协同发展。同时,当今各类物化、非物化的文化产品均将在元宇宙的数字空间中获得更充分、更形象的表达。

各类博物馆、美术馆、纪念馆、历史和风景名胜旅游景点，通过数字化建模和仿真，可以在元宇宙中形成数字空间中的数字文化馆舍、景点，从而具有更完整的景观呈现、更丰富的信息表达，具有身临其境的感知和互动能力。未来，人们足不出户即可通过复刻"虚拟人"与朋友一起游览云冈石窟等名胜古迹；邀请身处异地他乡的网友，在数字空间中，一边从空中坐直升机俯瞰阿尔卑斯山，一边讨论欧洲的独特历史。

传统的历史事件将不再是一个个冷冰冰的故事，而是化成站在眼前的鲜活的人。人们可以与历史人物的"虚拟人"共同参与这些历史事件，理解其背后的曲折与历史启示。国学经典、文化经典将不再是枯燥的文字，一个个灵动的先哲和文化巨匠，就在我们的面前讲述他们对世界、对社会及人的理解，人们可以与他们进行深入的互动，以此深刻体会文化传承的意义。

数字创新空间提供了丰富的数字艺术品创作工具，人们可以创造自己的理想庄园，设计各种奇思妙想的建筑物和卡通动物，并将具有艺术价值的数字作品进行资产确权，在数字空间的交易所售卖。

人们可以邀请朋友坐进数字空间的麻将室，一同度过美好的周末；也可以相约儿时的玩伴进入足球场，与世界巨星踢一场酣畅淋漓的足球赛，实现心中难以实现的梦想；还可以在皑皑白雪中来一场刺激无比的滑雪赛，体验生命的激情。

元宇宙将提供一个个人创新与自由意志得以彻底释放的全新空间，并创造出一个庞大的新兴产业——元宇宙文化产业，进而衍生出相当数量的工作岗位。元宇宙的精神文化产业包括文化的数字化、元宇宙化和实体产业的文化化、数字化，具有极其宽广的发展前景。

无论是物质产品的生产还是精神文化产品的生产，元宇宙时代的产业结构都将更加丰富和完整。此时，一种新的产业或产品是否会产生，将不再受限于人力、脑力或资源（如能源），而主要受限于需求和想象力。显然，元宇宙的产业愿景就代表着马克思对共产主义的愿景！

3.5 元宇宙的生产关系

视频讲解

传统的经济关系建立在法律、制度、经济组织及其管理体系所构建的社会信任基础设施之上，如国家的宪法、民法、公司法、公司章程、公司的管理制度及银行、邮局、会计事务所等经济社会组织。元宇宙中，经济活动的相关参与方均是以互联网作为其活动的主要场所，财富将主要以"数字资产"的形态存在。不同于传统经济关系以法律、制度与组织保障作为信任体系，元宇宙时代的生产关系或经济关系将建立在社会共识的基础上，主要构建在区块链所搭建的 Web 3.0 基础设施上，并将具有全新的特征。

区块链是什么？它在元宇宙中扮演什么角色？基于区块链的元宇宙经济关系究竟是怎样的？简单地说，区块链就是互联社会的"信任"基础设施。这种"信任"是通过一系列互不隶属、没有中心的人群各自独立运行的分布式节点，运行已达成共识的算法软件，维持一套公共账本来实现的。在区块链这个"信任"设施上，经济关系运行中非常重要的关键数据、规则可以被放入并运行，进而具有不可篡改、不受单一组织控制和可全程追溯的特征。

区块链与具有类似特点但主要用于大量数据存储的分布式文件存储网络（如 IPFS）一

起,将为元宇宙中的数据提供分布式的数据存储和资产确权的 Web 3.0 基础设施。以往消费者的数据存储在 Facebook、百度、腾讯等互联网公司的服务器上,但消费者自己创造的数据存入后,就不再属于消费者。这些公司使用消费者的数据但不需要征得消费者的同意,利用这些数据创造了巨额财富却不会给消费者分一份,反而利用这些数据进一步收割用户。

在传统互联网模式下,互联网经济被互联网公司主宰。广大网民犹如这些互联网公司养在圈里的"羊",他们可以随时从消费者的身上薅羊毛。之所以如此,根本原因就是在传统的中心化数据网络中,中心化存储使消费者丧失了所创造数据的主动权和可控权,从而失去了数据产权和数据主权。而区块链与分布式存储所构建的元宇宙 Web 3.0 基础设施,在不依赖于任何单个组织和个人的前提下,解决了规则、数据的执行与存储问题,使数据的存储权和使用权重新回到创建者手中,从而使数字世界中的核心资产——数据建立在"公平""无私"的去中心化基础设施上。由此可见,Web 3.0 基础设施在元宇宙的经济系统运行中具有关键性地位。

在 Web 3.0 基础设施的支撑下,元宇宙中的经济关系具有如下方面的特征。

1. 生产关系的智能化与去中心化

人工智能实现了元宇宙中生产力的广泛智能化,而区块链将实现元宇宙中各经济参与角色之间的生产关系的智能化。经济活动参与者之间就有关生产所产生的价值进行分配时,将基于区块链上智能合约所定义的共识规则进行自动化、智能化的处理,不再像传统生产关系那样需要借助制度的约定、组织的构建和人在诚信原则下的执行,将具有更高的效率和更可靠的执行,不再受制于人性的弱点(如贪婪、自私等)。在有了区块链这个更为可信的基础设施后,传统互联网借助资本力量和流量垄断优势所构建的具有"中心化信任"的互联网垄断平台将逐渐失去其在数字世界中不可撼动的地位,互联世界的生产关系将趋于去中心化或弱中心化,数字资产财富的分布将更加均衡。

2. 数据的资产化与资产的数字化

在元宇宙时代,数据特别是以"人"为中心的"虚拟人""智能机器人"所产生的数据将成为人们最为重要的资产,它需要基于区块链和分布式文件存储而被确权、拥有、使用和交易。同时,实体资产(如农民的房屋、地里的果树等)也将数字化,成为数字资产。数字货币(如我国央行发行的 DCEP 等)将成为所有资产交易的媒介和价值尺度。国家、各类组织和个人的财富在元宇宙中可以非常精确地统计和计算,这是因为所有资产和财富均已数字化。

3. 交易的去中心化

在传统经济模式下,社会整体的劳动分工与合作博弈带来社会财富的不断增加,但生产者与消费者之间的信息不对称导致了中介经济的产生,生产商之间、中介组织之间存在竞争博弈,竞争博弈的存在与中介组织的壮大导致了社会产业结构不合理、垄断形成与财富分配不均衡、贫富差距扩大等一系列问题。在元宇宙时代,由于基于区块链作为经济关系搭建的基础设施,基于智能合约的事前约定、信息的透明和协议的可靠执行解决经济关系,因此广泛的合作博弈经济关系得以实施,各类产品交易、资产交易将实现广泛的去中心化(如金融交易的去中心化 DEFI),无法创造价值的中介经济将在元宇宙中失去其存在的意义。因此,在元宇宙时代,经济活动将广泛地去中介,消费者和生产者的直接合作将成为经济活动的主要模式。

4. 共识合作经济将成为主导经济模式

元宇宙的经济将是广泛的共识合作经济，而不是当前主要的市场自由竞争经济。在元宇宙时代，消费者与生产者之间能直接达成合作，从而可以最大可能地消除无法创造价值的中介经济，使整个社会经济迈向更高效率的运行。在传统经济中，要实现这点却非常困难。例如，我国改革开放以前社会主义实践中广泛采取的计划经济，本身就有合作博弈经济的思想内涵，但在实践中这种人为的高强度、大规模的社会合作无法战胜亚当·斯密对"理性经济人"自私、自利的假设。合作博弈的思想之所以难以在以前的社会实践中获得更为显著的成功，源于过去没有工具与手段在理性经济人的假设前提下大范围解决合作博弈的3个条件：参与者的完全信息对称问题、参与者之间事前进行效用分配约定问题、合作约定的执行问题。

在元宇宙时代，借助"去中介经济"的支撑工具——区块链，合作博弈需要的3个条件已经被解决。

（1）区块链的公共账本可以实现所有参与者完全均等的信息对称。在公共账本的基础上，任何参与者都将获得相同的信息，所有参与者的信息是完全均衡与对等的。

（2）区块链中的智能合约是参与者之间的事前约定，这个约定是公开透明的，规则是确定无歧义的。即使参与者没有参与事前规则的制定，也只有在认可规则的前提下才能参与。

（3）区块链的智能合约就是在条件符合情况下自动执行的无歧义代码。一旦满足执行条件，原来所约定的效用分配就可以自动自发地进行，不需要担心事前约定的执行，也不需要律师和法院。

显然，在大规模社会生产与合作中，合作博弈原来很难解决的3个条件在区块链下可以较容易地解决。那么在区块链这个工具基础设施下，元宇宙时代的经济模式是否将发生广泛的变革？

答案是必然的，这个变化就是由原来的自由竞争经济广泛地向共识合作经济转变。共识合作经济将是元宇宙这个智能互联社会的主流经济模式，而区块链将为这种经济模式提供最重要的基础设施保障。典型的区块链应用，如区块链产品溯源、区块链价值共同体、区块链众筹商业模式等就是这种经济模式的体现。

5. 价值共同体的去中心经济组织

在元宇宙时代，这种由共识规则所约定的去中心合作经济将广泛地基于智能合约的约定而存在，新型经济组织——共识合作经济组织（价值共同体）将成为元宇宙时代的主流经济组织，正如公司是当前经济的主要组织模式。与公司这类经济组织模式相较而言，价值共同体的特点如下。

（1）经济组织的建立，不再基于"公司法"与市场监管部门等权威机构的注册和认定，而是基于各参与方的共识规则、智能合约和区块链部署进行创造。

（2）经济利益的分配、分歧解决，元宇宙价值共同体将自动、智能、无分歧地进行，不再像传统经济组织需要依托会计、审计甚至法律部门。显然，价值共同体将具有更高的组织效率和更低的组织成本。

总之，元宇宙时代的经济关系将具有以下特点。

（1）去中介。共识合作经济将发生在消费者与生产者之间的直接合作，而这种合作基于区块链的信任设施保障，相互间责任、权利与义务的划分将基于智能合约进行定义与自动执行,定单生产、定制生产、众筹生产等模式将被广泛应用。

(2) 高效。共识合作经济生态参与者之间将基于各自贡献和智能合约自动进行利益、权益分配,省去了大量的管理成本(如会计、审计、人事协同等),也省去了不必要的广告、包装等中介经济投入,经济运行将更为高效。

(3) 诚信。生产商与消费者之间的生产信用、消费信用将永久性地记载在区块链上,形成后继合作的基础。诚信者将获得长期的激励。

(4) 共富。生态参与者基于各自贡献参与价值的分配,而不是凭借对流量、渠道、资本、品牌的垄断控制来坐享其成或获取不对称收益,社会财富的分配将更趋合理。

本章小结

(1) 人的需求是经济产生的根本原因,而劳动分工和市场推动了经济的形成。微观经济学是自由市场经济的基础理论,着重强调"理性经济人"的假设与劳动分工和市场交易。博弈论是经济学研究的基础工具与方法,基于非对称博弈理论的分析,自由市场经济并非原来亚当·斯密所认为的"基于劳动分工与市场这只'看不见的手'可以自动自发地实现社会经济的整体高效率运行"。

(2) 在元宇宙时代,实体经济将广泛地实现智能化,并因此消灭大量的传统体力、脑力劳动岗位。传统文化产业的数字化和实体经济的数字化,将推动元宇宙时代精神文化产业的空前繁荣,成为元宇宙时代的主导经济形态,并由此创造大量需要创新、艺术的创意、文化、设计岗位。无论是物质产品的生产还是精神文化产品的生产,元宇宙时代的产业结构均更加丰富和完整,元宇宙的产业愿景代表着马克思对共产主义的愿景!

(3) 区块链可以解决大规模社会生产与协作中消费者与生产者之间进行合作博弈所需解决的3个条件:信息对称问题、合作约定问题、合作的执行问题。区块链必将促进整个经济形态的主流由自由竞争经济向共识合作经济转变。

(4) 元宇宙时代的共识合作经济具有4个特点:去中介、高效、诚信、共富。

习题

1. 经济产生的原因是什么?简述马斯洛的需求层次论。
2. 简述微观经济学研究的内容,以及需求、生产、市场的相关概念。
3. 简述宏观经济学研究的内容,以及宏观经济学与微观经济学的关系。
4. 从囚徒困境出发,简述非合作博弈论的原理。
5. 简述合作博弈与非合作博弈之间的区别,以及其存立的前提条件。
6. 元宇宙时代如何满足人的物质需求?简述其物质产业部分进行物质生产的特点。
7. 元宇宙时代如何满足人的精神文化需求?简述其精神文化生活的特点。
8. 简述元宇宙时代的经济关系的特征。
9. 简述元宇宙时代的共识合作经济的特征。

第 4 章 元宇宙与社会变革
CHAPTER 4

上海金融峰会是中国金融界一年一度的盛事,在这个备受瞩目的场合,众多国内外的金融精英和企业家齐聚一堂。在 2020 年,最引人注目的莫过于阿里巴巴集团的创始人马云先生。马云在演讲中毫不避讳地指出,中国的金融系统存在着许多问题,亟须进行改革和创新。他直言不讳地批评了传统金融机构的保守和僵化,认为这种态度已经阻碍了中国金融体系的发展。"银行不改变,我们就改变银行。"他豪气干云地说道,"数字科技的发展给我们带来了巨大的机遇,我们不能错过这个时代的机遇"。

马云在上海金融峰会上的发言可以说是国内互联网垄断资本发展到巅峰的标志。蚂蚁金服以 30 亿资本撬动了 10 000 多亿资金,拥有极佳的营收表现和未来无限美好的前景,当时即将在科创板上市并成为预期中的全球最大 IPO。这些给了马云无限的信心与底气,所以他在这个峰会上毫不留情地批评了中国金融,尽管下面几乎坐着中国金融圈的所有大佬。

蚂蚁金服的业务模式主要依赖于用户数据的收集、分析和利用。数据作为一种重要的生产要素,在数字经济时代具有巨大的价值。蚂蚁金服通过对用户的交易数据、消费习惯等进行大数据分析,实现了个性化推荐、精准营销和风控管理等,从而成功撬动了大量的资金。

马云信心十足的发言使中国金融开始重视和关注其信心的来源。整个社会都在反思:互联网企业的数据垄断给国家和社会究竟带来了怎样的威胁?市场的不公平竞争问题到底有多严重?侵犯用户的隐私权、信息安全和数据泄露的问题如何处理?社会资源和财富的不均衡分配问题如何解决?资本为何如此狂妄?

4.1 中心化与数据垄断

2020 年底,中央经济工作会议明确将"强化反垄断和防止资本无序扩张"列为 2021 年八项重点任务之一。这表明中国政府高度关注互联网产业的垄断现象和资本无序扩张的问题,并决定采取措施加强反垄断工作,维护市场竞争的公平和秩序,促进经济的健康发展。2021 年 11 月 20 日,国家市场监管总局公布了 43 起未依法申报、违法实施经营者集中案件处罚决定。这些案件涉及多家知名互联网企业,包括腾讯、阿里巴巴、美团、百度、京东、58 集团等。互联网平台对数据、流量、用户的垄断如图 4-1 所示。

另一个值得关注的事件有关知识文献经营的行业代表:知网。

2021 年,中南财经政法大学的赵德鑫教授对知网提起了侵权诉讼,指控知网侵犯了他的知识产权。原因是知网收录了赵教授的100多篇学术文章,但以收费的方式向其他用户提供搜索使用,甚至赵教授自己使用也被收取费用。赵教授认为自己的学术成果未经授权被知网擅自使用,侵犯了他的著作权和知识产权。最终,法院判定知网需要向赵教授赔付89万元。

图4-1 互联网平台对数据、流量、用户的垄断

知网是中国知识资源最大的数字图书馆,为科研人员提供学术文献检索、下载和交流服务。然而,随着知网服务年费逐年增长,一些科研单位开始抵制知网。2022年,中国科学院因不堪支付知网高昂的服务年费而中止与知网的合作,这引发了国内高校、科研院所对知网的群起抵制。高昂的服务年费让一些科研单位难以承担,尤其是在资金有限的情况下,不得不寻求其他廉价或免费的学术资源替代方案。

知网为了维护资本市场对其业绩持续增长的需求,可能不得不提高收费标准,但这个收入及其增长是建立在对知识产权真正拥有者的权利侵犯和行业数据垄断的基础上的。知网事件标志着互联网用户的数据产权意识开始觉醒。

4.2 社会学基本问题

为了了解元宇宙将带来的社会变革,需要先了解一些社会学常识。在社会学中,有以下几个需要特别关注的问题。

1. 社会分层问题

尽管不同类型的社会(如资本主义社会和社会主义社会)在宪法和社会制度中都明确定义了人人平等的法律概念,但实际上各个社会都存在着社会分层的现象。社会分层意味着社会的整体控制或等级体系具有分级分层的特点,即社会群体被划分为不同的层级,每个层级相对于下一层具有一定程度的控制或影响力。社会分层的存在是因为社会需要有序组织与管理,而人的本性也在一定程度上导致了这种分层现象。

在社会分层中,人们通常会被归类为不同的社会阶层。这些阶层可以根据不同的因素来划分,如经济地位、教育水平、职业类型、社会地位等。在资本主义社会中,经济地位通常是社会分层的主要标志,富裕的人群往往处于社会的上层,而贫困的人群则处于社会的下层。而在社会主义社会中,虽然强调追求平等,但仍然存在着不同的职业和地位,也会出现社会分层的现象。

社会分层对于社会运行具有重要的影响。上层社会群体通常拥有更多的资源和权力,能够在社会中更好地实现自己的目标和利益,而下层社会群体则可能面临较大的挑战和限制。这种分层现象可能导致社会不公平和不平等,使一部分人处于较为优越的地位,而另一部分人则处于相对劣势的位置。

社会学对社会分层问题进行深入研究,探讨不同阶层之间的互动关系,分析社会分层对个人和社会的影响,以寻求更好地解决社会分层问题的方法。通过理解社会分层现象,社会学可以为社会公平与正义的实现提供一定的理论和实践参考。

2. 社会流动问题

在社会学中,社会流动问题是指各社会层群体之间存在正常有序的转换机制,使得下层群体有机会通过公平竞争流动到上层群体,而上层群体在公平竞争中失败时也应该流动到下层群体。

理想的社会结构被称为纺锤形结构,即中间大、两边小,且阶层之间应具有正常、合理、有序的流动。在理想的社会结构中,社会流动有助于减少社会不平等,促进社会的稳定和繁荣。通过公平竞争和个人努力,每个人都有可能在社会层次中取得进步,实现个人价值和社会价值的统一。

然而,在现实生活中,社会流动并不是如此理想的。绝大多数社会结构呈现金字塔结构,即底层人口众多、上层人口相对较少。这种结构反映了社会不平等和机会不均等的现状。一些人可能因为出生背景、教育资源、社会背景等因素而难以实现向上流动。因此,政府和社会需要采取相应措施,以促进社会流动,减少阶层固化,实现更加公平的社会结构。

互联网社会目前就是金字塔结构。少数互联网寡头企业控制了互联网经济,拥有巨大的市场份额和数据资源,而广大用户则处于相对较弱的地位。用户贡献了主要的流量与利润,但往往无法掌控自己的数据和个人隐私,从而成为被资本收割的对象。

上一层社会群体通过各种手段(如资本、小圈层的人脉关系和经济组织)实施控制,以此确保阶层的固化,并逐步减弱社会阶层的流动。这种现象被称为社会阶层的锁定或固化。常见的控制方法包括以下几方面。

(1) 资本控制。拥有大量财富和资源的上层社会群体可以通过资本的运作实施控制。他们可以投资关键产业,拥有垄断地位,从而获得更多的利润和影响力。在资本主义社会中,资本的集中与积累使得富有的人更容易保持其社会地位,而贫困的人则很难实现向上流动。

(2) 小圈层人脉关系的形成。上层社会群体可能形成小圈层的人脉关系,通过社交网络、家族、朋友等紧密联系在一起。这种紧密的社会关系有助于他们获取更多资源和信息,而这些资源和信息对于下层社会群体往往是不可及的。因此,上层社会群体可以通过人脉关系实现对资源的控制,使得他们在社会阶层中更加稳固。

(3) 经济组织的控制。一些上层社会群体可能控制着重要的经济组织,如大型企业、金融机构等。通过这些经济组织,他们可以对产业链、市场份额和就业机会等进行控制。这样的垄断地位有助于上层社会群体稳固其社会地位,同时减弱了下层社会群体的流动性。

（4）社会阶层的固化和流动性减弱，可能导致社会不公平和不稳定。一些人可能因为出身或社会背景的限制而难以实现向上流动，而上层社会群体则能够维持其优势地位。这种社会阶层的固化可能削弱社会的创新和活力，从而导致社会的长期停滞。

3. 社会组织和制度

在各类型社会中，社会组织和制度是指为了维护社会秩序、规范社会成员行为，以及促进社会运转和发展而建立的各种组织和制度。在社会组织和制度中，政治制度和经济组织起着重要的作用。

政治制度是指管理国家和社会事务的一系列规则、机构和程序。例如，民主选举就是一个重要的政治制度，通过选举产生政府和政治机构的领导人，确保政治权力的合法性和代表性。民主选举为社会成员提供了参与政治决策和公共事务的平等机会，有助于实现社会阶层的正常、有序流动。通过选举产生的政治领导层应当代表和服务全体社会成员的利益，维护社会公平和正义。

经济组织是指为了生产、分配和交换物质财富而建立的各种组织。《中华人民共和国公司法》是一项重要的法律制度，规范了公司的设立、运营和管理。公司作为一种经济组织形式，通过投资和经营活动来获取利润，并为股东提供收益。对互联网公司而言，当资本和股权的控制集中在少数人手中时，就会形成寡头垄断的局面，使得少数人对互联网经济产生较大的控制力。这将导致社会资源和财富的不均衡分配，并阻碍社会阶层的正常流动。

对互联网企业而言，因其特殊的商业模式和高度集中的数据和资本，确实存在少数人对互联网经济的控制现象。为了维护公平竞争和防止垄断，我国政府和监管机构近年来不断加强对互联网企业的监管，推动实施反垄断政策，以此促进竞争和创新。

4. 社会问题

社会问题与社会分层结构不合理及阶层固化密切相关，这些问题可能会导致一系列社会挑战。常见的社会问题包括以下几方面。

（1）贫富悬殊增大。当社会分层结构出现不合理和阶层固化现象时，财富往往集中在少数人手中，而失落或贫困人群的数量可能大幅增加。这种贫富分化会导致社会阶层之间的巨大贫富差距，使得富裕和贫困的差距不断加剧，社会不公平进一步体现。

（2）社会活力和竞争力降低。当社会阶层固化且阶层流动性降低时，社会的活力和竞争力也可能受到负面影响。由于社会上层的资源和机会集中在少数人手中，而下层社会群体的机会受限，因此社会创新和活动的动力将持续减弱。这种现象可能导致社会的发展停滞，进而阻碍社会的整体进步。

（3）阶层矛盾增大。阶层固化和不公平分配往往会导致阶层之间的矛盾加剧。既得利益者可能不择手段维护已有地位，而不满的社会群体则会感到失意和愤怒。这种社会阶层之间的冲突可能导致社会的不稳定，进而产生诸多不利影响。

4.3 人类社会的社会学分析

基于社会学的基础知识，下面分析人类社会各阶段的社会关系。

1. 自然生物界的社会关系

在纯粹的自然生物界中，社会关系具有以下特点。

(1) 阶层排序。

按进化等级,以食物链进行高低排序。在自然界中,生物按照其进化等级形成了不同的阶层,这种阶层排序可以通过食物链体现。食物链反映了生物之间的食物关系和依赖关系。通常,食物链的底层——植物通过光合作用从阳光中获取能量,植物被草食动物摄取,草食动物再被肉食动物捕食,以此形成了一个由低级到高级的阶层排序。

(2) 价值创造。

参与生态链循环即具有价值,从低级生物获取能量,向高级生物贡献能量。在自然界的生态系统中,每个生物都在生态链中发挥着重要的作用。低级生物通过光合作用或其他方式获取能量,进而被高级生物捕食;高级生物将能量传递给更高级别的生物。每个生物都在这个生态链循环中具有独特的价值,它们相互依赖、相互影响,维持着整个生态系统的平衡和稳定。

(3) 阶层竞争。

由低级向高级进化。在自然界中,生物之间的竞争是普遍存在的。低级生物往往为了生存和繁衍后代,会通过自然选择和适应进化来逐步提高自身的生存能力。这种竞争和进化过程使得生物逐渐进化到更高级别的状态,以适应环境的变化。

2. 原始社会的社会关系

在原始社会中,社会关系具有以下特点。

(1) 阶层排序。

人类在生物链中处于最高地位,内部靠智力/体力高低排序,依靠部落成员的拥戴。在原始社会中,人类作为生物链的顶端生物,处于最高的地位。在部落内部,人们的地位可能会根据智力、体力等因素进行排序。一些人可能在部落中拥有更多的权力和地位,他们可能是部落的领袖或者决策者。在原始社会,这种阶层排序主要依靠部落成员对其领袖的拥戴和支持,而非复杂的社会制度。

(2) 价值创造。

依靠智力/体力从自然界中采摘/猎取,取决于所处自然环境。在原始社会中,人类通过直接接受自然的馈赠来维持生存,依靠智力和体力从自然界中采摘食物或进行狩猎。每个个体的价值创造主要取决于他们在部落中的贡献和在自然环境中的适应能力。由于原始社会缺乏现代化的生产和分配方式,因此人们必须依靠自然界来满足基本的生活需求。

(3) 阶层竞争。

依靠自己对部落的贡献和成员的拥戴。在原始社会中,阶层竞争主要围绕对部落的贡献和成员的拥戴而展开。领袖地位可能是通过展示出色的狩猎技巧、智慧决策或对部落的保护和贡献而获得的。而其他成员可能会通过展示自己的勇敢、智慧或其他有用的技能来争取更高的地位和社会认可。

3. 奴隶社会的社会关系

在奴隶社会中,社会关系具有以下特点。

(1) 阶层排序。

奴隶主成为社会的主导阶层。在奴隶社会中,由于种植和养殖技术的进步,生产出现了过剩,形成了剩余产品。奴隶制度建立在剩余产品的基础上,奴隶主通过剥削奴隶的劳动来获取更多的剩余产品。奴隶主作为生产资料的主要拥有者,成为社会的主导阶层,控制着社会的资源和权力。

(2) 价值创造。

依靠奴隶的劳动创造价值,生产力的高低取决于拥有劳动力(即奴隶)的多少。在奴隶社会中,奴隶的劳动是创造社会财富的主要动力。奴隶主依靠奴隶的劳动来生产农产品、手工艺品等商品,从而获得剩余价值。因此,奴隶主掌握着生产力的高低,拥有更多奴隶意味着拥有更大的生产能力和更多的财富。

(3) 阶层竞争。

奴隶只能通过社会革命来获得自身的解放。在奴隶社会中,奴隶主和奴隶之间存在着明显的阶层对立。奴隶主拥有特权,而奴隶则被剥夺了自由和尊严。奴隶主虽然占据着社会的主导地位,但也面临着与奴隶的阶层斗争。奴隶只能通过社会革命或其他手段来争取自身的解放和权益,这是因为奴隶社会的制度决定了奴隶主和奴隶之间的根本对立和矛盾。

4. 封建社会的社会关系

在封建社会中,社会关系具有以下特点。

(1) 土地成为稀缺资源。

随着生产工具的进步(如铁制农具的出现),土地成为封建社会中最重要的生产要素和稀缺资源。地主阶层通过占有大量土地来控制生产资料,从而成为社会的主导阶层。

(2) 阶层排序。

地主阶层处于社会的主导阶层,依靠对土地的占有来获得地位。在封建社会中,地主阶层拥有大片土地和生产资料,他们通过控制土地来获得丰富的收益和资源。地主作为社会的最高阶层,拥有对土地和生产要素的垄断权,并掌握着社会的主要资源和权力。

(3) 价值创造。

依靠所占有的生产资料(以土地为主)获得最大收益分配权。在封建社会中,地主阶层依靠所拥有的生产资料(尤其是土地)获得最大的收益和分配权。土地是封建社会中最重要的生产要素,农民通过耕种地主的土地来创造价值,但大部分收益都被地主占有。这种收益分配方式造成了严重的阶层不平等。

(4) 阶层竞争。

通过科举考试/社会变革实现阶层的转换。在封建社会中,地主阶层和普通百姓之间存在明显的阶层分化和阶层对立。普通百姓如果想要改变自己的阶层地位,则通常需要通过科举考试或参与社会变革才能实现。科举考试是一种提供晋升机会的制度,通过参加考试并取得优异成绩,普通人就有可能脱离农民阶层成为士人或官僚。社会变革是指通过社会动荡和政治权力的争夺实现阶层的转换。

5. 资本主义社会的社会关系

在资本主义社会,社会关系具有以下特点。

(1) 资本成为主导性生产要素。

随着机器技术的高度发展,生产力得到显著提升,资本成为了资本主义社会中的主导性生产要素。资本是指用于投资和创造利润的货币、资金和生产资料。在资本主义社会中,拥有资本的企业或个人(即资本家)掌握着生产力和生产资料的控制权,从而成为社会的主导阶层。

(2) 阶层排序。

资本家依靠对资本的占有成为社会的主导阶层。在资本主义社会中,资本家拥有大量的资本,通过投资和生产活动可以获得更多的利润。资本家作为社会的主导阶层,控制着经济活动和资源分配,拥有更大的权力和社会地位。而劳动阶层则往往通过出卖自己的劳动力谋生,缺乏对生产资料和资源的控制权,处于社会的较低阶层。

(3) 价值创造。

资本作为主导参与社会生产,获得最大收益分配权。在资本主义社会中,资本家通过投资和控制生产资料,组织生产活动,实现价值创造。他们的目标是追求最大的利润,通过市场交换和经济活动获得更多的收益。资本家依靠对资本的掌控来参与社会生产,并获得生产过程中的剩余价值。

(4) 阶层竞争。

劳动阶层只能通过创新或社会制度的二次分配来获得阶层的平衡。在资本主义社会中,劳动阶层往往面临竞争和压力。由于资本家掌握着大部分资源和生产要素,因此劳动阶层的地位相对较弱。劳动阶层通常需要通过创新、教育和努力来提高自己的技能和能力,以获得更好的工作和报酬。另外,社会制度中的二次分配政策也可以在一定程度上缓解阶层不平等,通过税收和社会福利支持劳动阶层,以实现阶层的平衡。

在人类社会发展历史的所有阶段中,劳动均作为长期生产要素发挥着至关重要的作用。人类通过劳动,运用智慧和体力改造自然界,创造和生产出各种商品和服务。从古至今,人类通过劳动从事农业、手工业、工业和服务业等各领域的生产活动。劳动不仅是满足生存需要的基础,而且是社会发展和进步的动力。劳动是人类社会发展的基石,推动着生产力和社会制度的演进。

如图 4-2 所示,劳动使人从自然界中脱离出来,创造出了人类社会及远超自然界的舒适生活。劳动的本质是人类与自然界的互动,人类通过劳动改造自然,创造出各种生产工具和社会机构。从最早的原始社会开始,人类通过劳动创造了火、工具、农业、手工业等,逐渐形成了社会组织和生产方式。

图 4-2 劳动的重要性

在现代社会,劳动作为生产要素之一,与资本、土地等共同构成了生产要素的组合。劳动力作为一种特殊的生产要素,参与社会经济循环和生产过程。劳动力的供给和需求决定了劳动力市场的运行,从而影响生产和价值的分配。劳动力的质量和效率对生产力和经济发展起着至关重要的作用。

与此同时,在资本主义社会中,劳动和消费形成了一种对立关系,消费的对象就是劳动或劳动的成果。劳动者通过出售自己的劳动力,为资本家提供劳动,创造出商品和服务。而消费者则是劳动的对立面,他们购买商品和服务,消费劳动的成果。

在资本主义社会中,劳动和消费形成了一种复杂的关系,资本家依靠劳动者的劳动创造出商品并通过销售商品实现利润,而消费者则通过购买商品满足自己的需求。

4.4 元宇宙的社会学分析

与传统社会相比,在元宇宙带来的数字化社会中,社会关系将发生很大的变化。

在元宇宙时代,随着智能技术的飞速发展,人工智能和智能机器得到广泛应用,人类从体力和脑力劳动中解放出来,大部分生产和服务都可以由人工智能和智能机器来完成。在元宇宙的智能社会中,人类可以依靠自然能源和人工智能来创造满足所需的物质生活,但同时也要面对各类社会问题和挑战,以及一系列社会变革。

1. 社会问题和挑战

元宇宙时代将带来的各类社会问题和挑战包括以下几方面。

1) 重新定义劳动

在智能社会中,传统的体力和脑力劳动的重要性减弱,大部分重复性和烦琐的工作可以由人工智能代替。这意味着人类可以从传统意义上的劳动中解放出来,从而有更多的时间用于创造和享受生活。

2) 无须劳动的"无用阶级"

随着智能技术的发展,相当部分的人将会失去传统意义上的劳动机会,从而被称为"无用阶级",这些人可能面临失业和社会边缘化的风险。

3) 参与价值分配的问题

在现行的经济分配机制下,很大一部分社会经济价值的产生来自劳动。在智能社会中,随着大部分劳动被人工智能替代,需要重新思考价值的产生和分配机制。为此可能需要探索新的经济模式和社会制度,以使人们可以分享由智能技术创造的经济价值。

2. 社会变革

元宇宙时代将带来的社会变革包括以下几方面。

1) 数据将成为最重要的生产要素

在元宇宙时代,数据将成为最重要的生产要素,这是由元宇宙的本质和运作方式所决定的。元宇宙是一个由数字化虚拟空间构成的综合网络世界,它通过虚拟现实技术和互联网技术,将现实世界与虚拟世界相融合。在元宇宙中,人们通过数字化的形式进行交互、沟通、创造和体验,与现实世界进行紧密连接。

元宇宙的运作需要海量的数据支持。虚拟现实技术需要收集、分析和处理大量的数据,以构建逼真的虚拟环境和场景。在元宇宙中的用户行为、交互、创作等活动也会产生大量的数据,这些数据对于元宇宙的发展和运营至关重要。在元宇宙时代,数据将成为推动经济增长的重要动力。元宇宙中的虚拟商品、虚拟资产、虚拟服务等都需要依托数据进行创造和交易。数据的挖掘和分析也可以帮助企业和机构更好地理解用户需求,提供更精准的服务和产品,实现经济价值的最大化。

随着数据的重要性不断提升,数据隐私和安全也变得至关重要。在元宇宙时代,用户的个人数据可能会被广泛收集和使用,为此需要保护用户数据隐私并防止数据泄露和滥用,这是一个亟待解决的问题。随着元宇宙的兴起,需要建立相应的数据治理和规范机制,包括对数据采集、存储、使用和共享的规定,以及数据的知识产权保护等方面的制度建设。合理的数据治理可以促进数据的有效流动和合理使用,推动元宇宙社会的可持续发展。

2) 消费成为价值分配的凭证

在元宇宙时代,消费将成为参与价值分配的重要凭据,这是由元宇宙的本质和经济模式所决定的。

在元宇宙时代,虚拟现实技术和互联网技术的发展推动了虚拟经济的兴起。虚拟经济是指在元宇宙中产生的一系列虚拟商品、虚拟资产和虚拟服务的经济活动。这些虚拟商品和服务的产生和交易都依赖消费者的参与和消费行为。

在传统的经济模式中,劳动和消费往往被视为对立关系。人们通过劳动创造价值,通过消费满足自己的需求。然而,在元宇宙时代,随着虚拟经济的发展,消费本身也成为价值创造的重要组成要素。在元宇宙中,用户消费虚拟商品、虚拟资产和虚拟服务,实际上是在为这些虚拟产品创造价值。消费者的需求和参与推动了虚拟经济的发展,促进了虚拟商品和服务的生产和供给。因此,消费在元宇宙时代被视为一种创造价值的行为。

在元宇宙时代,消费者参与消费活动往往不仅满足了自己的需求,而且是在进行一种投资。早期消费的价值可能会随着时间的推移而增长,因此消费也是一种投资行为,消费者可以期待在未来获得更大的回报。消费即创造价值,消费即投资的观念正在成为智能时代的新经济理论。在元宇宙时代,虚拟经济的发展使得消费在经济活动中扮演着更加重要的角色,而消费者也成为价值创造的重要参与者。

3) 生产要素重塑

如图 4-3 所示,在元宇宙时代,生产要素的特点和组成发生了显著的变化,新的生产要素构成包括以下几方面。

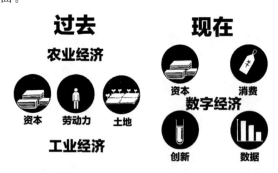

图 4-3　元宇宙时代的生产要素

(1) 数据。数据是元宇宙时代最重要的生产要素之一。在元宇宙中,大量的数据被产生、收集、处理和分析,用于构建虚拟世界的各种场景、环境和交互。这些数据来自用户的行为、交互、创作等,也来自虚拟世界中的虚拟商品和虚拟资产。数据的价值在于它能够支持虚拟世界的运作和发展,也能够为企业和机构提供精准的用户洞察,进而促进创新和发展。

（2）创新。在元宇宙时代，创新是推动经济增长和社会进步的关键要素。创新在元宇宙中表现为虚拟现实技术、人工智能技术等不断推陈出新，以及虚拟商品、虚拟资产等持续创造和设计。创新驱动着元宇宙的发展，不断为用户提供新的体验和服务，同时也推动着虚拟经济的繁荣。

（3）资本。资本在元宇宙时代依然扮演着重要的角色。虚拟经济的发展需要投入大量的资金用于技术研发、资源采购和市场推广。同时，资本也是支撑虚拟经济运转的基础，它可以帮助企业和机构扩大规模，拓展市场份额，加速产品和服务的推广。

（4）消费。在元宇宙时代，消费者成为生产要素的重要参与者。用户消费虚拟商品、虚拟资产和虚拟服务，实际上是为虚拟经济创造价值。消费者的需求和参与推动了虚拟经济的发展，促进了虚拟商品和服务的生产和供给。

4）元宇宙时代的社会分层

在元宇宙时代，由于虚拟现实技术与互联网技术的融合，社会分层出现了新的特点和趋势。对元宇宙时代的社会分层情况的详细阐述如下。

（1）数据资源掌握者。在元宇宙时代，数据成为最重要的生产要素，掌握大量有价值的数据资源的个人、企业或组织将成为社会分层中最重要的一部分。数据资源掌握者可以是科技公司、虚拟世界的创造者，也可以是拥有大量用户数据的社交平台或虚拟经济的主导者。他们通过数据的收集、分析和应用，洞察用户需求，掌握市场动态，从而在虚拟经济中获得巨大的优势和利益。

（2）创新者。在元宇宙时代，创新依然是推动社会进步的关键力量。那些能够不断创造新的虚拟现实技术、虚拟商品和虚拟服务的个人或企业，将成为社会分层中的重要群体。创新者能够引领虚拟经济的发展方向，提供更具吸引力和竞争力的产品和服务，从而在虚拟世界中占据优势地位。

（3）资本拥有者。资本在元宇宙时代依然是重要的生产要素。那些拥有大量资金和资源且能够投入虚拟经济中的个人、企业或机构，将成为社会分层中重要的一部分。资本拥有者可以通过投资和收购，扩大虚拟经济的规模和市场份额，从而在虚拟世界中取得更多的经济收益。

（4）普通消费者。在元宇宙时代，虽然数据资源掌握者、创新者和资本拥有者在社会分层中具有重要地位，但普通消费者仍然是经济中不可或缺的一部分。普通消费者通过参与消费活动，以此参与经济的交易和运作，为经济的发展运行做出贡献。他们的需求和参与推动着经济的繁荣和发展。

4.5 元宇宙游戏人群的生存

随着元宇宙时代的到来，大规模的智能化生产将形成一个极其庞大的人群：元宇宙游戏人群。元宇宙游戏人群的生存发展将是一个巨大的社会问题，下面对此进行简要分析。

由"元宇宙的哲学思考"可知，一个健康的人一定是健康的身体与积极的精神二者合一的人。人的本质涉及精神与身体的统一，这意味着人是一个不可分割的整体，既包括物质层面的身体，也包括心灵层面的精神。人的身体和精神不是彼此独立的，而是相互联系和相互作用的。身体状态和健康直接影响心理状态，而精神状态也可以影响身体健康。例如，身体的疾病可能导致心理上的不适,而心理上的压力和焦虑也可能对身体健康产生负面影响。由于人的本质是精神与身体的统一,因此不能忽视任一方面的需求。物质需求包括食物、水、住所、衣物等基本生存需要,精神需求包括情感交流、社交互动、知识学习、文化艺术等对心灵成长有益的需求。缺乏物质需求可能导致生存困境和身体健康问题,缺乏精神需求可能导致孤独感、抑郁、焦虑和缺乏动力等心理问题。

元宇宙游戏通过虚拟的数字化空间,提供无穷多个虚拟世界和虚拟现实环境,展现更加丰富、沉浸式的场景,使用户以数字化的形式进行交互和体验。元宇宙包含了无数虚拟世界和场景,用户可以在其中体验各种不同的虚拟体验,如虚拟游戏、虚拟社交、虚拟旅游等。这种多样性为用户提供了更广泛的选择,满足了不同用户的各种精神需求。在元宇宙中,用户可以创造自己的虚拟角色、虚拟场景和虚拟物品。他们可以通过数字化的方式表达自己的想象力和创造力,这种自由创造和表达的过程本身就是一种满足精神需求的体验。元宇宙为用户提供了虚拟社交的平台,让人们可以在虚拟空间中结识新朋友、与老朋友保持联系,并一起体验虚拟世界中的各种活动。这种社交和共享的体验增强了人们的社交联系和归属感,对精神生活产生积极的影响。元宇宙游戏中所产生的数字资源在元宇宙内部具有重要的意义。虚拟世界中的经济体系独立于现实世界,虚拟资产可以在虚拟世界中用于购买虚拟商品和服务,交换虚拟财富,甚至作为一种虚拟投资形式。对于喜欢参与虚拟世界的用户来说,这些虚拟资产的获取和交易本身也成了一种乐趣。

元宇宙能够全面地满足人们的精神文化需求,那么如何满足其物质需求呢?

游戏具有人类精神生活价值,可以提供娱乐、社交、创造和探索等体验。在实体经济体系中,游戏可以被视为一种消费品,人们可能会为了获得游戏内的虚拟物品、游戏体验等进行支付。然而,由于游戏内虚拟资产的价值仅限于游戏世界本身,游戏中的普通玩家并不能通过游戏来创造实体经济价值。这意味着沉溺于游戏中的人群在现实生活中可能无法通过游戏获得直接的经济回报。

对于越来越庞大的游戏人群,如何在实体经济中找到自己的价值并参与实体经济循环和价值分配呢?在元宇宙时代,这是人们不得不面对的一个社会分配制度变革问题。

构建虚实融合的元宇宙,将虚拟世界和现实世界有机结合将是元宇宙发展的必经之路。虚实融合的元宇宙不仅包括虚拟世界中的游戏、虚拟社交和虚拟交易等虚拟体验,还包括与现实生活紧密相关的实体经济活动,其可能实现的方案如下。

(1)虚实交互。

构建虚实融合的元宇宙需要通过技术手段,以实现虚拟世界和现实世界的交互。这意味着虚拟世界中的数字资产和虚拟经济可以与现实世界的实体经济相连接。例如,通过区块链技术,虚拟世界中的数字资产可以在现实世界中进行真实的交易,参与实体经济循环。

(2)实体经济与元宇宙的融合。

传统实体经济与元宇宙之间的融合可以通过多种方式实现。一方面,实体经济可以为元宇宙提供支持和发展的资源,如资金、技术和市场渠道;另一方面,元宇宙可以为实体经济带来创新和增值,如通过数字化的方式提供新型服务或产品。

(3)价值流通与分配。

在虚实融合的元宇宙中,数字资产的价值可以在虚拟世界和现实世界之间交互流通。虚拟世界中创造的价值可以转化为现实世界的实际经济收益,因此消费者参与虚拟世界的消费行为也成为参与实体经济循环和价值分配的方式之一。

（4）经济激励与奖励。

为了激励消费者参与虚实融合的元宇宙，可以设计相应的经济奖励机制。例如，虚拟世界中的任务完成或社交互动可以获得虚拟货币或虚拟物品奖励，这些奖励可以在现实世界中进行兑换或使用。

（5）社会认可与法律支持。

虚实融合的元宇宙需要得到社会的认可和法律的支持。政府和相关机构可以制定相应的政策和法规，促进虚实融合的发展，保障消费者的权益和安全。

元宇宙游戏人群通过上述方法，以需求即创造价值、消费即投资的方式参与元宇宙经济体系的价值分配与循环，以获得在元宇宙经济社会中的社会分层地位。但纯粹的元宇宙消费人群的经济社会地位显然处于相对的低层，欲向更高阶社会地位发展需要参与创新创造或资本投资。

本章小结

（1）互联网垄断平台凭借对数据的控制实现经济的控制，这是当前互联网产业发展的重大问题，其背后根本问题是数据产权问题。

（2）社会学的四大基本问题：社会分层问题、社会流动问题、社会组织和制度、社会问题。

（3）从自然界到资本主义社会，每种社会形态在社会分层、阶层流动、价值创造、社会分配等方面均具有各自不同的特色。

（4）元宇宙社会体系的几个特点：①劳动的重新定义；②"无用阶级"的产生；③分配规则的变革，即数据成为重要生产要素、消费成为分配依据；④社会关系变革，具体体现在数据资源控制者、创新者、资本、消费者等方面。

习题

1. 简述互联网垄断经济平台对经济控制并在社会分层中占据主导地位的实现方式。
2. 简述社会学所研究的几大基本问题。
3. 试运用社会学理论分析原始社会的社会关系。
4. 试运用社会学理论分析奴隶社会的社会关系。
5. 试运用社会学理论分析封建社会的社会关系。
6. 试运用社会学理论分析资本主义社会的社会关系。
7. 简述元宇宙社会的社会关系特征和变化。
8. 简述数据在元宇宙社会关系中的重要地位。
9. 简述元宇宙社会中的社会分层变化。
10. 简述元宇宙游戏人群的社会关系，以及当前的社会分配制度在元宇宙时代将需要怎样的变革。

第 5 章 元宇宙的组织与治理
CHAPTER 5

在远古时期,人类生活在野外,与野兽为伍。那时,人类的生存完全依赖于本能和直接的反应。随着时间的推移,人类逐渐认识到集体协作的力量。他们开始结成部落,组织狩猎和采集,共同应对自然环境的挑战。在这个过程中,人类渐渐形成了简单的治理机制,首领和长者在部落中起着重要的领导作用。

随着社会的不断发展,人类逐渐形成了更加复杂的社会组织形式。在古代文明的兴起过程中,国家出现。国家通过建立中央集权,实行法律和政策,来管理和统治人民。治理体系的建立使得社会更加有序和稳定,各个阶层的人们都能在这个有序的体系中找到自己的位置和责任。人类开始逐渐实现从动物群落到文明社会的转变。

随着现代科技和工业的发展,治理体系进一步完善和复杂化。现代国家通过民主制度和宪法确立了人民的权利和义务,保障了社会的公平和正义。科技的进步使得信息的传播更加迅速和广泛,人们的交流和合作变得更加便捷和高效。全球化的发展使得各国之间的联系更加紧密,人类开始共同面对全球性的挑战和问题。

如今的社会充满活力和创造力,人们在各行各业展现着自己的才华和能力。例如,在一家科技公司里,工程师们紧密合作,共同开发出一款创新的智能手机,为人们提供更便捷的生活方式;在一所医院里,医护人员紧密配合,共同救治病患,保障着人们的健康和安全;在一家艺术机构里,艺术家们互相启发,共同创作出一幅幅震撼心灵的艺术品,为社会带来美的享受。

在社会的各个层面,人类都在积极协同合作,共同解决问题,推动社会的繁荣和进步。例如,在政府机构,政府官员和公务员们共同制定政策和法规,为社会的有序运行提供服务;在企业,管理团队和员工们共同努力,实现企业的发展和壮大;在社区,居民们共同参与社区建设和管理,营造着温馨和谐的居住环境。

在这个社会体系中,每个个体都有自己的角色和责任,各个组织之间相互依存,形成了一个紧密的网络。这个网络促进了资源的共享和配置优化,实现了社会资源的高效利用。同时,治理体系还提供了稳定的法律和秩序保障,为社会的繁荣创造了良好的环境。

这些应用场景的实现归功于人类社会的治理体系。人类社会建立了一套复杂而有效的治理机制,包括政府、企业、社会组织等各种组织形式。这些组织通过相互协作和配合,共同推动着社会的进步和发展。

原始部落时期,人类基于亲缘、血缘所构成的熟人社会进行部落的治理;国家出现后,人类开始基于法律、文化及组织体系进行社会治理,这在今天仍然是我们社会的主流治理模式。互联网的出现和基于互联网的网络社会的形成,特别是元宇宙的发展,使得传统的治理模式已越来越难以适应,如何构建适应元宇宙时代的新型治理模式是当前面临的紧迫任务之一。

5.1 组织治理

自人类社会诞生,对秩序的渴望便深植于人类社会的发展过程中。这种对有序状态的追求,主要通过对社会进行有效的组织和治理来实现。组织本身是一个由多个成员为达成明确目标所构建的实体,它们具有独特的目标、规范、活动方式和文化。组织治理是指规范和管理组织内部决策、权力分配、责任承担、结构安排、流程设计、文化培育等方面的行为和措施,确保组织能够高效运作、实现既定目标,并维护各利益相关者的权益。

例如,联合国作为一个国际组织,通过其复杂的治理结构和决策过程,协调成员国间的关系,处理全球性问题。又如,苹果公司通过其创新的管理模式和强大的公司文化,建立了高效的组织治理体系,在其产品设计、市场营销和客户服务等方面体现得淋漓尽致。

组织治理对于任何组织的生存和发展都至关重要,主要体现在以下几方面。

(1) 组织治理确保了组织目标的实现。通过有效的治理,组织能够明确其目标和使命,并确保所有决策和行动都与目标保持一致,从而促进组织的长远发展。

(2) 组织治理能够提高组织绩效,它通过优化组织结构和管理流程,提高运作效率和绩效,实现资源的最优配置。

(3) 组织治理保障了组织的合法性,确保组织在法律框架内合法经营,遵守法律法规和社会道德,避免违法行为带来的风险。

(4) 组织治理增强了组织的透明度,提倡信息公开,使组织成员和外部利益相关者能够了解组织的运作和决策过程,从而增强信任和合作。

组织治理的内容是多方面的,包括决策机制、权力结构、组织结构、信息披露与透明度、利益相关者参与、风险管理、道德和价值观、监督与反馈等,这些方面共同构成了一个组织健康运作的基础。

人类社会的组织形式不断变化和演进。从家庭、社区、宗教团体、政治和行政结构、教育组织、社会团体、非政府组织到国际组织等,这些组织形态反映了社会的多样性和复杂性。特别是在科技、经济和文化快速发展的背景下,社会组织的形式和功能也在不断演变。互联网的普及更是为社会组织带来了新的挑战和机遇,如社交媒体群组和网络社区等新型组织形式的出现。例如,Facebook作为社交媒体平台,通过网络社区的形式,既改变了人们的交流方式,也促进了信息的快速传播和共享。

5.2 我国传统社会治理

中国古代的治理体系深受儒家思想的影响,其中特别强调个人修养和道德素质在社会治理中的重要性,如图5-1所示。这一思想体系认为,个人的德行和修养是社会和国家治理的基础。《大学》这一儒家经典提出了"修身、齐家、治国、平天下"的理念,阐明了个人、家庭、国家和整个世界的治理是相互关联的。下面对该理念进行详细分析。

图 5-1　儒家思想——我国传统社会治理的灵魂

（1）"修身"是指提升个人的自我修养。在传统治理体系中，人们被鼓励培养仁、义、礼、智、信等高尚品德，以达到道德上的高境界。例如，孔子作为儒家思想的代表人物，其一生致力于教育和修身，强调通过学习和实践来提升个人的品德和智慧。道德修养被视为治理他人和治理国家的基础。只有道德修养达到一定水平的人，才能有效地引导和影响他人，实现社会的和谐与稳定。

（2）"齐家"是指维持家庭的和谐。家庭是社会的基本单元，家庭的稳定被认为是社会整体稳定的基石。在家庭中，家长的角色尤为重要，他们需要以身作则，引导家庭成员树立正确的道德观，维护家庭的和谐。例如，在《论语》中，孔子经常强调孝道的重要性，认为孝是治理家庭和社会的基本原则。

（3）"治国"是指治理国家和政治体系。古代中国的政治理念强调以德治国，即统治者和官员应具有高尚的品德和道德水平，以仁爱和善治为治国宗旨，尊重并维护人民的权益。唐太宗李世民的治国理念就是一个典型例子，他注重德治，提倡"以德服人"，并在其统治期间实现了国家的繁荣和稳定。

（4）"平天下"是指实现整个社会的和谐与稳定。在传统治理体系中，领导者和统治者被期望具备高尚的品德，以身作则，引领社会风尚，通过道德的力量实现社会的平稳和安定。例如，汉武帝在推广儒家思想、强化道德治国的过程中，不仅巩固了中央集权，而且促进了社会的和谐与稳定。

中国古代治理体系特别重视道德和人心的作用，将其视为社会治理的最高标准。这与现代治理体系中以法律为核心的"底线治理"形成了鲜明对比，展现了中国传统文化在社会治理方面的独特性和深远影响。

5.3　现代组织的治理

现代组织的治理理论与实践主要源自西方，以"法制"作为典型特征，逐渐形成了当今国际主流的组织治理模式。典型的组织包括国家、国际组织及经济组织、社群组织等。

1. 国家治理

国家治理是一个包括政府权力和职能规范与管理的综合体系,旨在实现国家的目标和使命,保证国家政权的稳定性和合法性。这一治理体系在我国表现为多层次、多机构的结构,涵盖从最高法律到各种政治机构的运作。

我国的国家治理以宪法作为最高法律依据。宪法不仅规定了国家的基本制度和组织原则,而且明确了公民的权利和义务,为其他法律、法规和政策提供了基本的框架和方向。例如,宪法中规定的社会主义制度和人民民主专政的国家制度,为我国的政治和社会活动设定了基本准则。

在我国的政治体系中,全国人民代表大会(人大)是最高国家权力机关,代表人民行使国家权力。中国人民政治协商会议(政协)则是一个政治协商平台,负责多党合作和民主协商。中国共产党中央委员会(中共中央)作为中国共产党的最高领导机构,对党和国家的重大事务拥有统一的领导权。

中华人民共和国国务院是我国的行政机构,由总理领导,承担着执行全国人民代表大会及其常务委员会决议和法律的责任,同时负责国家的日常行政管理和决策执行。例如,国务院会发布和执行关于经济管理、社会福利、环境保护等方面的政策和法规。

我国的国家治理体系还包括多个监督和司法机构。纪律检查委员会(简称纪检委)作为党内监督机构,负责监督党员和党组织的行为,以确保党的纪律和规定得到遵守。检察院是负责侦查和公诉犯罪行为的司法机关,它维护国家法律的权威和尊严。法院作为独立的司法机关,负责审理案件,确保司法公正和法治得以实现。审计署负责对国家的财务和资产进行审计监督,确保财务的透明性和经济活动的合理性。

我国的国家治理体系是一个复杂而全面的结构,通过不同层面和机构的相互作用,保证国家的稳定运作和发展。这个体系不仅涵盖了法律和政策制定,还包括了行政管理、监督机构的运作,以及政治协商和决策过程。通过这种全面而细致的治理方式,我国能够有效地实现国家目标和使命,维护国家政权的稳定和合法性。

2. 社群(社会组织)治理

社群治理是一种涉及内部成员、资源、事务的管理和规范过程,目的在于实现社群的共同目标、维护成员的权益,并促进社群的可持续发展。社群可以是组织、社区或网络群体等不同形式,在不同的环境下,其治理方式和结构可能不同。

以组织章程为基础的社群治理体系是社群运作的核心。组织章程详细规定了社群的目标、宗旨、组织结构、成员资格和权责分配等关键信息。例如,一个非营利组织的章程会明确其服务的社会目标、成员的权利和义务、管理和财务的透明度要求。组织章程是社群运作的法定依据,所有成员必须遵守。

社群治理的主要实现机构如下。

(1) 社群的决策机构通常是由成员选举产生的理事会或委员会,也可能由创始人或领袖直接构成。决策机构的责任是代表社群成员的利益,通过协商和投票制定重要决策,确保过程的公平性和民主性。例如,在业余运动俱乐部中,决策机构可能会决定俱乐部的活动日程和预算分配。

(2) 执行机构负责实施和执行决策,以及组织社群的日常运作和活动。在一个专业协会中,执行机构可能包括秘书处和各分委员会,它们负责执行协会的活动计划和日常管理工作。

（3）审计机构是社群治理的一个重要组成部分，它可以由内部或外部独立团队进行。审计的目的是检查社群的财务状况、决策执行情况和资源使用情况，确保操作的透明度、公正性和合法性。例如，在一家公司中，外部审计师可能会定期检查其财务报表和业务流程，以确保合规性和透明度。

社群治理还涉及制定和传承社群的规则与价值观。社群规则是成员共同遵守的行为准则，而价值观则是社群共同认可的核心理念，是社群凝聚力和认同感的重要基础。例如，一个以环保为宗旨的社群可能会有严格的环境保护规则和鼓励可持续生活方式的价值观。

社群治理的另一个关键方面是民主。成员应有平等的参与机会，可以通过投票、意见反馈等方式参与社群治理。在一些在线社区中，成员可能通过在线投票和论坛讨论参与社群的决策过程。

透明度和沟通是社群治理中不可或缺的元素。社群成员应该及时了解社群的决策和运作情况，有权获得相关信息，并能够自由表达自己的意见和看法。例如，一家公开上市公司可能会定期发布财务报告和业务更新，以确保股东和公众对公司运作有充分了解。

总体而言，社群治理是一个综合性的过程，涉及组织结构、决策机制、执行和监督、文化和价值观的培养。通过有效的社群治理，可以实现组织的目标，维护成员权益，并促进社群的长期发展和繁荣。

3. 企业治理

企业治理是现代市场经济体系中的关键组成部分，涉及企业在国家法律法规框架下对内部权力和责任的分配、运作方式、决策监督机制的规范管理。良好的企业治理是确保企业长期稳健发展和保障利益相关者权益的基础。

公司章程是企业治理的基石，它详细规定了企业的组织形式、经营范围、股权结构及董事会和股东会的职权等。例如，一家上市公司的章程会明确股东的权利和义务、董事会的职责和选举机制等。公司章程可以确保公司的运作符合国家法律法规，且应由企业法人和股东共同遵守。

股东会和董事会是企业治理的两大支柱。股东会作为公司的最高权力机构，由所有股东组成，负责审议并决定公司的重大事项，如公司章程的修改、年度报告的批准和利润分配等。而董事会则作为公司的执行机构，负责制定公司的经营策略和管理决策。例如，苹果公司的董事会就负责制定公司的长期战略和监督高级管理团队的运作。

公司组织管理制度是企业高效运作的基础，通常包括岗位设置、职责分工、决策流程和工作规范等。一个清晰的组织管理制度有助于明确每个岗位的职责和权限，从而保证企业运作的高效和有序。例如，谷歌公司建立了一套高效的组织管理制度，明确了不同团队和部门的职责和合作方式。

会计和审计在企业治理中也扮演着重要角色。会计部门负责记录和报告企业的财务状况和经营业绩，为股东、投资者和其他利益相关者提供重要的财务信息。而审计部门则负责对企业的财务报表进行审核，确保财务信息的准确性和可靠性。例如，德勤会计师事务所经常为大型公司提供外部审计服务，以确保其财务报告的透明度和可信度。

内部控制是企业治理的另一个关键环节，涉及对企业内部各项活动和流程的规范和管理，包括风险管理、内部审计和内部监督等，旨在保障企业的财产安全和业务的顺利进行。例如，摩根大通银行通过建立严格的内部控制系统，有效地控制了业务风险，并保证了财务安全。

由此可见，企业治理是确保企业能够在竞争激烈的市场环境中稳健发展的关键。它不仅涉及法律法规的遵守，还包括决策制定、组织管理、财务透明度和内部控制等多方面。通过有效的企业治理，企业能够实现其商业目标，同时保护股东和其他利益相关者的权益。

4. 国际组织治理

国际组织治理关乎如何在多国背景下有效管理和规范组织内部的权力与职能，以实现组织的目标并促进全球合作与发展。联合国作为最具代表性的国际组织，其治理结构是一个典型的例子。

联合国的基础文件是《联合国宪章》，这是一份在1945年签署的关键法律文档，明确了联合国的宗旨、原则和组织结构。宪章强调了尊重各国主权、平等和国际法的重要性，鼓励各国通过和平手段解决国际争端，具有不可替代的作用。例如，《联合国宪章》的制定促成了第二次世界大战后国际关系的重建，为处理后续的多种国际冲突提供了法律和道德基础。

联合国大会是该组织的最高权力机构，由所有会员国代表组成，每个会员国拥有一票投票权。大会的职责是讨论和解决涉及国际和平、安全、经济合作与发展、社会和人权等问题。尽管其决议没有法律约束力，但在国际政治中具有重要影响。例如，联合国大会通过的各项决议对全球气候变化、持续发展目标等议题的落实起到了推动作用。

联合国安全理事会（安理会）是维护国际和平与安全的主要决策机构，由多个成员国组成，其中5个常任理事国拥有否决权。安理会负责处理国际冲突，可采取制裁、和平维持行动等措施。例如，安理会在处理叙利亚冲突、朝鲜核问题等国际事件中发挥了关键作用。

联合国秘书处是该组织的行政机构，由秘书长领导，负责执行大会和安理会的决议，并处理日常事务。秘书处的工作领域广泛，涵盖和平与安全、人权和发展等多方面。例如，秘书处在协调国际对于疫情响应、人道主义援助等方面起到了重要作用。

总体来看，无论是企业、社群等经济社会组织的治理，还是国家、国际组织的治理，现代主流的组织治理模式都基于法律法规，依赖制度、规则和组织体系的保障，并通过合适的人才实施。这种治理模式通常能够确保组织高效、透明地运作，同时实现其设定的目标和宗旨。

5.4 传统治理面临的挑战

无论是我国古代的传统治理还是当代的现代治理，都基于人性的复杂性和多样性。随着经济社会的发展和科技的进步，这种基于人性的治理模式正面临着以下一系列挑战和问题。

（1）信任体系的挑战。传统治理模式中，人性的复杂性、自私行为、利益冲突、不稳定性和不可预测性构成了治理的难点。这些因素导致了社会问题的多元化和复杂化，传统的治理模式难以有效应对。例如，网络虚假信息的传播凸显了信任体系的脆弱性，人们对信息的真实性和来源的信任度越来越低。

（2）现代社会的经济结构问题。不创造实质经济价值的中介组织占据了巨大利益，这导致经济活动偏离了对品质和可持续发展的关注，过分追求短期利益和高额回报。例如，金融市场中盛行的投机行为，互联网企业在数据和信息方面形成的寡头垄断，都加剧了经济结构的不平衡。

（3）经济组织的挑战在于资本对其过度的控制和影响。消费者、生产者、经营者和资本之间的利益分配往往不符合各自的价值贡献。资源分配的不合理性和社会财富分配的不公平性是这种情况的直接后果。例如，大型企业通过规模优势和市场控制力，往往能够获得不成比例的利润。

（4）政府治理的挑战体现在职能的错位和不足。政府在推动经济发展方面的角色加强，而在关键的公共服务和监督方面却存在不足。例如，一些政府在基础设施建设、教育和医疗等领域的投入不足，导致公共服务水平不断下降。

（5）智能治理的挑战体现在信息技术的广泛应用上。社会生产的智能化要求治理模式的适应和更新。然而，依赖人工智能和大数据的智能治理同时面临着数据隐私、算法公平性和人工智能责任等新的问题。例如，人工智能决策系统可能存在偏见和歧视，这对保证决策的公正性和有效性构成了挑战。

总之，社会治理模式正在面临着从信任体系、经济结构、经济组织、政府治理到智能治理的多重挑战。为此不能只依赖传统的人性基础治理方法，还要结合现代科技和经济社会发展的新趋势，寻找更加高效、公平和可持续的治理方案。

5.5 区块链的治理

对于区块链，比较典型的是比特币和以太坊两种治理模式。

1. 比特币

比特币自2008年问世以来，不仅作为一种基于区块链技术的加密货币而存在，而且展示了一种新型的组织治理模式。这种治理模式在对元宇宙等新兴领域的组织治理中提供了重要的示范和探索。

比特币的核心愿景是构建一个无现金社会，使用数字货币替代传统的现金交易，试图解决传统金融体系中诸如中央机构信任问题、跨境支付的高成本和低效率等问题。例如，比特币在全球范围内被用作去中心化的支付和交易手段，特别是在银行系统不健全或货币不稳定的地区。

比特币的治理机制依赖社群共识，这意味着网络的升级和发展方向是由社群成员（包括核心开发者、矿工和持币者等）通过共识决定的。他们可以提出改进和升级的提案，然后通过广泛的讨论和投票达成一致。这种治理方式促进了民主化和去中心化的决策过程。

在技术实现方面，比特币采用了PoW(Proof of Work，工作量证明)竞争挖矿机制，参与者通过解决计算问题竞争出块权利。这种机制保障了网络的安全性和稳定性，并通过矿工的努力推动网络的发展。

比特币的具体治理流程遵循了BIP(比特币改进提案)机制，如图5-2所示。任何社区成员都可以提交BIP提案来建议比特币的升级和改进。这些提案会经过社区的广泛讨论、审议和投票，以达成共识。比特币治理流程包括提出想法、转换为BIP提案、提交正式提案、代码实现、设定激活条件和时间、发布版本和激活等步骤。

然而，这种治理模式也有其挑战。例如，当社区对某个提案存在较大分歧时，可能会导致所谓的"硬分叉"。这种情况下，社区会在某个时间点沿着不同的升级路径分裂，从而产生新的数字货币，如比特币现金(bitcoin cash)。这种分裂体现了比特币治理模式下的一个重

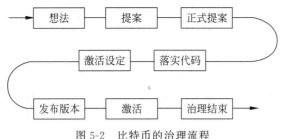

图 5-2 比特币的治理流程

要风险,即社群共识的脆弱性和分歧的可能性。

总体来说,比特币的治理模式为数字货币乃至更广泛的网络组织提供了一个创新的参考框架,展示了如何在去中心化的环境下进行有效的组织治理。同时,它也揭示了在这种新型治理模式下可能出现的挑战和风险。

2. 以太坊

作为一个相较于比特币更为先进的区块链平台,以太坊展示了一种独特的治理架构。这个架构不仅支持了以太坊自身的发展,也为去中心化应用(如 DEFI,即去中心化金融)提供了重要的技术基础。

以太坊的愿景是成为一个全球性的计算平台,支持去中心化应用的发展。该平台通过其智能合约功能,使用户能够在区块链上运行自动执行的程序代码。例如,以太坊已经成为众多去中心化金融应用的基础,允许用户进行加密货币借贷、交易和其他金融活动,而无须传统金融机构的参与。

在治理机制方面,以太坊采用了基金会、全节点与开发者三权分立的结构,如图 5-3 所示。核心开发者负责制定技术路线图和发布新代码;全节点参与者负责验证交易和区块,以及决定是否部署开发者的更新代码。此外,以太坊的治理还依赖社群共识,通过社区成员的讨论、提案和投票参与治理决策。例如,以太坊

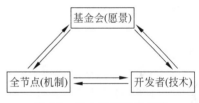

图 5-3 以太坊的治理结构

在进行重大升级(如"伊斯坦布尔"或"伦敦"硬分叉)时,就涉及了广泛的社区讨论和共识形成。

在技术实现方面,以太坊采用了 PoW 机制进行挖矿,类似于比特币。除此之外,以太坊的关键技术包括智能合约、分片技术和链下交易技术等。智能合约使用户能够在区块链上创建和执行自动化的协议,而分片技术和链下交易技术旨在改善交易速度和降低成本。例如,以太坊 2.0 的提出就是为了通过引入分片技术提高网络的扩展性和性能。

以太坊的三权分立治理结构确保了去中心化的特性。开发者、全节点和基金会各自在技术决策、网络验证和部署、指导整体方向上扮演着重要角色。这种分权的结构有助于防止任何单一实体独自主导整个网络,从而保证了网络的去中心化和民主化特质。

比特币与以太坊的治理模式为元宇宙等新兴领域的组织治理提供了重要的示范和探索。这些去中心化的治理模式通过社群共识、提案机制和代码的实施,使网络的发展方向和决策能够民主地决定。这为元宇宙中的组织治理提供了一种可借鉴的模式,尤其在去中心化和民主化决策方面。

5.6 元宇宙的治理

在元宇宙中,无论是现实世界中的组织在元宇宙中的映射组织,还是直接诞生于元宇宙中的原生组织,都在治理愿景、实施手段和主要依托方面具有一些共同特征。

1. 现实世界映射组织

在元宇宙这个新兴的数字空间中,现实世界映射组织正逐渐成为一种重要的存在。这些组织将现实世界中的机构、企业、政府等传统组织的结构和功能映射到元宇宙中,利用区块链技术和元宇宙平台的特性,以实现更高效、更开放的治理方式。

这类组织在元宇宙中继续追求其原有的治理愿景,但治理手段和依托方式会有所创新和调整。例如,一个传统的企业可能在元宇宙中设立虚拟总部,通过虚拟空间促进员工之间的协作和沟通,同时保持其追求高效、协作和共赢的治理愿景。这样的组织结构不仅能增强员工的参与感,还能打破物理空间的限制,实现更灵活的工作方式。

在实施手段上,这些映射组织可能在元宇宙内建立相应的组织制度和管理体系。他们可能设立专门的管理岗位,采用类似于传统组织的管理结构,同时融入区块链技术和智能合约等工具。通过这些技术,决策过程可以更加透明,执行更加自动化,从而提高治理效率。例如,一个公司可能在元宇宙中采用基于区块链的投票系统来做出重大决策,确保每个员工的意见都得到公平考虑。

在主要依托方面,这些组织仍然依赖参与人员和管理人员的专业能力和个性品质,这一点与现实世界的传统组织相似。然而,他们也会利用元宇宙平台的技术优势来实现更高效的决策和执行。例如,智能合约可以自动执行特定的任务和协议,从而减少人为错误和延迟,提高整体运作效率。

总之,现实世界映射组织在元宇宙中不仅延续了传统组织的治理愿景,还通过融合新技术开辟了创新的管理和运营方式。这种模式结合了传统治理结构和前沿科技,为企业和组织提供了在虚拟世界中高效运作的新途径。

2. 元宇宙原生组织

元宇宙原生组织是指直接在元宇宙环境中诞生、成长的组织,它们以其独特和创新的治理模式和手段在虚拟世界中展现出新的组织形态。

这些原生组织的治理愿景通常倾向于开放、民主和去中心化,强调社群共识和广泛参与。例如,一个在元宇宙中建立的虚拟艺术社区可能采用去中心化的治理模式,允许社区成员共同参与艺术项目的选择、资金分配和展览活动的决策。这种模式不仅增强了社区成员的参与感,还能促进更广泛的创意和合作。

在实施手段上,元宇宙原生组织主要依赖区块链技术,尤其是智能合约的应用。智能合约允许编写自动执行的规则和程序,使得组织的治理规则和决策过程变得更加透明和可信。例如,一家在元宇宙中成立的虚拟公司可能通过智能合约来管理其资金流和合约执行,从而减少人为干预,提高效率和透明度。

原生组织的主要依托在于区块链智能合约代码的自动执行功能,这突破了传统的中心化管理和决策模式。这些组织的决策和执行不再依赖某个中心化机构或个别管理人员,而是通过社区成员的共同决策和智能合约的自动执行进行实现。这种方式促进了组织内部的民主和自主,例如,在元宇宙的虚拟市场中,商户和消费者可以共同参与市场规则的制定和调整,通过智能合约保证这些规则的执行和遵守。

元宇宙原生组织通过结合区块链技术和智能合约,展现了一种全新的组织治理形式。这种模式不仅推动了治理结构的创新,也为元宇宙中的协作和交互提供了新的可能性。

3. 非技术治理要素

在元宇宙的治理中,除了依赖技术要素外,还需要强调一些非技术要素,以保证元宇宙的和谐、稳定和可持续发展。这些非技术要素包括以人为中心的"立心"、建立行为标准的"立德"和制定法律惩治体系的"立法"。

(1) 立心层面。立心的核心是指将人的福祉和利益置于首位。在元宇宙中,技术是基础,但其终极目标是服务于人类,满足人们的需求和愿望。治理和发展措施应充分考虑人的需求、利益和意愿,保障每个参与者的权利并避免不公平和利益冲突。例如,一个元宇宙平台在设计时,应考虑用户的隐私保护和数据安全,以及提供平等参与的机会。

(2) 立德层面。通常需要在元宇宙中建立一套行为标准和规范,以确保各类活动和交互的道德性、公正性和规范性。这些标准和规范可以涵盖交易诚信、社群治理的共识和民主原则、数字资产的隐私保护和数据安全等多方面。例如,在元宇宙的虚拟市场中,建立诚信交易规则以防止欺诈行为;在社群活动中,实施民主投票制度以确保每个成员的意见被听取和尊重。

(3) 立法层面。对于元宇宙中违反行为规范的行为,建立合理的法律惩治体系是必不可少的。通常包括对欺诈、侵权、盗窃等违法行为的惩罚措施,以及处理合同违约、虚假广告等违规行为的机制。一个健全的法律体系能够为元宇宙的健康发展提供坚实保障,确保所有活动的合法性和合规性。例如,元宇宙平台应该设立相关规定和机制,处理虚拟世界中的盗窃、诈骗等违法行为,以确保用户的权益不受侵犯。

元宇宙的治理不仅需要先进的技术手段,更需要立心、立德和立法这3个非技术要素的综合应用,以保证元宇宙环境的和谐、稳定和可持续发展。

本章小结

(1) 原始部落时期,人类基于亲缘、血缘所构成的熟人社会进行部落的治理;国家出现后,人类开始基于法律、文化及组织体系进行社会治理。随着元宇宙的发展,传统的治理模式已越来越难以适应,适应元宇宙社会需要的智能化治理模式是历史的必然。

(2) 传统社会的治理特别强调"人心""道德"的作用,这实质上是一种高标准要求的天花板治理,这与现代治理体系以"法制"为核心的"底线"治理具有显著的不同。无论是企业、社群等经济社会组织的治理,还是国家、国际组织的治理,当今主流的组织治理模式都强调以法律法规为基础,以制度、规则为依据,以组织体系为保障,通过适合的人才实施。

(3) 比特币与以太坊的治理模式为元宇宙中各类组织治理提供了重要的示范和探索。通过社群共识机制、提案机制和代码实施落地,比特币社区能够相对民主地决定网络的发展方向和决策落地,这种去中心化的治理模式在元宇宙中可能为其他组织治理提供一种可借鉴的模式。

(4) 元宇宙的治理包括对现实世界映射组织和元宇宙原生组织的治理。映射组织的治理仍然主要依托参与人员和管理人员的专业能力和个性品质,同时也借助智能合约,通过代码自动执行来实现更高效的决策和执行。元宇宙原生组织的治理依托智能合约代码的自动执行,不再依赖中心化机构或管理人员,而是通过社区成员的共同决策和智能合约的自动执行来实现。此外,在元宇宙治理中,除了技术要素外,还需要强调一些非技术要素,这些非技术要素在保障元宇宙的和谐、稳定和可持续发展方面具有重要作用。

习题

1. 简述组织与组织治理对人类社会有序运行的意义。
2. 简述组织治理的目标和要素。
3. 简述我国传统社会治理的主要特征。
4. 简述企业、社群治理的要素。
5. 简述国家治理(以我国为例)和国际组织治理(以联合国为例)的要素。
6. 简述我国传统社会的治理与现代治理的特征区别。
7. 简述比特币的治理模式。
8. 简述以太坊的治理模式。
9. 简述区块链组织治理与传统组织治理的特征区别。
10. 简述元宇宙不同形态组织的治理模式及特征。

第二篇 应用篇

第6章 数字孪生应用

CHAPTER 6

在不久的将来,戴上轻巧舒适的虚拟现实头盔,人们可以身临其境地融入未来元宇宙的奇妙世界。

在虚拟实验室,身边的一切都呈现出逼真的效果。透过透明的虚拟屏幕,人们能看到绚丽的数字图像,仿佛置身于未来科技的殿堂。举起手中的数字工具,触碰虚拟按钮,即刻出现一幅复杂的3D模型,人们可以随心所欲地旋转、缩放、调整,完全掌握设计的主动权。数字孪生技术使得人们的工作效率大大提升,人们可以在虚拟世界中快速完成各种设计方案,感受创意的自由流动。

走进数字家园,感受用心打造的理想之地。人们站在宽敞明亮的虚拟客厅,透过虚拟窗户可以看到外面的风景。一幅绚烂的数字艺术品挂在墙上,通过NFT确权即可成为数字家园中的瑰宝。人们走进虚拟书房,桌上摆着虚拟笔记本电脑,可以通过数字原生的教育模式参与在线学习,进行一场增长知识的奇妙之旅。虚拟世界中的社交平台让人们可以随时与朋友们互动,虽然身处不同城市,却可以像面对面一样聊天交流。这种虚拟与现实融合的感觉令人不禁陶醉其中。

在元宇宙的游乐园里,尽情释放自己的天性。人们穿着虚拟装备,参与虚拟现实游戏,一切仿佛真实发生。人们与队友并肩作战,与敌人展开激烈对抗,每个动作都得真实地用力,让人忍不住大声欢呼。虚实共生的娱乐场所更是让人享受不已。在虚拟舞台上,人们与数字化的明星一起演出,成为观众瞩目的焦点。人们跳动着舞步,欢呼声此起彼伏,虚拟与现实交汇于此。

在这个未来元宇宙的世界,人们仿佛置身于奇幻的梦境中。在这里,工作不再是单调乏味的,而是充满了创造和挑战;家园不再局限于一个固定的地方,而是可以被随心所欲地打造;教育不再局限于学校的四壁,而是成了无边的知识海洋;娱乐更是让人忘记了时间和空间的束缚,体现了虚拟与现实的深度交织。

元宇宙所展示的梦幻时空正吸引着越来越多的人参与其中。

6.1 元宇宙应用分类

根据元宇宙的数字时空来源和影响领域,可以将元宇宙应用分为3类:数字孪生、数字原生和虚实共生。

1. 数字孪生

数字孪生技术在元宇宙中的应用代表了一种前沿的技术发展趋势,它将现实世界的物理实体、过程或系统与元宇宙中的虚拟表示相结合。这种技术使得人们能够在元宇宙中创建出与现实世界紧密相连的虚拟化身,准确地模拟和反映现实世界实体或系统的状态、性能和行为。

实现数字孪生的过程涉及广泛的技术应用,包括各类传感器、数据采集技术和模拟算法。通过这些技术可以收集现实世界的数据,经过处理和建模,最终在元宇宙中以数字形式呈现。例如,建筑物、工厂、设备等都可以在元宇宙中创建出它们的数字孪生,从而实现实体与虚拟世界的无缝对接。

在元宇宙这个数字空间中,用户可以与这些数字孪生进行互动,监测和模拟它们的运行状态。这种交互不仅为决策者和运营者提供了一个强大的优化和预测工具,还降低了在现实世界尝试新策略的风险和成本。

以能源公司为例,公司可以在元宇宙中创建其电厂的数字孪生,模拟和监控电厂的运行情况。实时的传感器数据和反馈使得公司能够远程监测虚拟电厂的能源产量、燃料消耗和设备状态,从而同时模拟不同的运行策略。这样的虚拟实验可以帮助公司优化运行计划、提高能效,并提前发现潜在的故障,以减少运营成本。

数字孪生的应用潜力极为广泛,涵盖了工业、城市规划、交通运输、医疗保健等领域。随着元宇宙技术的进步,数字孪生将成为现实世界与虚拟世界之间的关键连接点,为解决复杂问题提供更智能、高效和可持续的方案。

2. 数字原生

数字原生是指在元宇宙这个全新的虚拟数字空间中直接创造、构建和存在的虚拟实体、系统或内容。这些实体或内容从一开始就在虚拟环境中设计和生成,不是现实世界物理实体的映射或复制。它们是元宇宙独特创造力的体现,不受现实世界物理规律的限制,完全依赖数字技术、计算机图形学和虚拟现实技术进行创造和展现。

数字原生可以包括多种形式,如虚拟场景、角色、物体、交互元素和虚拟货币等。用户可以通过各种终端设备(如虚拟现实头显、计算机、智能手机等)感知和体验这些数字原生。

数字原生的部分示例如下。

(1)网络游戏:网络游戏是数字原生的典型代表。在网络游戏中,玩家可以深入虚拟世界,扮演不同角色,探索地图,完成任务,与其他玩家互动。这些游戏完全在虚拟环境中创造,提供了独特的沉浸式体验。

(2)加密货币:如比特币、以太坊等加密货币是完全在数字世界中产生和流通的货币。它们基于区块链技术,不依赖传统的货币体系,为用户提供了一种全新的虚拟财产和交易方式。

(3)虚拟艺术品:艺术家可以在元宇宙中创作数字原生的虚拟艺术品,如 3D 虚拟雕塑、数字绘画或音乐作品。这些艺术品完全依赖数字技术和创意,为艺术表达提供了无限的可能性。

(4)虚拟商店和商品:商家可以在元宇宙中创建数字原生的虚拟商店,销售各种虚拟商品,如虚拟时装、家具和配饰等。用户可以使用虚拟货币购买这些商品,为他们的虚拟化身提供个性化装扮和配饰。

数字原生的出现为用户带来了前所未有的虚拟体验，突破了现实世界的限制，让人们在元宇宙中尝试和创造各种新奇和创新的事物。同时，它也为商业和文化领域带来了新的机遇，促进了虚拟经济和虚拟社会的发展。

3. 虚实共生

虚实共生是指在元宇宙中将虚拟空间与现实世界紧密结合，以此拓展现实世界的时空范围，并为实体需求服务。在这种模式下，虚拟世界与现实世界不仅高度融合，而且相互影响和交互，为用户提供了一种全面、丰富和深入的体验。

虚实共生的一个核心特征是数字空间对时空的拓展。借助元宇宙技术，虚实共生能将虚拟空间与现实世界无缝结合。例如，元宇宙中的虚拟地图可以与现实世界的地理信息系统相连，使用户能在虚拟环境中探索现实世界的地点。虚实共生的目的在于服务实体需求，包括个人、组织和城市等。通过数字技术和虚拟化手段，虚实共生为这些实体提供各种服务和解决方案，以满足实体的需求。

在虚实共生中，虚拟世界与现实世界之间的融合程度非常高。虚拟化身、虚拟物体与现实世界的实体可以互动和交流。用户能够通过虚拟设备感知和操作现实世界，同时现实世界的数据和信息也能传输至虚拟空间。

虚实共生可以广泛应用于以下领域。

（1）元宇宙社交：社交平台将虚拟社交与现实社交相结合。用户可以在虚拟空间中参加活动，同时将这些体验通过现实设备分享到现实社交平台。

（2）元宇宙教育：教育平台可以提供虚拟学习体验（如虚拟实验室），同时教育机构可利用现实数据优化课程和教学。

（3）元宇宙直播：将现实世界的活动通过虚拟直播呈现，观众可以通过虚拟设备观看并与其他观众互动。

（4）城市规划：帮助城市规划者进行虚拟城市规划，模拟城市发展，优化交通系统。

虚实共生的发展不仅进一步推动了虚拟世界与现实世界的紧密结合，而且创造了更智能、便捷的体验和解决方案。随着技术的不断进步，虚实共生将继续扩展其应用领域，为人们的生活带来更多创新的可能。

6.2 感知与数字技术

长久以来，"眼见为实"的观念在人们心中根深蒂固，主要因为感官是人们获取外部世界信息的主要方式。如图 6-1 所示，人们依赖于视觉、听觉、触觉、味觉和嗅觉来感知周围的环境，并基于这些感官输入建立对现实的认识和理解。例如，人们看到的颜色、听到的声音、感受到的触感都是理解和响应世界的方式。

感官是人们获得知识和经验的关键途径。人们通过观察事物学习它们的属性，通过实验了解它们的行为，通过经验预测和推断事物的变化和结果。在日常生活和工作中，人们的感官和思维过程通常被视为是可靠的。但是，感官也容易受到误导或产生错觉，观察和实验经常受限于感知范围和认知能力，从而无法完

图 6-1 人的六识

全把握事物的全貌和复杂性。

人们的感官对外部信息的感知精度和灵敏度有限。例如,视觉可能会因为光线条件或视野范围的限制而受影响,听觉可能会因环境噪声而受干扰。这些局限性意味着人们无法完全准确地感知事物的所有细节和变化。此外,尽管大脑是一个复杂的信息存储器,但其存储容量有限,存储的信息容易随时间流逝而被遗忘。

人的感知和神经网络在信息传输和大脑计算能力上也有其局限性,这意味着人们处理感知到的事件的速度相对较慢,无法像计算机那样快速处理大量数据和信息。人们的分析能力受限于大脑存储的知识和计算能力。在面对复杂问题时,可能会受到认知偏差和知识储备不足的影响,导致无法全面客观地进行深入分析。

例如,当观察天空时,人们可能会因为大气折射的影响而看到日落后的美丽色彩,但这并不代表太阳还在地平线上。同样地,人们在听音乐时可能无法分辨所有的乐器声音,因为听觉对某些频率的声音不够敏感。这些例子表明,尽管感官是人们理解世界的重要工具,但它们在某些方面存在局限性,需要通过其他方式补充和验证所得到的信息。

如图 6-2 所示,元宇宙集成技术对人类感知能力的拓展体现在多方面,这些技术不仅增强了人们的五官感知,还提升了信息传输、存储和处理的效率。

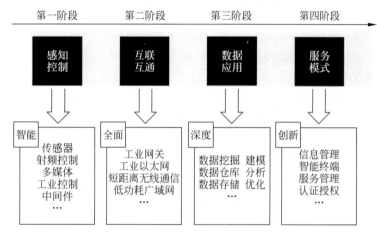

图 6-2 元宇宙集成技术

物联网技术和人机接口对人的五官感知进行了拓展,使得人们可以更精准、更广泛地感知和表达。物联网将现实世界的物体和设备连接到互联网,人机接口则使人们能与计算机和虚拟世界交互。结合这两者,人们可以通过虚拟现实设备和传感器在元宇宙中感知现实世界的环境,如使用虚拟现实设备体验遥远地方的风景或监控工厂的实时生产环境。

5G 和光网络技术使信息传输更加高效。在元宇宙中,这种高速网络使得用户能够实时地接收和发送大量信息,享受流畅的虚拟体验。例如,用户可以通过 5G 网络快速下载和上传大量元宇宙中的数据,体验无缝的虚拟现实环境。

在信息存储方面,云计算和分布式存储技术(如 IPFS 等)大幅拓展了存储能力。云计算提供了可靠、易于访问的大规模数据存储,而分布式存储技术则确保了数据的安全和持久性。例如,对于一个庞大的元宇宙虚拟城市的所有数据和交互记录,可以将其安全、持久地存储在云端,或者通过 IPFS 进行分布式存储。

云计算、人工智能和区块链技术共同提升了信息分析处理能力。云计算和人工智能可以快速处理复杂数据,提供智能化交互体验,而区块链则为数据交互提供了去中心化、可信的方式。例如,人工智能可以在元宇宙中分析用户行为,提供个性化推荐,而区块链则确保这些交互记录的安全性和不可篡改性。

元宇宙集成技术不仅改变了人们感知世界的方式,还极大地增强了信息处理和存储的能力,为元宇宙中的复杂交互和体验提供了可靠支持。

6.3 数字孪生技术

视频讲解

如图 6-3 所示,数字孪生技术将现实世界的物理域与数字域进行精确的映射和模拟。这项技术的应用十分广泛,涵盖了从简单的物理对象到复杂的系统和过程,如工厂、建筑物、交通系统和城市规划等。从技术架构上来看,数字孪生技术包括现实物理域、数字孪生体和用户域 3 部分。

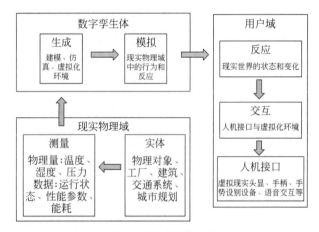

图 6-3　数字孪生技术

(1) 现实物理域是指真实世界中的实体、设备、系统或过程。为了创建数字孪生体,首先需要对这些实体进行数据采集和感知。该过程通过各种传感器技术和物联网设备实现,以收集各种实时或定期的数据。例如,一个工厂内的机器可能装有传感器,以此收集关于机器运行状态的数据,如温度、湿度、振动等。接着需要对物理域进行测量,包括对物理对象和过程的测量、记录和分析。通过各种测量仪器收集到的数据(如物理量的温度、湿度、压力或运行状态、性能参数、能耗等)都是创建数字孪生体的基础,经过数据处理和预处理将变得适用于数字孪生体建模。

(2) 数字孪生体的生成是关键步骤,包括建模、仿真和创建虚拟化环境。该步骤涉及将现实物理域的实体、设备或系统转化为数学模型,这些模型可以是物理模型、统计模型或机器学习模型等。接着通过仿真和虚拟化技术在数字孪生体中创建虚拟世界,模拟现实物理域的行为和反应。例如,工程师可以创建一座桥梁的数字孪生体,以模拟其在不同负载和环境条件下的性能。

(3) 用户域是数字孪生架构中的重要部分。用户通过各种人机接口与数字孪生体进行交互,观察现实世界中的反馈。人机接口通常包括虚拟现实头显、手柄、手势识别设备和语音交互等。例如,建筑师可能使用虚拟现实头显来浏览和修改建筑设计的数字孪生体,从而在实际建造之前进行详细的审查和优化。

数字孪生技术通过融合现实物理域和数字域,为各种领域的研究和开发提供了一种强大的工具。这不仅提高了效率和精度,还为创新提供了新的可能性。

数字孪生的实现依赖于多项关键技术的综合应用,其中物联网技术、3D 建模技术、人工智能和区块链技术起着至关重要的作用。

(1) 物联网技术使得各种物体和设备能够连接到网络,实现数据的实时收集、传输和共享。物联网技术在数字孪生中尤为重要,因为它使得传感器、设备等能够实时捕捉和传输现实世界的数据(如温度、湿度、压力和位置信息等)。这些实时数据被传输到数字孪生平台,实时更新以精确地反映现实世界的状态和变化。例如,智能工厂中的传感器可以收集机器的运行数据,这些数据被用来创建工厂设备的数字孪生模型,以实时监控和优化其性能。

(2) 3D 建模技术用于构建数字孪生的虚拟模型。通过将现实世界的实体和场景转换为数字化的三维模型,3D 建模实现了对现实世界的虚拟映射。例如,建筑行业可以利用 3D 建模技术创建建筑物的详细数字模型,用于设计审查、能效分析和维护规划。

(3) 人工智能在数字孪生中扮演着关键角色,特别是在数据处理和模式识别方面。利用人工智能技术,数字孪生能够对收集到的大量数据进行深度分析,以优化模拟过程、提高预测精度和实现智能化决策。例如,人工智能可以应用于医疗健康领域的数字孪生,通过分析患者数据来预测疾病风险和制定个性化治疗方案。

(4) 区块链技术在数字孪生中主要用于保障数据安全性和可信性。数字孪生涉及大量的数据交换,必须确保这些数据的完整性。区块链提供了一种去中心化的数据存储和验证方法,从而确保了数据的不可篡改性和完整性。同时,区块链可以用于数据的溯源、验证和权限管理,从而提高系统的整体可信度和安全性。例如,供应链中的数字孪生可以利用区块链技术来确保产品从生产到消费整个过程的数据的真实性和透明性。

这些关键技术的综合应用使得数字孪生成为一个强大的工具,不仅能够精确地映射和模拟现实世界,还能提供高效的分析、优化和决策支持,从而在各个领域发挥重要作用。

视频讲解

6.4 数字孪生应用

数字孪生作为一种将现实世界与虚拟世界进行精确映射和模拟的技术,具有广泛的应用领域。

1. 数字孪生应用分类

数字孪生技术为多个行业带来了革命性的变革,其在不同领域的应用分类和具体实例如下。

(1) 在制造业中,数字孪生技术已成为设计、优化和监控生产过程的关键工具。例如,汽车制造商可能会使用数字孪生来设计新车型,通过在虚拟环境中对汽车进行仿真测试,优化其设计、提高安全性和燃油效率。此外,数字孪生还能实时监控生产线上的机器运行状态,帮助提前识别潜在故障,以避免生产中断。

(2) 在城市规划和智能交通领域,数字孪生技术可以显著改善城市管理和运行效率。城市规划者可以利用数字孪生模拟城市的发展和交通流动情况,以优化城市布局和交通系统设计。智能交通系统通过数字孪生实时监测城市交通情况,可以有效缓解交通拥堵。

（3）在健康医疗领域，数字孪生的应用为医疗服务和研究提供了新的视角。例如，医生可以使用数字孪生技术模拟人体器官，以更好地规划手术过程或诊断疾病。医疗器械设计师可以通过数字孪生进行虚拟测试，以确保新设备的安全性和有效性。

（4）在建筑与房地产行业中，数字孪生帮助建筑师和设计师在虚拟环境中预览建筑效果和功能。例如，开发商可以使用数字孪生模拟建筑项目的运营和投资回报，从而在实际开发之前进行全面评估。

（5）在航空航天领域，数字孪生技术对飞行器的设计和测试起到重要作用。飞机和火箭的设计团队可以利用数字孪生进行飞行模拟，预测飞行性能和安全性。此外，宇航员训练也可以通过数字孪生进行模拟，提高任务准备和执行效率。

（6）在能源与环境领域，数字孪生技术对于优化能源系统和评估环境影响非常有用。例如，能源公司可以通过数字孪生模拟电网的运行，优化能源分配，同时减少环境污染。

（7）在教育和培训领域，学生和员工可以通过虚拟模拟进行实践学习和技能训练。例如，通过数字孪生模拟实验室进行化学实验，通过模拟飞行训练提高飞行技能。

数字孪生技术通过将虚拟世界与现实世界紧密联系，为各行各业提供了有效的工具，不仅提高了效率和安全性，还促进了创新和发展。

2. 数字孪生典型应用

1）数字工厂

数字工厂是数字孪生技术在制造业中的一个重要应用，它通过将数字孪生与制造过程相结合，实现了生产线的数字化、虚拟化和智能化。数字工厂的目标是通过模拟和优化生产过程来提高生产效率、产品质量和灵活性，其在各生产阶段的作用如下。

（1）在设计与规划方面，数字工厂运用数字孪生技术进行产品设计和工厂规划。例如，汽车制造商可能使用数字孪生来设计新车型，并通过仿真测试优化设计，预测在实际生产中可能遇到的问题。此外，数字工厂还可以对工厂的生产线布局和设备配置进行虚拟规划，从而提高工厂的生产效率和灵活性。

（2）在生产优化方面，数字工厂能够实时监测生产线上的各种数据和运行状态，包括设备运行情况、生产进度和产品质量等。通过对这些数据进行实时分析，制造商可以优化生产计划，减少停机时间和浪费，提高生产效率和资源利用率。

（3）在故障预测和维护方面，数字工厂通过监控设备上的传感器数据来预测可能出现的故障，并实施预防性维护。例如，通过分析生产设备的运行数据，可以预测何时可能需要维护，从而提前采取措施，避免生产线停机和生产延误。

（4）在员工培训和技能培养方面，利用数字工厂的虚拟仿真技术，员工可以在数字环境中学习操作设备和熟悉生产过程。这有助于提高员工的技能和效率，同时减少培训成本和风险。

（5）在供应链协同方面，数字工厂可以与供应链中的其他环节进行实时数据共享和协同优化。这有助于提高整个供应链的响应速度和灵活性，减少库存和物流成本。

（6）在质量控制方面，数字工厂可以通过监测生产过程中的数据实时控制产品质量。例如，在生产过程中，数字孪生技术可以用于质量检测和反馈，帮助及时发现和解决质量问题，保证产品的一致性和可靠性。

数字工厂通过集成数字孪生技术，为制造业带来了全面的变革，不仅提高了生产效率和产品质量，还增强了工厂的运营灵活性和创新能力。

2）数字电力

数字电力结合了数字孪生技术和电力系统，通过实现电力网络的数字化、虚拟化和智能化，显著提升了电力系统的运行效率、可靠性和安全性，并优化了能源利用和供应链管理。数字电力在各方面的具体应用及相关实例如下。

(1) 智能电网是数字电力的一个重要应用。利用数字孪生技术，智能电网能够对电力网络进行虚拟仿真和优化控制（包括实时监测电力系统的状态和运行数据），从而优化电力的分配和调度，提高能源利用效率和供电可靠性。例如，通过智能电表和传感器网络，智能电网可以实时跟踪消费者的用电模式和电网的负荷情况，实现更灵活的电力供应。

(2) 节能与优化是数字电力的另一个重要应用。数字孪生技术通过虚拟仿真和优化模拟，帮助识别电力系统中的能源浪费和低效环节，提出节能措施和优化方案。例如，数字孪生可以模拟电网运行，发现不必要的能耗，从而提出优化方案以减少能源浪费。

(3) 可再生能源集成是数字电力的关键应用之一。数字电力系统能够帮助有效集成和管理可再生能源，如太阳能和风能等。例如，数字孪生可以模拟不同天气条件下的太阳能板输出，优化太阳能电站与电网的接口，提高可再生能源的利用效率。

(4) 在预测与调度方面，数字电力能够根据历史和实时数据预测电力需求和供应状况，进而优化电力调度和分配。例如，数字电力系统可以利用天气预报和用户行为模式来预测特定时间段的电力需求，从而帮助电力公司优化发电和电网运行计划。

(5) 在故障预测与维护方面，数字电力能够通过监控电力设备和电网的传感器数据来预测故障，并实施预防性维护。例如，通过分析变压器或输电线的运行数据，可以预测潜在的故障点，从而在问题发生之前进行维护，避免长时间的停电。

(6) 在安全监控与应急响应方面，数字电力具有实时监测电力系统安全状况的能力。在发生事故或故障时，数字电力能够迅速响应并实施应急措施。例如，数字孪生技术可以在电网过载或故障时立即识别问题所在，快速制定和执行应急措施，以确保电力系统的稳定运行和安全供电。

数字电力通过将先进的数字孪生技术应用于电力系统，实现了电力行业的现代化，提高了电力系统的整体性能和效率，并为未来电力系统的可持续发展和智能化奠定了深厚基础。

3）数字气象

数字气象是数字孪生技术在气象领域的创新应用，它通过结合气象数据和模型，实现了气象系统的数字化、虚拟化和智能化。这一应用显著提高了气象预报的准确性和时效性，优化了气象数据的处理和分析，并帮助人们更好地理解和应对天气及气候变化的挑战。数字气象的具体应用如下。

(1) 在气象预报和预警方面，数字气象利用气象数据和数学模型来进行预报和预警。例如，通过数字孪生技术，气象系统可以在虚拟环境中模拟和分析即将到来的极端天气事件，提供更准确的预测和及时的预警信息。这种技术使得气象部门能够及时发布天气预警，为公众和决策者提供重要信息，以确保采取适当的防范措施。

(2) 在气象数据处理与分析方面，数字气象通过实时处理和存储大量气象数据，提取关键信息和趋势，从而为气象预测和气候研究提供支持。例如，利用人工智能和大数据分析技术，数字气象能够分析长期的气候数据，识别潜在的气候变化模式，为科学研究提供深入的见解。

(3) 在气候模拟与预测方面，数字气象可以对整个气候系统进行详尽的模拟和分析，预测未来的气候变化趋势。例如，科学家可以利用数字孪生模拟全球变暖的影响，包括海平面上升、极端天气事件增多等，为制定气候变化适应和缓解策略提供科学依据。

(4) 在气象服务和决策支持方面，数字气象可以将气象数据和预报结果通过可视化和交互式方式呈现给公众和决策者，使他们能够更直观地理解天气情况。决策者可以利用这些信息模拟不同天气条件的影响，为制订灾害防范和应急计划提供科学依据。

(5) 在航空和航海领域，数字气象为飞行员和船舶船员提供准确的气象信息和建议，帮助他们制定更安全和高效的航线方案。例如，航空公司可以使用数字气象信息来规避恶劣天气，减少航班延误并确保乘客安全。

数字气象通过精确模拟和分析气象系统，不仅为公众和决策者提供了有价值的信息，还为各个行业(如航空、航海、环境研究等)提供了重要的决策支持，已成为现代气象科学的关键组成部分。

4) 数字交通

数字交通作为数字孪生在交通领域的应用，结合了数字孪生技术与交通系统，实现了交通网络的数字化、虚拟化和智能化。这种应用在优化交通流动、提高交通效率、减少交通拥堵和事故、提升交通安全和便捷方面发挥着重要作用，数字交通的具体应用如下。

(1) 在智能交通管理方面，利用数字孪生技术，智能交通管理系统能够实时监测交通流量、车辆位置和道路状态。例如，一个城市的交通管理中心可以使用数字孪生模型来监控和分析城市交通流，实现交通信号灯的智能控制并优化交通导向，从而提高交通流畅性和整体效率。

(2) 在交通预测与规划方面，数字交通通过分析历史和实时交通数据，预测未来的交通情况，并制定相应的交通规划和调度方案。例如，城市规划者可以使用数字孪生技术模拟未来交通增长的影响，从而有效地规划新的道路和交通基础设施。

(3) 在智能交通导航方面，数字交通可以根据实时交通情况和路况信息为驾驶员提供最优的行车路线和导航建议。例如，GPS导航系统可以整合数字孪生数据，为司机提供避开拥堵区域的最佳路线。

(4) 在自动驾驶和智能车辆方面，数字交通可以对自动驾驶车辆进行虚拟仿真和优化模拟，测试自动驾驶算法的可靠性和安全性。例如，汽车制造商可以使用数字孪生来模拟不同的驾驶场景，以确保自动驾驶系统在各种条件下的性能和安全性。

(5) 在交通安全和应急响应系统方面，通过实时监测交通事故和违法行为，数字交通可以及时处理紧急情况，提高交通安全。例如，交通管理部门可以实时追踪事故发生地点，并迅速派遣救援队伍和交通警察。

(6) 在公共交通优化方面，通过监测公共交通车辆的位置和乘客需求，数字交通可以优化公交线路和车辆调度，提高公共交通的服务质量和效率。例如，城市交通部门可以利用数字孪生数据分析乘客流量，调整公交车的发车频率和路线，以更好地满足市民的出行需求。

数字交通通过整合先进的数字孪生技术，显著提高了交通系统的智能化水平，不仅使道路更加畅通和安全，还为城市交通管理和规划提供了强大的数据支持和决策工具。

5) 数字城市

数字城市是数字孪生技术在城市领域的应用实践，它结合了数字孪生技术与城市建设和管理,致力于实现城市的数字化、虚拟化和智能化。这种应用优化了城市规划,提升了城市服务和管理效率,提高了城市居民的生活质量,推动了城市的可持续发展和智慧化进程。数字城市的具体应用如下。

(1) 在城市规划与建设方面,数字城市的应用使城市规划过程更加科学和高效。例如,通过数字孪生技术,规划者可以在虚拟环境中模拟新的城市建设项目(如新的住宅区或商业区的规划等),预测其对城市交通、环境和居民生活的潜在影响,有助于决策者在实施前做出更加科学和合理的规划决策。

(2) 在智慧交通与交通管理方面,数字城市通过实时监测交通流量和道路状态,优化交通信号灯控制和交通导向,从而提高交通流畅性和效率。例如,智能交通管理系统可以分析实时交通数据,调整信号灯周期,减少交通拥堵。此外,数字城市还可以提供智能交通导航和优化公共交通服务,改善城市交通体验。

(3) 在智慧能源与环保管理方面,通过监测能源消耗和环境污染情况,数字城市可以优化能源利用和环保措施。例如,城市可以利用数字孪生技术监控能源使用情况,优化电力网络运行,推动可再生能源的使用,提高城市的生态环境和居民的生活质量。

(4) 在智慧社区与公共服务方面,数字城市可以提供智能路灯、智能垃圾处理和智能公共设施等智能化公共服务,不仅提高了城市运行的效率,也提升了居民的生活便利性和幸福感。

(5) 在智能治理与应急响应方面,数字城市通过实时监测城市运行状态和治理效果,优化城市管理和服务。在紧急情况(如自然灾害、公共安全事件等)下,数字城市可以实现智能预警和快速响应,提高城市治理的效率和准确性。例如,城市管理中心可以利用数字孪生模型进行洪水模拟,预测洪水可能影响的区域,提前进行撤离和应急响应准备。

数字城市通过集成先进的数字孪生技术,为城市规划、交通管理、能源和环保、社区服务以及城市治理等多方面提供了强大的技术支持,显著提高了城市运营的智能化和效率,为居民提供了更加高质量的城市生活体验。

3. 数字孪生应用案例

1) 宝马数字工厂

如图 6-4 所示,宝马汽车集团与英伟达公司合作开发了宝马数字工厂项目,这是基于 Omniverse 平台实现的创新数字化工厂。该项目通过运用数字孪生技术,实现了对实体工厂的全方位管理和控制,优化了从设计到生产的各个环节,实现了整体智能化。宝马数字工厂的具体应用如下。

(1) 在数字化设计与规划方面,宝马数字工厂项目利用 Omniverse 平台的 3D 建模技术,对实体工厂的设备、生产线和生产流程进行数字化建模。例如,工厂的某一生产线可以在数字孪生模型中被精确地复制,包括机器布局、生产流程和工作站设置等。在产品设计和工厂规划的阶段,宝马就能在虚拟环境中进行模拟和优化,发现潜在问题并提前进行调整,从而降低成本并提高效率。

(2) 在智能生产与优化方面,宝马数字工厂通过物联网和传感器技术实时监测生产线,收集关于生产和设备状态的数据。通过 Omniverse 平台和英伟达的人工智能技术对这些数据进行分析处理,以实现生产过程的智能控制和优化。这意味着宝马数字工厂能够根据实时数据反馈,灵活调整生产流程,确保生产效率和产品质量最大化。

图 6-4 宝马数字工厂

（3）在节能与环保方面，宝马数字工厂通过数字孪生技术模拟不同的生产方案，分析能源使用情况和环境影响，从而找出并实施节能和环保措施。这不仅提高了生产过程的能效，而且有助于降低环境足迹，符合可持续发展的目标。

（4）在智能维护与故障预测方面，通过实时监测生产设备的状态和运行数据，宝马数字工厂能够预测潜在的设备故障，提前进行维护和修复，从而减少停机时间，降低维修成本，保证生产线的稳定性和可靠性。

宝马数字工厂项目展示了数字孪生技术在制造业中的强大应用潜力，不仅优化了生产过程，还提升了生产效率，减少了资源浪费，同时增强了生产线的可靠性和可持续性。

2）上海历史博物馆

上海历史博物馆作为上海的一家重要博物馆，充分利用了数字孪生技术来改善其展示和管理。这种技术的应用不仅提高了观众的参观体验，还为文物的保护和学术研究提供了便利。上海历史博物馆的具体应用如下。

（1）在虚拟展览方面，上海历史博物馆通过数字孪生技术建立了一套虚拟展览系统。利用3D建模和虚拟现实技术，博物馆能够将其珍贵展品的三维数字化形态呈现在虚拟环境中。观众通过互动设备（如虚拟现实头显等）可以体验置身于博物馆中的沉浸感。例如，观众可以在家中通过虚拟现实设备参观唐代文物的展览，充分感受历史的魅力。

（2）在数字化存储和保护方面，博物馆对其珍贵文物和展品进行数字化存储，利用高精度三维扫描和建模技术，在保留文物的原貌和细节的同时减少长期展示对文物的物理损害。这种方法不仅延长了文物的寿命，还方便了学者和研究人员进行深入的学术研究。

（3）在智能展示和导览方面，通过物联网和智能设备，博物馆为观众提供了个性化的导览服务。例如，观众可以通过智能手机或平板电脑接收关于展品的详细解说和历史背景信息，使参观体验更加丰富和便捷。

（4）在教育和互动体验方面，博物馆利用虚拟现实技术为学生和观众提供沉浸式的历史学习体验。例如，学生可以通过虚拟现实进入历史场景（如历史重大事件的现场等），以增加他们对历史的兴趣和理解。此外,博物馆还可以举办各种互动游戏和体验活动,吸引更多观众参观展览。

上海历史博物馆通过应用数字孪生技术,不仅提升了观众的参观体验,还为文物的保护和学术研究开辟了新途径。这些应用无不验证了数字孪生技术在文化和教育领域的巨大潜力和价值。

本章小结

(1) 根据元宇宙的数字时空来源和影响领域,可以将元宇宙应用分为3类:数字孪生、数字原生和虚实共生。数字孪生是指在元宇宙中对现实世界进行精确映射和模拟的技术。数字原生是指在元宇宙中直接创造、构建和存在的虚拟实体、系统或内容,而非通过现实世界的物理实体进行映射。虚实共生是指在元宇宙中将虚拟空间与现实世界紧密结合,以拓展现实世界的时空范围,并为实体需求提供服务。

(2) 人是通过六识(即视觉、听觉、嗅觉、味觉、触觉和意识)来感知和认识外部世界的,它们存在感知精度差、灵敏度有限、存储易失性、反应速度慢、分析能力有限等局限。元宇宙集成技术对人的六识的拓展:物联网/人机接口、5G/光网络、存储技术(云计算/分布式存储IPFS)、云计算/人工智能/区块链等。

(3) 数字孪生是一种将现实物理域与数字孪生体进行精确映射和模拟的技术,它包括现实物理域、数字孪生体、用户域3部分。数字孪生的应用领域有制造业、城市规划与智能交通、健康医疗、建筑与房地产、航空航天、能源与环境、教育和培训等。

习题

1. 简述元宇宙的三大应用类别及其特点。
2. 简述数字孪生的原理及其在现代产业中的作用。
3. 简述数字原生的概念及其影响虚拟世界创新的方式。
4. 简述虚实共生的概念及其融合现实与虚拟世界的方式。
5. 简述人的感知局限性及元宇宙技术扩展感知的方式。
6. 简述数字孪生的工作逻辑及其关键技术的应用。
7. 通过实例说明数字孪生在数字工厂的实际应用。
8. 简述数字交通优化交通系统的方式。
9. 简述数字城市助力城市智能化发展的方式。
10. 简述数字电力在能源领域发挥作用的方式。

元宇宙游戏

第 7 章
CHAPTER 7

在电影《头号玩家》中,故事的主人公韦德·沃茨是一个对虚拟现实游戏"超级玩家"痴迷的少年,如图 7-1 所示。

图 7-1 《头号玩家》电影

影片一开始是现实中的贫瘠景象。城市的街道上人来人往,楼房拥挤而又陈旧。韦德住在高楼公寓里,窗外的景色冷清而单调。然而,在虚拟现实中,他是一个个性十足、英勇无畏的"超级玩家"。实际上"超级玩家"是一个全息虚拟游戏平台,拥有无尽的虚拟星球和世界。韦德戴上 VR 头盔,瞬间进入了一个光怪陆离的虚拟世界。在这里,他化身为"帕西瓦尔",一个时尚酷炫的角色,拥有无限的能量和技能。

影片中展现了许多令人震撼的虚拟世界场景,包括高耸入云的数字建筑和绚烂多彩的光影。韦德在这个虚拟世界中驾驶着飞行汽车,翱翔在虚拟星球的天空中,感受着自由和刺激。他结识了一群志同道合的好友,一起组队探险,共同挑战游戏关卡。在这个虚拟世界中,他们是同伴、是战友,一起面对着种种困难和敌人。

随着剧情的推进,现实世界和虚拟世界的界限越来越模糊。韦德在现实中必须面对生活中的问题和挑战,而在"超级玩家"中,他也渐渐意识到隐藏在虚拟游戏背后的真相。在这个冒险之旅中,韦德不仅找到了真正的自我,也学会了珍惜真实生活中的重要人物和情感。虚拟现实的世界虽然充满了刺激和可能,但现实世界才是他真正应该追求的目标。

《头号玩家》用独特的虚拟现实世界和真实生活的叙事,为观众带来了一场奇幻的冒险之旅。影片通过生动的场景和精彩的情节,让人们感受到了虚拟世界的无限魅力,同时也呼吁人们要珍惜真实生活中的每一刻。

随着元宇宙时代的到来,这个场景将不会仅停留在电影中,而将是人们在未来会面临的普通生活。因此,人们必须对元宇宙游戏有清楚的认知。

7.1 游戏及其作用

视频讲解

游戏是一种具有互动性的娱乐行为,它基于人类对精神世界需求的追求,在特定的时间和空间范围内遵循一定的规则进行。游戏是一种社会行为方式,不仅可以满足人类的物质需求,还能够带来精神上的满足和乐趣。

游戏的作用是多层次的,主要体现在以下几方面。

(1) 游戏可以帮助人类开发智力,锻炼思维和反应能力。很多游戏都需要玩家进行思考和决策,从而有助于大脑的活跃。

(2) 游戏可以训练技能。例如,射击类游戏可以提高玩家的手眼协调能力,音乐游戏可以增强玩家的音乐感知能力。

(3) 游戏可以培养规则意识。因为很多游戏都有一定的规则和要求,玩家需要遵循这些规则才能取得成功。

虽然游戏在某些方面对人类有益,但在实际生活中,大多数游戏对人们的作用是有限的。过度沉迷游戏可能导致时间和精力的浪费,影响学业、工作和社交。

游戏可以分为智力游戏和活动性游戏两类。智力游戏主要涉及思维和策略,如棋类、谜题类游戏等。活动性游戏则强调身体活动和竞争,如体育竞赛等。

1. 网络游戏

网络游戏作为当代社会中主流的娱乐方式之一,目前已经深入人们的日常生活。它利用网络作为工具和载体,打破了地域限制,扩展了游戏的参与对象,不仅满足了人们的娱乐需求,还带来了社交互动和虚拟体验的乐趣。网络游戏可以根据玩法和特点分为多种类型,每种类型都有其独特的魅力和玩家群体。

1) 棋牌休闲类游戏

这类游戏以轻松娱乐为主,包括各种棋牌游戏(如象棋、围棋、扑克等)和休闲小游戏(如消除类、拼图类等)。例如,一款在线象棋游戏允许来自不同地区的玩家进行对弈,同时提供解谜和挑战模式,让玩家在轻松的游戏氛围中锻炼思维。

2) 网络对战类游戏

这类游戏强调玩家间的竞技和对抗,如第一人称射击(First-Person Shooter,FPS)、第三人称射击(Third-Person Shooter,TPS)、多人在线战术竞技游戏(Multiplayer Online Battle Arena,MOBA)等。在这类游戏中,玩家需要在虚拟环境中与其他玩家竞技,展示高水平的反应能力和战术思维。例如,一款热门的 FPS 游戏可能会吸引全球的玩家参与,每个玩家需要在快节奏的游戏中快速做出决策。

3) 角色扮演类游戏

这类游戏重视沉浸感和故事情节,玩家扮演特定角色,通过完成任务、战斗来发展角色能力。例如,一款大型多人在线角色扮演类游戏(Role-Playing Game,RPG)可能包含一个庞大的虚拟世界,让玩家探索不同的地域、文化和故事线。

网络游戏的特征主要包括以下几方面。

(1) 游戏时空的广阔性。网络游戏创造出几乎无限的虚拟世界,玩家可以探索(如奇幻、科幻、历史等)多种风格的环境。

(2) 参与主体的多样性。网络游戏吸引了全球不同地区、文化背景的玩家,形成了多元化的游戏社群。

(3) 内容的极大丰富性。网络游戏包含了各种游戏机制和规则,满足了不同玩家的多样化需求。

(4) 虚拟社交互动。网络游戏为玩家提供了丰富的社交平台,玩家可以通过游戏建立新的社交关系并增强游戏体验。

网络游戏不仅提供了多样的娱乐方式,还提供了一个广阔的虚拟世界,让玩家在游戏中探索、竞技、社交和学习,从而丰富了现代人的娱乐生活和社交体验。

2. 游戏的作用

在智能时代的背景下,随着人工智能技术的快速发展和区块链技术的广泛应用,人们正在见证一个以智能化为主导的时代变革。这种变革不仅提高了生产效率和质量,促进了生产力全面智能化,而且正在深刻改变人们的生活方式和社会结构。在这样的时代背景下,游戏作为一种文化和娱乐形式,扮演着越来越重要的角色,成为人们生活中不可或缺的一部分。游戏的具体作用如下。

1) 娱乐与放松

随着智能化的发展,许多重复性和机械性工作被自动化替代,人们将拥有更多的闲暇时间。在这种背景下,游戏成为一种重要的娱乐和放松手段。人们可以通过游戏进入一个虚拟的世界,体验不同的角色和故事,享受游戏带来的乐趣和挑战,从而在忙碌的生活中找到平衡和放松。例如,沉浸在一款角色扮演游戏中,玩家可以暂时忘却日常生活的压力,体验不同的生活和冒险。

2) 创造和表达

在智能时代,游戏为玩家提供了一个自由发挥创造力和想象力的空间。游戏中的开放世界、丰富的内容和自定义功能使玩家能够创造属于自己的故事和世界,从而表达个人的想法和情感。例如,通过建造游戏或沙盒游戏,玩家可以设计自己的虚拟家园或城市,展示自己的创造力和风格。

3) 学习与培训

游戏作为一种有效的学习工具,在智能时代的教育和培训领域发挥着重要作用。通过互动和模拟,游戏可以使学习过程更加有趣和生动。教育游戏通过提供模拟场景和互动体验,使得学习变得更加轻松和有效。例如,通过模拟经营游戏,玩家可以学习管理技能和经济原理;通过策略游戏,玩家可以提升逻辑思维和决策能力。

游戏在智能时代中的作用不仅限于娱乐放松,还涵盖了创造性表达和学习培训等方面,成为人们生活中不可或缺的一部分。随着技术的进步和游戏产业的发展,游戏将继续在智能时代中发挥其独特的价值和作用。

7.2 元宇宙对游戏的拓展

元宇宙对网络游戏的拓展为玩家提供了更丰富和全面的游戏体验。从沉浸体验、游戏资产的确权和跨域流转，到运动扩展和社交互动，元宇宙的发展为游戏行业带来了新的发展机遇，并让游戏不再局限于虚拟的精神世界，而是成为一个真实且丰富的体验平台。

1. 元宇宙游戏的特征

元宇宙游戏作为一种新兴的网络游戏形式，正以其独有的特征重塑游戏体验和游戏行业的未来。元宇宙游戏的显著特征及相应实际应用如下。

1）游戏体验

元宇宙游戏利用虚拟现实（VR）和增强现实（AR）等先进的人机接口技术，为玩家提供深度沉浸的游戏体验。例如，在一个元宇宙角色扮演游戏中，玩家可以戴上 VR 头显，完全沉浸在虚拟的奇幻世界里。在这个世界中，玩家不仅可以在视觉上感受环境的细节，还可以通过手势和动作与游戏世界中的对象进行交互，如同亲身体验一般。

2）游戏资产

通过区块链技术，元宇宙游戏中的资产（如虚拟货币、装备、土地等）可以成为玩家进行确权和交易的数字资产。这种资产的独特性在于它们具有唯一性，并能在不同的游戏和虚拟世界之间进行交易。例如，玩家可能在一个元宇宙游戏中收集稀有装备或创造独特艺术品，并将其在区块链上交易，转移到其他游戏或平台中进行使用或出售。

3）运动扩展

元宇宙游戏结合动作捕捉技术，将运动和体感游戏引入虚拟世界。这不仅增强了游戏的互动性，也使得游戏成为一种身体锻炼的方式。例如，一款元宇宙体育竞技游戏可能要求玩家使用动作捕捉装置来模拟真实的运动动作，让玩家在玩游戏的同时进行身体锻炼。

4）社交互动

元宇宙游戏提供了一个共享的虚拟空间，让玩家可以在游戏中进行更深层次的社交互动。玩家不仅可以在游戏中与其他玩家合作完成任务，还可以在虚拟空间中社交、建立关系甚至组织活动。例如，玩家可能在元宇宙中的一个虚拟社区内组织聚会或演出，邀请来自世界各地的朋友参加。

元宇宙游戏通过将先进技术与创新的游戏设计相结合，为玩家提供了一个多维度、高互动性的虚拟游戏世界。这些游戏不仅是娱乐的手段，而且在社交、创造、学习等方面拓宽了游戏的边界和可能性。

2. 沉浸体验

沉浸体验在元宇宙游戏中扮演着至关重要的角色，它不仅是游戏的核心吸引力之一，还为玩家提供了多维度的精神满足。沉浸体验是元宇宙游戏的魅力所在，它通过虚拟现实（VR）和增强现实（AR）等高级技术，让玩家能够沉浸在虚拟世界中。这种感觉吸引了大量玩家，使他们更容易投入游戏并获得更深刻的游戏体验。例如，一款元宇宙角色扮演游戏可以让玩家通过 VR 头显进入一个幻想的中世纪世界，他们可以在那里亲自探索城市、与 NPC 角色互动，甚至参与骑士比赛。

沉浸体验的主要特点如下。

（1）趣味性是沉浸体验的一个重要方面。在虚拟世界中，玩家可以体验到无法在现实中获得的冒险、奇幻和科幻体验。例如，在一个元宇宙科幻游戏中，玩家可以驾驶太空飞船，在宇宙中探索未知星系，与外星种族互动。这种趣味性和刺激性让玩家沉浸在游戏中，使其充分感受乐趣和兴奋。

（2）获得尊重也是沉浸体验的一部分。在游戏中，玩家可以扮演各种不同的角色，完成任务、战胜敌人或取得成就，从而赢得游戏内的尊重和赞誉。例如，在一个元宇宙角色扮演游戏中，玩家可能扮演一个英勇的冒险者，在解救村庄免受怪物侵袭时赢得了村民们的尊重。这种获得尊重的体验可以增强玩家的自尊心和自信心。

（3）社交互动是沉浸体验的另一个关键方面。在元宇宙中，玩家可以与其他玩家实时互动、组建团队、共同探索和战斗。这种社交互动使游戏不再是孤独的体验，而是一个共享的虚拟社区。例如，在一个元宇宙多人在线角色扮演游戏中，玩家可以与朋友组队冒险，共同挑战强大的怪物。这种社交互动增强了游戏的社交维度，让玩家感到更加融入游戏世界。

沉浸体验在元宇宙游戏中不仅提供了真实感和趣味性，还满足了玩家的社交需求和自尊心需求。这种体验使元宇宙游戏成为一个多维度的虚拟世界，吸引着玩家投入其中，并创造出独特的游戏体验。

3. 自我实现

在元宇宙游戏中，自我实现是一项引人注目的核心特征。它为玩家提供了一个独特的机会，让他们能够在虚拟世界中实现自己在现实生活中难以实现的梦想和愿望。

沉浸体验在元宇宙游戏中为自我实现铺平了道路。通过虚拟现实（VR）和增强现实（AR）等技术，玩家可以沉浸在虚拟世界中，成为想象中的角色，从而实现梦想和愿望。例如，在一个元宇宙科幻游戏中，玩家可以成为宇航员并探索宇宙，这是在现实生活中只有极少数人能够实现的经历。

自我实现的具体实现方面如下。

（1）创新宇宙是自我实现的一个关键方面。在元宇宙中，玩家可以成为虚拟世界的创造者和设计师，构建自己想象中的宇宙。通过虚拟世界的创新工具，他们可以设计独特的地形、景观和建筑物。这种创造性的体验让玩家能够实现自己的建筑和设计梦想，从而获得成就感。

（2）穿越历史是另一种引人入胜的自我实现体验。在元宇宙中，玩家可以穿越时间，亲身体验古代文明、历史事件和重要时刻。他们可以成为历史的见证者和参与者，重现过去的场景。例如，玩家可以在虚拟世界中参与古罗马角斗士比赛或亲历历史上的伟大战役。

（3）成为英雄是许多玩家追求的自我实现目标。在元宇宙游戏中，玩家可以成为游戏中的主角，担当英雄角色，进行冒险和战斗。通过虚拟现实技术，他们可以亲身参与游戏情节，与虚拟世界中的敌人战斗，完成任务和挑战。这种英雄体验可以让玩家实现自己的某种个人价值。

（4）建设理想家园也是自我实现的一部分。元宇宙提供了虚拟的家园建设体验，玩家可以在其中设计和建造自己理想的家园。他们可以选择家具、装饰、花园等，打造一个完美的居住环境。这种建设理想家园的体验可以让玩家体验到自我实现和满足。

除了上述实例外，元宇宙还提供了许多其他可能性，如探索神秘的异星世界、与其他玩家交流互动、创造独特的艺术作品等。每个人都可以根据自己的兴趣和喜好，在元宇宙中找到自己的独特之处，实现自己的梦想和愿望。这种自我实现的过程可以让人们在虚拟世界中找到属于自己的乐趣和价值，进而激发不断追求进步和成长的动力。

4. 元宇宙游戏优势

元宇宙游戏的优势显而易见，主要体现在以下几方面。

1）减少交通拥堵

前往实体游乐场所通常需要面对交通拥堵的问题，特别是在城市中心地区。元宇宙中的游戏和娱乐体验可以在家中或办公室进行，不需要外出。例如，一个热衷于音乐的用户可以选择在虚拟音乐会中欣赏自己喜爱的乐队表演，而无须前往实际的音乐会场地。

2）设施要求减少

实体游乐场所通常需要大量的场地和设施，如游乐设施、KTV 包厢、影剧院的座位等。相比之下，元宇宙中的娱乐体验是基于虚拟世界的，只需要一个电脑、VR 头显或其他虚拟现实设备。例如，虚拟现实的体感游戏可以提供与实际运动场地相似的体验，但无须建立大型游乐场。

3）多样化的娱乐体验

元宇宙提供了各种类型的娱乐内容，用户可以根据自己的兴趣和需求，在虚拟世界中体验各种娱乐活动。例如，一个喜欢探险的玩家可以在虚拟现实游戏中参与奇幻世界的冒险，而不仅局限于现实世界中的娱乐选项。

4）个性化定制

在元宇宙中，用户可以根据自己的喜好进行个性化定制，创造属于自己独特的娱乐体验。以社交互动为例，虚拟世界中的用户可以定制自己的虚拟形象，展示自己的个性和风格，与其他用户互动，这是实体社交场所无法提供的个性化体验。

这些优势使得元宇宙游戏成为人们娱乐的新选择，不仅丰富了娱乐体验，还避免了前往实体游乐场所的种种问题，为未来娱乐产业带来了新的可能性。

7.3 GameFi

GameFi（见图 7-2）在元宇宙游戏中扮演着至关重要的支撑角色，它将区块链数字资产 NFT（非同质化代币）、去中心化金融 DeFi 和游戏机制相结合，为玩家提供了全新的游戏体验和经济模式。这一概念的关键特点在于将数字化资产、金融操作和游戏元素融合在一起，为玩家创造了丰富的机会和奖励系统。

1. NFT 的基础

NFT 允许游戏中的虚拟资产成为真正的稀缺和独特物品。每个 NFT 都具有唯一的属性和价值，可以在游戏内外进行交易。以"Decentraland"为例，这是一个基于区块链的虚拟世界，玩家可以购买、拥有并交易虚拟土地和房产的 NFT，这些资产在该虚拟世界中具有独特性和价值。

2. DeFi 的融合

GameFi 将 DeFi 的理念融入游戏中，玩家可以将游戏中获得的加密货币进行存款、借贷、交易等金融操作，从而获得更多的收益和奖励。例如，玩家可以将虚拟资产抵押以获得

图 7-2　GameFi

借款,然后再投资到游戏内的其他机会,从而实现资产的增值。

3. 游戏机制与金融激励

GameFi 将游戏机制与金融激励相结合,为玩家提供更多挑战和奖励。通过参与游戏、完成任务、交易 NFT 等方式,玩家可以赚取加密货币和其他奖励,激发了自身的积极性和参与度。以"Axie Infinity"为例,这是一个基于 NFT 和 DeFi 的游戏,玩家可以养育虚拟生物 Axies,并参与战斗,赚取奖励。

4. 社区生态

GameFi 鼓励玩家之间的互动和合作,以形成一个庞大的社区生态。玩家可以在社区中交流、分享游戏经验、NFT 交易等,以此促进社区的发展和繁荣。例如,一些元宇宙游戏社区会组织虚拟聚会、比赛和展览,以此增强社区成员之间的互动和联系。

5. 虚拟与现实世界的连接

由于区块链技术的特性,GameFi 资产可以跨越不同游戏和平台进行交易和使用,实现了虚拟世界和现实世界的经济连接。这意味着玩家可以在虚拟世界中赚取加密货币,然后在现实世界中进行交易或使用。

GameFi 作为元宇宙游戏的显著特征和方向,为玩家带来了更多的自由、挑战和奖励,同时也推动了区块链技术在游戏领域的应用和发展。它为游戏的未来带来了全新的经济模式和社交体验。

7.4　元宇宙运动游戏

元宇宙体育竞技是元宇宙游戏中一个引人注目的方向,它将体育竞技元素与虚拟世界的特点相结合,为玩家提供了全新的健康、积极的游戏体验。如图 7-3 所示,元宇宙体育竞技将体育与虚拟世界相融合,提供了多样化的游戏场景。

1. 与明星比赛

在元宇宙体育竞技中,玩家可以选择与虚拟化的明星或名人进行比赛。例如,玩家可以

图 7-3　元宇宙运动游戏

在虚拟篮球比赛中与虚拟的 NBA 球星一决高下,这增加了游戏的互动性和趣味性。

2. 同学运动会

元宇宙体育竞技可以模拟学校或社区的运动会活动。玩家可以参与友谊赛和团队竞技,与同学一同竞争,培养团队合作和竞技精神。这种场景促进了社交互动,增进了友谊,同时激发了玩家对体育运动的热爱。

3. 越野跑和骑行

通过虚拟现实技术,玩家可以在元宇宙体育竞技中体验越野跑、骑行等户外运动。玩家可以在虚拟世界中探索不同的地点和场景,享受自然风光,同时进行身体锻炼,促进身心健康。

4. 竞技比赛

元宇宙体育竞技包括各类竞技比赛,如篮球、足球、网球等。玩家可以选择自己喜欢的竞技项目,进行个人或团队的比赛,提高技能和水平,达到游戏中的目标。

5. 运动训练和健身

在元宇宙体育竞技中,玩家可以通过虚拟世界进行运动训练和健身活动。游戏可以提供指导和计划,帮助玩家进行有效的健身训练,促进身体健康。

元宇宙体育竞技带来的好处与优势如下。

(1) 促进健康。元宇宙体育竞技鼓励玩家进行虚拟的体育活动,如跑步、骑行、跳舞等。这种虚拟运动不仅可以提供娱乐和乐趣,还促进了玩家的身体活动,对健康起到积极作用。

(2) 激发兴趣。对于没有兴趣或没有机会参与传统体育项目的人来说,元宇宙体育竞技为他们提供了体验不同运动项目的机会。这种虚拟的运动体验可能激发玩家对实际体育运动的兴趣,鼓励他们在现实生活中积极参与体育活动。

(3) 增进社交互动。元宇宙体育竞技通常支持多人在线模式,玩家可以与朋友或其他玩家一起参与运动竞赛或合作完成任务。这种社交互动增加了游戏的趣味性和挑战性,并且可以加强玩家之间的社交联系。

(4) 体验虚拟现实。通过虚拟现实技术,元宇宙体育竞技可以提供更加真实、身临其境的运动体验。玩家可以感受到仿佛置身于真实的运动场地,增强了游戏的沉浸感和乐趣。

(5)跨越地理限制。元宇宙体育竞技可以通过互联网连接全球的玩家,使得玩家可以在虚拟世界中一起进行体育竞赛,跨越地理限制,体验全球范围的体育竞技。

(6)增加竞技性。元宇宙体育竞技通常有各种挑战和任务,玩家需要通过实际的运动动作和技巧来完成。这种竞技性增加了游戏的挑战和乐趣,激发了玩家的竞争意识。

元宇宙体育竞技为玩家提供了一种全新的、积极的游戏体验,将体育元素融入虚拟世界,为玩家创造了更多的娱乐和健康的机会。元宇宙体育竞技的发展也有望推动元宇宙游戏领域的进一步创新与发展。

7.5 元宇宙游戏的隐患

视频讲解

类似对手机的沉迷,对元宇宙游戏的沉迷可能会更加深入,因为元宇宙游戏提供了更丰富、更真实的虚拟世界,让玩家可以身临其境地参与其中。这种沉浸式体验可能让人们不自觉地陷入游戏世界中而无法自拔。

1. 沉浸体验的诱惑

元宇宙游戏的沉浸体验无疑是一种诱惑,它通过虚拟现实技术和沉浸式体验,让玩家完全融入游戏世界,从而带来以下几方面的问题。

1)逃避现实

元宇宙游戏为一些人提供了逃避现实的方式。当面临生活中的压力、焦虑或不满时,玩家可以通过沉浸在虚拟世界中来暂时忘记现实的困扰。例如,一个工作压力巨大的人可能会在游戏中找到一片宁静的森林,远离城市的喧嚣。然而,这种逃避行为需要谨慎,因为过度沉浸在虚拟世界中可能导致对现实生活的忽视和放弃。

2)社交依赖

元宇宙游戏通常具有强大的社交功能,允许玩家与其他玩家互动和交流。对于一些社交需求较强的人来说,游戏成为满足社交需求的重要途径。例如,一个在现实中孤独的人可能会在游戏中建立深厚的友谊和社交关系。然而,过度依赖虚拟社交可能会忽视现实社交的重要性,需要为此平衡社交。

3)游戏成瘾

沉浸式的元宇宙游戏可能增加游戏成瘾的风险。一些人可能无法自控地持续进行游戏,影响日常生活和工作。例如,一个玩家可能一连数小时地沉浸在游戏世界中。对于那些容易成瘾的人来说,需要谨慎管理游戏时间。

元宇宙游戏的沉浸体验诱人,但也需要玩家在享受游戏乐趣的同时保持警觉,避免过度逃避现实、过度依赖虚拟社交和游戏成瘾等潜在问题。沉浸体验应该被视为一种娱乐方式,而不是逃避现实或影响生活质量的手段。

2. 健康损害

过度沉迷游戏和虚拟世界可能导致以下几方面的健康问题,这些问题需要被认真对待和管理。

1)健康损害

长时间的沉浸体验可能会对身体造成伤害。例如,玩家可能经历视觉疲劳,因长时间注视屏幕而导致眼睛不适。此外,长时间使用电子设备和虚拟现实设备可能导致颈椎病、手腕疼痛等身体不适。使用虚拟现实设备还可能增加眩晕和晕动症状。长时间固定的坐姿可能增加肥胖和心血管疾病的风险。例如,一个玩家可能在虚拟现实游戏中长时间戴着头显,导致眼睛疲劳和颈椎不适;另一个玩家可能在电脑前久坐,导致手腕疼痛和肩部紧张。

2)失去生存能力

沉浸在虚拟世界中,人们可能忽视现实生活中的基本生活需求,如饮食、睡眠、个人卫生等。长时间的游戏可能导致生活规律紊乱,影响健康和生活质量。例如,一些玩家可能会忘记吃饭或不合理地延迟睡眠时间,以便在游戏中继续沉浸,这可能导致营养不良和睡眠问题。

3)失去线下社交能力

过度沉迷游戏可能导致人们忽视现实社交,与家人、朋友、同事等面对面的交流减少,导致社交能力下降。这种社交失衡可能导致孤立感和其他心理问题。例如,一些玩家可能减少与朋友见面的频率,因为他们更愿意在游戏中与虚拟朋友互动,这可能导致他们与现实社交圈的疏远。

4)注意力分散

沉浸体验可能分散人们对现实世界的注意力,使其容易分心和注意力不集中。长时间的游戏可能影响学习、工作和日常生活中的表现。例如,一个学生可能因为整夜玩游戏而无法集中精力学习,导致成绩下降;另一个人可能在工作中分心,无法有效地完成任务。

3. 丧失仰望星空的能力

虚拟世界中的沉浸体验提供了极大的吸引力,但这可能导致人们失去仰望星空的动力和对现实世界的好奇心。

沉浸体验的吸引力来源于其丰富多彩的虚拟世界,其中有各种娱乐内容和体验。例如,在一个虚拟游戏中,玩家可以身临其境地探索神奇的幻想世界或进行刺激的冒险,而无须离开家门。这种便捷性和即时的娱乐满足感可能会让人们更倾向于留在虚拟世界中,而不愿去面对现实世界中的挑战和不确定性。例如,一位玩家可能沉浸在一个虚拟的奇幻世界中,每天都追求游戏中的成就和冒险,而忽视了在现实世界中观察星空或探索大自然的机会。虚拟世界提供了即时的满足感,而仰望星空和探索宇宙则需要更多的时间和耐心,满足感相对较为延迟。

7.6 游戏相关法规

游戏行业受到多项法规和管理办法的监管,旨在确保游戏行业的合法经营、维护用户权益和维护社会公共秩序。以下是中国游戏行业涉及的一些法律法规和管理办法,以及具体的示例说明。

1.《中华人民共和国网络安全法》

这项法律旨在维护网络安全,规定了网络运营者的责任和义务,包括要求游戏运营者提供网络安全的要求。例如,游戏公司需要采取措施确保用户数据的安全,以防止数据泄露。

2.《中华人民共和国著作权法》

著作权法保护游戏的著作权,保证了游戏开发者对游戏作品的著作权。这意味着游戏开发者拥有游戏内容的版权,其他人不能擅自复制、传播或修改游戏内容。

3.《互联网信息服务管理办法》

这项办法规定了对互联网信息服务的管理要求,包括对网络游戏的服务管理。例如,游戏平台需要提供用户投诉渠道,以便用户报告不良内容或违规行为。

4.《网络游戏管理暂行办法》

这份暂行办法规定了对网络游戏的审批和管理要求,包括游戏内容审核、运营许可等方面,确保了游戏内容的合法性和规范性。

5.《关于规范网络游戏运营加强事中事后监管工作的通知》

该通知强调了对游戏运营的事中事后监管,包括游戏内容、广告等方面的监管要求,有助于监督游戏运营过程中的合规性。

6.《关于开展对"私服""外挂"专项治理的通知》

这份通知指出需要对私服和外挂行为进行专项治理,以维护游戏的正常秩序。例如,禁止私服和外挂的传播,以确保游戏的公平性和平衡性。

7.《关于贯彻落实国务院〈"三定"规定〉和中央编办有关解释,进一步加强网络游戏前置审批和进口网络游戏审批管理的通知》

这份通知要求加强对网络游戏前置审批和进口网络游戏审批管理,以确保游戏内容符合规定。例如,游戏需要经过审批才能在市场上销售。

8.《关于启动网络游戏防沉迷实名验证工作的通知》和《关于深入开展网络游戏防沉迷实名验证工作的通知》

这两个通知要求游戏平台开展防沉迷实名验证,限制未成年人的游戏时间,以保护未成年人的身心健康。

这些法规和管理办法共同确保了我国游戏行业的合法性、规范性和社会责任感,为游戏发展提供了法律框架和指导原则。

7.7 虚拟与现实的链接

视频讲解

元宇宙游戏的虚拟与现实的链接具有深远的意义,不仅扩展了娱乐领域,还对经济和社会产生了深远影响。

元宇宙游戏是虚拟的世界,其主要价值在于满足人们的精神需求,如娱乐和社交互动等。虽然这些活动在虚拟环境中进行,但它们仍然会对现实生活产生深远的影响。例如,一位玩家可能在游戏中建立了深厚的社交关系,这些关系在现实生活中可能转换为真实的友谊或商业合作。

虽然元宇宙游戏中创造的价值无法直接转化为实体经济价值,但游戏产业本身在现实世界中占据着重要地位。游戏开发、销售、广告等环节构成了一个庞大的经济体系,为就业和创新提供了机会。例如,游戏开发公司可以提供高薪工作机会,游戏广告可以成为广告商的重要渠道,这些都对现实经济做出了贡献。

然而,对于一些沉溺于游戏中的人来说,他们可能会花费大量的时间和金钱,但这并不能解决他们在现实世界中的实际经济问题。这是因为游戏中的成就和财富通常无法直接应用于现实生活,游戏经济与现实经济通常是分离的。例如,一位在游戏中拥有大量虚拟财富的玩家可能在现实中面临财务困境。

为了解决这个问题,虚实融合的元宇宙应运而生。这种融合通过多种方式将虚拟世界与现实世界连接起来,从而创造更多的机会和可能性,主要体现在以下方面。

(1) 虚拟资产与实体经济的链接。

虚拟货币、虚拟物品和虚拟地产可以与现实世界的经济体系相连接。例如,虚拟货币可以在虚拟世界中兑换成实际货币,虚拟物品可以在虚拟世界中产生实际的收益,虚拟地产可以用于虚拟现实的体验和实体商业运营。

(2) 游戏与教育、培训的融合。

元宇宙游戏可以成为教育和培训的有力工具。例如,在虚拟世界中,玩家可以学习和掌握各种技能,从而在现实生活中找到就业机会或创业项目。

(3) 社交和商业的融合。

虚实融合的元宇宙促进了社交和商业活动的互动。例如,在虚拟世界中建立的社交关系可以转换为现实世界中的商业合作,促进创新和发展。

(4) 元宇宙经济系统的建设。

构建一个完善的元宇宙经济系统,使虚拟世界的经济活动直接影响现实世界的产业和经济。这样,玩家在虚拟世界中的消费和投资行为可以对现实世界产生实际影响。

虚实融合的元宇宙为消费者提供了更多的参与和创造机会,使他们不仅是游戏的参与者,更成为实体经济中的创造者和价值分配的参与者。这将有助于元宇宙的可持续发展,为现实世界的经济和社会带来积极的影响。虚实融合的元宇宙是未来发展的必然趋势,将为人们带来更加多样化和丰富的游戏体验,以及更多涉及经济活动的机会。

本章小结

(1) 游戏是一种具有互动性的娱乐行为,它基于人类对精神世界需求的追求,在特定的时间和空间范围内遵循一定的规则进行。游戏具有娱乐与放松、创造和表达、学习与培训等功能。

(2) 元宇宙游戏的特征包括沉浸式体验、游戏道具资产化、运动扩展、社交互动等。GameFi 在元宇宙游戏中扮演着重要的支撑角色,它结合了区块链数字资产 NFT、去中心化金融 DeFi 和游戏机制,为玩家提供了全新的游戏体验和经济模式。元宇宙体育竞技是元宇宙游戏的一个重要方向,它结合了体育竞技元素和虚拟世界的特点,为玩家提供了全新的健康、积极的游戏体验。

(3) 元宇宙游戏的沉浸体验带来了更真实的体验、更高的情感共鸣和更强的交互性,同时引起了一些强烈的争议和担忧,如社交隔离、健康问题、精神依赖等。因此,有效管控元宇宙游戏是十分必要的,以确保其在正确轨道上健康发展,为玩家提供积极的体验,同时避免可能带来的负面影响。

习题

1. 简述游戏的产生、发展历程与游戏的分类。
2. 简述游戏带来的好处及可能存在的问题。

3. 简述网络游戏的特征。
4. 简述元宇宙游戏的特点及其优势与隐患。
5. 简述 GameFi 游戏的特征。
6. 简述元宇宙体育竞技游戏的特征。
7. 简述元宇宙游戏虚实链接的意义与方式。
8. 简述我国现行有关游戏的相关法律法规和管理办法。

第 8 章 数字加密货币

CHAPTER 8

2021年2月8日,作为全球知名电动汽车制造商的特斯拉,做出了一项颇具影响力的决定:开始接受比特币作为支付方式。这一消息在全球范围内引起了广泛关注,再次将数字加密货币推到了公众讨论的前沿。

早在2020年初,特斯拉就与比特币建立了紧密的联系。公司宣布了购买比特币的计划,并投入了大约1.5亿美元。随着比特币价格的飙升,这项投资为特斯拉带来了丰厚的回报,同时也使得公众开始关注比特币。

2021年1月底,特斯拉更进一步,在其销售渠道正式接受比特币支付。这一举措在提交给美国证券交易委员会的文件中得到了确认。自此,特斯拉客户便能使用比特币购买他们梦想中的电动汽车。

特斯拉的这项决策对比特币市场产生了深远的影响。作为全球著名企业,特斯拉的支持和认可使得比特币这一数字资产获得了更广泛的关注。许多人认为,这是比特币进入主流商业领域的一个重要标志,并可能为整个数字加密货币行业带来新的发展机遇。

数字加密货币是一种运用加密技术保护交易安全的数字化虚拟货币。它通常不依赖中央银行或政府机构的管理(我国央行发行的数字货币DCEP除外)。加密货币是区块链技术的重要应用领域,区块链技术为其提供了去中心化和透明的特性。

需要特别指出的是,尽管在概念上被称为"货币",但这种基于国际公链而非国家信任构建的"加密货币"在法律上并不具备货币的地位。在实际商业交易中,特别是在我国,加密货币不能作为法定货币使用,而通常被视为具有价值的数字资产。因此,特斯拉接受比特币支付的决定,在不同国家和地区可能有不同的法律和政策解读。

8.1 数字加密货币的发展历程

视频讲解

数字加密货币的发展历程是一个充满创新和变革的故事。它始于20世纪80年代末90年代初,当时计算机和网络技术正在迅速发展。最早的尝试之一是David Chaum提出的DigiCash,这是一种在20世纪90年代初推出的数字货币。尽管DigiCash并未获得广泛成功,但它开启了对数字货币的探索之旅。

随着相关技术的发展,历史性的时刻到来了。2008年,一个化名为中本聪的人(或团队)发布了名为《比特币:一种点对点的电子现金系统》的白皮书。这份白皮书详细描述了基于区块链技术的去中心化电子货币系统,为比特币的诞生奠定了基础。

2009年1月3日,中本聪挖掘出了比特币的创世区块,这标志着第一个成功的加密货币的诞生。比特币的去中心化特性和密码学技术使得交易既安全又可靠,这一点吸引了全世界的关注。以比特币为先导,很快出现了其他加密货币,如莱特币(Litecoin)、以太坊(Ether)、瑞波币(Ripple)等,各自都有其独特的特性和目标市场。

比特币因其稳固的技术基础和广泛的认可而被称为"数字黄金",以太坊因其智能合约功能而成为区块链应用的领头羊。隐私币则专注于保护用户的交易隐私如蒙罗币(Monero)和Zcash等。

近年来,加密货币市场经历了巨大的波动。比特币的价格从几美分飙升到数万美元,吸引了全球的投资者和交易者。这不仅改变了金融市场的面貌,也促进了区块链技术在其他行业的应用,如供应链管理、数字身份验证和智能合约等。

加密货币的多样性还体现在其分类上。除原生的加密货币和隐私币外,还有平台币、稳定币和代币等。平台币在其所属的区块链平台中发挥着重要作用,如以太坊的以太币等。稳定币旨在提供相对稳定的价值,降低市场波动的影响,如USDT和USDC等。社交代币则是一个新兴领域,它在社交媒体平台上用于奖励用户的参与和贡献。例如,Steem和HIVE就是社交代币,用户可以通过发布内容和参与社区活动来获得奖励。

数字加密货币对于元宇宙概念的发展至关重要。在这个由数字构建的虚拟世界中,加密货币提供了一种可靠的经济关系表达方式,使虚拟世界的经济活动得以顺利进行。简而言之,没有数字加密货币,就不会有现在区块链技术和元宇宙的繁荣景象。

8.2 典型数字加密货币

在数字加密货币与区块链技术的发展历程中,最为重要的是比特币和以太坊。此外,由我国央行发行的数字人民币DCEP近年来也已开始在国际支付中产生重大影响。

1. 比特币

比特币目前已经成为全球范围内备受瞩目的数字货币。它的初始愿景在于创造一种全球通用的货币体系,实现去中心化的交易模式,允许个人直接进行点对点交易,而无须依赖传统的金融机构作为中介。这种设计旨在为用户提供更大的金融自由和控制权,同时使交易过程更加便捷、安全且低成本。

比特币的早期发展相对缓慢,最初只有少数人关注并参与其中。然而,随着时间的推移,它开始吸引越来越多的用户和投资者的注意。特别是在2017年,比特币经历了一轮大规模的牛市,价格一度飙升至2万美元,这一现象吸引了全球的目光。作为加密货币领域的先驱,比特币不仅推动了整个市场的发展,也成为加密货币的代表性符号。

比特币的价值不仅体现在其作为数字货币的地位上,还在于其背后的技术创新。比特币的出现标志着区块链技术的诞生。区块链是一个具有革命性的技术,它为创建去中心化数据库提供了可能。区块链的发明不仅是金融领域的一次重大突破,还开启了数字经济的新时代,为无数行业带来了潜在的变革机会。

区块链技术在比特币中的应用保证了交易的透明性和安全性,同时也消除了对传统金融机构的依赖。这种技术不仅应用于货币交易,还广泛应用于供应链管理、数字版权保护、智能合约等多领域,充分显示了其多方面的潜力。

比特币不仅是数字货币领域的一个里程碑,也是现代技术创新的典范。通过比特币,区块链技术得以实现并展现了其广泛的应用前景,为全球经济和社会发展开辟了新的道路。

2. 以太坊

与比特币作为一种纯粹的加密货币不同,以太坊的定位是作为一个底层的区块链技术平台,如图 8-1 所示。其中,智能合约的发明让区块链变成了一个底层的基础设施,并使其可以广泛适用于各种去中心化的区块链应用。

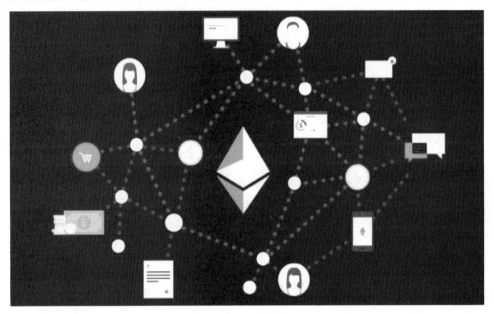

图 8-1 以太坊

以太坊是数字货币和区块链技术领域的一颗璀璨之星。以太坊不仅是一个开源区块链平台,它还拥有自己的原生加密货币——以太币(Ether)。以太坊的核心愿景是构建一个去中心化的全球计算机平台,为开发者提供灵活、安全且智能的区块链基础设施,从而推动技术创新和应用发展。

以太坊的出现引领了加密货币和区块链技术的新时代。它的特色在于支持智能合约,这使得开发者能在区块链上创建和执行自动化的合约,而无须第三方介入,为加密货币市场带来了前所未有的变化。以太坊成为众多众筹项目的首选平台,吸引了大量初创企业和项目,通过发行代币筹集资金,不仅推动了加密货币市场的快速增长,也让更多人开始关注和投资加密货币。

除智能合约外,以太坊还是去中心化金融(Decentralized Finance,DeFi)的基石。DeFi 是一种在区块链上构建的金融体系,提供了借贷、交易、稳定币等服务,而无须传统金融机构的参与。以太坊上的智能合约使 DeFi 项目的开发变得更加简单和高效,从而促进了 DeFi 市场的蓬勃发展。

以太坊的另一个重大贡献是支持去中心化应用(DApp)的开发。许多创新项目在以太坊上构建了各种 DApp,涉及社交、游戏、金融等领域。这些应用吸引了更多用户的参与,进一步推动了以太坊网络的活跃度和交易量。

以太坊不仅是智能合约和去中心化应用的领头羊,也是一个庞大而活跃的社区。这个社区涵盖了大量的开发者、用户,以及对技术和创新感兴趣的企业和机构。以太坊的成功也激发了早期投资者和风险投资机构对加密货币市场的兴趣。许多投资者在早期阶段就大量购买了比特币、以太币等加密货币,随着市场的发展,他们获得了巨额的回报。这一现象不仅证明了加密货币作为一种新型资产类别的潜力,也展示了区块链技术在多个领域应用的巨大前景。

3. DCEP

如图 8-2 所示,作为我国央行推出的数字人民币,数字货币电子支付(Digital Currency Electronic Payment,DCEP)是对传统货币形式的一次重大革新。DCEP 的发行主要是为了解决人民币在国际市场上流通的问题,尤其是考虑到加密货币在全球金融系统中的重要性。

图 8-2　DCEP

DCEP 的引入旨在提高人民币在国际支付中的便利性。传统的跨境支付通常涉及多个中介银行,这不仅会增加交易时间,而且会导致更高的交易成本。相比之下,使用 DCEP 可以实现即时跨境支付,降低成本,提高效率,增强人民币的国际竞争力。例如,一家中国企业与海外客户进行交易时,通过 DCEP 可以迅速完成支付,无须经历复杂的银行转账流程,从而大大提升交易效率。

人民币的国际化一直是我国政府的重要战略目标。DCEP 的使用不仅提高了人民币的国际地位,而且由于其高安全性和可追溯性,能更好地满足国际市场对安全和透明度的需求。这对于扩大人民币在国际贸易和投资中的应用是非常重要的。

DCEP 的引入还促进了国际资本的流动。国际投资者通过 DCEP 可以更容易地进入中国市场进行投资,同时中国企业也能更方便地开展跨境投资和融资。这样的资本流动有利于提升人民币在全球金融体系中的地位。

人民币国际化的另一个优势是促进贸易多元化,减少对美元等主要货币的依赖。DCEP 的应用有望提高人民币在国际贸易中的使用比例,实现贸易结算的多元化,从而降低贸易风险。

在监管和追溯方面,DCEP作为数字货币的特性有助于防范非法资金流动和洗钱行为,增强国际市场对人民币的信任度,推动人民币国际化的进程。在元宇宙等新兴领域中,DCEP的应用前景也非常广阔。特别是在符合国内法律法规的元宇宙应用中,DCEP将发挥其重要作用,从而在数字时代开辟新的增长点和应用场景。

4. 非同质化代币

非同质化代币(Non-Fungible Token,NFT)是近年来区块链技术领域的一大创新。NFT作为一种独特的数字资产,其核心特征在于唯一性和不可替代性。这种特性使NFT在数字艺术品、音乐、虚拟地产等领域取得了显著的成功,并创造了前所未有的价值。

例如,数字艺术家Beeple的作品"Everydays:The First 5000 Days"作为NFT被拍卖,最终以约6900万美元的价格成交。这不仅打破了数字艺术品的销售纪录,也显示了NFT在艺术领域的巨大潜力。除艺术家外,音乐家、作家和游戏开发者也开始利用NFT创造和销售独特的内容。

NFT市场的爆炸式增长引起了传统金融机构和大型企业的关注。他们开始逐渐参与到加密货币市场中,其中一些知名金融机构推出了加密货币交易服务,而一些大型企业也开始接受加密货币作为支付方式。例如,一些著名的在线零售商和游戏平台已经开始接受比特币等加密货币作为支付手段。这种跨界参与不仅促进了加密货币市场的进一步发展,也为其提供了更加成熟和稳定的市场环境。

NFT作为一种新兴的数字资产形式,不仅在艺术和娱乐领域内引发了一场革命,也推动了传统金融和商业领域对加密货币和区块链技术的深入探索和全面应用。随着技术的发展和市场的成熟,NFT有望在更多领域展现其独特价值和潜力。

视频讲解

8.3 数字加密货币的特点

以国际公链(如比特币、以太坊等)为基础的数字加密货币具有以下特点。

1. 互联世界的跨境支持

加密货币作为一种全球性的数字资产,在互联网上开创了一个跨境交易的新领域,这对于国际支付和跨境交易具有重要的意义。与传统金融系统相比,加密货币的跨境支持具有以下显著优势。

(1)在传统金融体系中,国际交易常受到不同国家法律差异、监管和汇率等因素的影响,使得交易过程变得复杂且耗时。例如,一个在美国的企业如果要向我国的供应商支付款项,这笔交易可能需要经过多个银行和各种货币转换,从而产生高额的手续费和漫长的处理时间。相反,如果使用比特币或其他加密货币,这笔跨境交易可以在几分钟内完成,且手续费会大大降低。

(2)加密货币的全球流通性和不受地理限制的特点,使其成为政治不稳定和金融制裁地区的理想交易手段。在某些地区,传统金融系统可能无法有效运作,但加密货币可以提供一种独立于政治局势的交易方式。例如,在受到国际制裁影响的国家,居民可能会使用加密货币来进行国际贸易和个人转账,以避免受到传统金融系统的限制。

(3)对于跨境小额支付,使用加密货币相比传统银行更为高效和经济。传统银行的跨境小额支付往往伴随着高额手续费和较长的处理周期,而加密货币支付几乎可以实时到账,手续费也大幅降低。这对于频繁进行小额国际交易的电商商家来说，意味着更高的效率和更低的成本。

（4）对于海外移民工人，使用加密货币汇款可以节省高昂的手续费，并提高资金转账的效率。例如，一个在美国工作的移民工人，如果使用传统的汇款服务将资金汇回菲律宾，则可能需要支付高达 5%～10% 的手续费。通过加密货币，这笔费用可以大幅减少，且汇款过程更快捷。

（5）加密货币为国际援助提供了一种新的方式。在一些政治和经济复杂的发展中国家，传统援助机构往往难以将资金高效地送达最终受援者手中。通过加密货币，援助资金可以直接、快速且透明地到达受援方，提高了援助的有效性和效率。例如，在一些受灾国家，国际援助组织可以使用加密货币直接向受灾者提供援助，从而有效避免复杂的中间环节。

加密货币在互联世界中可以实现跨境支持，为国际交易和支付提供了更加高效、便捷、经济的解决方案。这不仅改变了传统的金融交易模式，也为全球经济活动提供了新的可能性。

2．区块链技术的高可信和高效率

区块链技术以其高度的安全性和效率性，为加密货币交易提供了一个可靠的基础。区块链技术通过创建一个分布式数据库来存储交易数据，这些数据以区块的形式链接并形成一个不可篡改的链式结构。每个区块不仅包含交易数据，而且包括前一个区块的哈希值，这使得修改已经记录的交易将极其困难，从而确保了交易的真实性和完整性。

例如，比特币作为第一个应用区块链技术的加密货币，其所有交易都被记录在相应区块链上。每笔交易都需要通过网络中的多个节点进行验证，以确保交易的有效性，并防止如双重支付等欺诈行为。这种机制不仅提高了交易的安全性，也增强了整个系统的透明度。

区块链的分布式特性意味着交易数据被存储在全球范围内的各个节点上，而不是集中在某个单一的数据存储点。这种设计使得即使某些节点受到攻击，整个系统仍能保持运行，进一步确保了交易数据的安全性。此外，区块链中的交易数据使用密码学算法进行加密，保护了用户的身份信息和隐私。

区块链技术的另一个重要优势是去中心化特性。在传统的金融体系中，交易通常需要依赖中介机构（如银行或支付服务提供商等）进行处理和确认，这不仅增加了交易成本，也延长了处理时间。区块链网络中的交易是点对点的，不需要中介机构的参与，直接由网络中的节点进行验证和确认。例如，以太坊作为一个支持智能合约的区块链平台，使开发者能够创建和部署去中心化应用（DApp）。用户可以在这些 DApp 上进行各种交易，如交易数字资产、参与去中心化金融等，而无须传统金融机构的介入。这样不仅减少了中介的费用，也提高了交易的效率。

区块链技术通过其独特的设计，提供了一种更加安全、透明、高效和低成本的交易方式，这在加密货币的交易中尤为显著，并且对传统金融体系产生了深远的影响。

3．降低交易成本

区块链网络通过其去中心化的特性，显著降低了交易的复杂性和成本，这一优势在小额跨境交易和微支付等场景中尤为明显。在传统金融体系中，这类交易的手续费往往占据了较高比例，而利用区块链技术则能有效减少这些费用。

在传统金融体系中，跨境交易经常涉及多个中介机构，如不同国家的银行、清算中心等，每个环节都需要进行验证和记录,这不仅增加了交易的复杂性,也导致了更高的成本。例如,一个在美国的企业向我国的供应商支付款项,这笔交易可能需要经过多个银行的处理,每个银行都会收取一定的手续费,整个过程可能需要几天时间才能完成。

相比之下,区块链网络上的交易是点对点的,无须中介机构的参与。这意味着交易者可以直接在网络上进行交易,无须经过传统金融体系的复杂流程。例如,使用比特币或其他加密货币进行跨境支付,用户只需要通过数字钱包直接发送到接收方的地址,该过程可以在短时间内完成,且手续费远低于传统银行。

这种去中心化的交易方式大大消除了中间环节和复杂的验证流程,显著提高了交易的效率。特别是在小额跨境交易和微支付领域,这种效率的提升使得交易更加快捷。例如,一个海外的消费者使用加密货币购买数字内容或在线服务,这种交易几乎可以实时完成且不产生额外的手续费。

区块链技术通过简化交易流程和消除中介机构,为用户提供了一种更高效、更经济的交易方式,这种优势在小额跨境交易和微支付等场景下尤为显著。

4. 抵御通货膨胀和保值

加密货币(如比特币等)被视为一种稀缺的数字资产主要是由于其总量的限制和固定的供应规则。这种稀缺性使加密货币成为一种潜在的价值储存工具,具有抵御通货膨胀和保值的特性。

比特币的总发行量被设计为固定的 2100 万枚,这意味着其供应是有限的,不会像传统货币那样无限增加。与传统的法定货币不同,比特币的发行遵循着严格的算法规则,这保障了其稀缺性。正如黄金因其有限的产量而被视为价值储存的传统选择,比特币也因其有限的供应而被形象地称为"数字黄金"。

稀缺性是价值储存的关键条件之一。由于比特币的供应量是固定的,因此其稀缺性促使人们认识到了它的潜在价值。随着需求的增长,比特币的价值可能会随之上升,特别是在其供应不会增加的前提下。

相比之下,传统法定货币(如美元和欧元等)由中央银行发行和管理,其供应量可以根据经济需求进行调整。在一些情况下,如当政府过度印刷货币或出现严重的通货膨胀时,这些货币的购买力可能会下降。与此相反,比特币的总量是固定的,不受任何政府或中央机构的控制,这使得其价值相对更为稳定。

历史上许多国家经历过通货膨胀和货币贬值,这导致了人们储蓄的大幅缩水。在这种情况下,持有比特币等稀缺数字资产的投资者可以将一部分财富转移到这些资产中,以减少通货膨胀对财产的影响。由于加密货币的稀缺性,任何需求增加都可能直接推动其价格上涨。因此,加密货币被视为可以抵御通货膨胀和作为保值工具的避险资产。

8.4 DeFi 的发展

视频讲解

加密货币和区块链技术的结合为 DeFi 提供了可能。DeFi 是一种基于区块链的去中心化金融系统,为用户提供了借贷、交易、存款等金融服务,而无须依赖传统金融机构。如图 8-3 所示,DeFi 建立在区块链技术之上,通过智能合约和去中心化协议实现金融服务的自动化和执行。没有中心化的中介机构,用户直接与智能合约进行交互,实现更快捷、透明、安全的金融服务。Uniswap 是一个 DeFi 平台,它提供了一个去中心化的交易市场,用户可以在该平台上进行无须信任的代币交易。Uniswap 的智能合约直接处理用户的资金,而无须传统中心化交易所的参与。

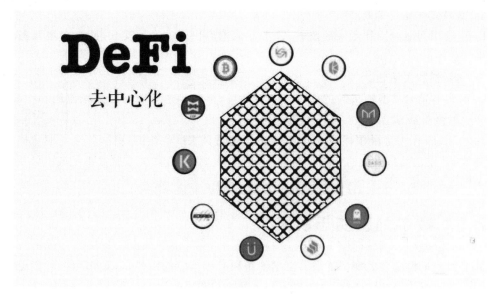

图 8-3　DeFi

去中心化的特性为金融领域带来了革命性的变化,特别是在传统金融体系中,消除了中介机构的烦琐流程和高昂费用。这种变革降低了金融服务的门槛,为全球数十亿无法接触传统金融体系的人群提供了更多的金融选择和机会。

以加密货币市场为例,它吸引了大量的投资者和创业者。这些参与者投入资金和资源,开发新的加密货币、区块链项目和 DApp。在这些新兴项目中,一部分专注于 DeFi 领域,不断推动 DeFi 生态系统的发展和创新。例如,MakerDAO 是一个建立在以太坊上的 DeFi 平台,提供了一种去中心化的稳定币——Dai。用户可以通过抵押以太坊(Ether)来借贷 Dai,这个过程不需要传统信用评估,实现了真正的无须信任的借贷服务。

DeFi 相较于传统金融的特点和优势可以总结为以下几点。

1. 开放性和全球性

DeFi 是一个开放的金融系统,任何具有互联网连接的人都可以访问,不受特定金融机构或中心化实体的限制。这种开放性使 DeFi 可以服务全球用户。

2. 金融脱媒

DeFi 通过智能合约和区块链技术规避了传统金融机构的限制,用户可以直接在 DeFi 平台上进行交易、借贷、投资等,无须中间方的介入。

3. 透明性和安全性

DeFi 建立在区块链上,所有交易记录都是公开、透明的,同时使用加密算法确保交易安全,降低了欺诈和其他金融犯罪的风险。

4. 匿名性

DeFi 支持用户的匿名性。所有交易行为都被记录在区块链上,但个人身份信息保持匿名,以此保护用户隐私。

5. 无准入门槛

DeFi 没有资金或项目的准入限制，任何人只需要一个联网设备即可参与，从而使更多人能够参与金融活动。

6. 提高效率和成本效益

DeFi 利用智能合约和区块链技术，以更低成本更快速度处理交易，减少金融服务的费用并提高效率。

7. 创新性和灵活性

DeFi 的智能合约具有极高的创新性和灵活性，能够构建各种新型金融应用和产品，满足多样化的金融需求。

总之，DeFi 作为金融领域的一个创新模式，通过其去中心化的特性，为全球用户提供了更加高效、开放、透明、安全的金融服务，特别是对那些传统金融体系服务不足或不可及的地区和人群。

8.5 数字加密货币的隐患

数字加密货币的发展确实带来了技术创新和应用推广的突破，但其作为一种不受传统金融体系和政府约束的资产，面临着以下一系列挑战和风险。

(1) 加密货币市场的匿名性和去中心化特征，虽然为用户提供了隐私保护，但也为不法行为创造了可乘之机。诈骗行为在加密货币领域尤为突出，一些不法分子利用加密货币的匿名性设计复杂的骗局。例如，一些加密货币项目利用过度的市场营销和虚假承诺吸引投资者，一旦收集到足够的资金便消失无踪。初始代币发行（Initial Coin Offering, ICO）项目由于缺乏透明的监管，往往成为欺诈的温床，有些项目通过发布虚假信息或不能实现的开发计划来吸引投资者，造成投资者的重大损失。

(2) 市场上出现的众多虚假代币和山寨币，通过模仿知名加密货币误导投资者。这些代币往往没有实际价值或可靠的项目支持，但却能够吸引不明真相的投资者，造成他们的资金损失。

(3) 加密货币市场相对较小，易受市场操纵的影响。通过大规模买入或卖出，能够对市场价格造成显著影响，这种价格操纵行为对普通投资者极为不利。

(4) 加密货币交易的匿名性还可能被用于非法活动，如洗钱、走私和非法交易等。此外，加密货币交易所和钱包平台存在的安全漏洞也是重大的风险点，黑客攻击和安全漏洞可能导致用户资产的损失。

(5) 加密货币挖矿活动对能源的巨大需求也引发了环境保护的关注。例如，一些挖矿活动因高能耗而对环境造成了不利影响。

为应对这些风险和挑战，各国政府开始采取监管和立法措施。一些国家采取了积极的立法措施，以促进区块链技术的创新和合规应用；而其他国家则对加密货币采取了更为谨慎的监管策略，以防范潜在风险。

尽管存在这些风险，但加密货币仍因其底层技术的可靠性、满足市场需求及代表特定群体的共识和认同而广受欢迎。尤其是年轻一代，他们对数字时代的产物表现出极大的兴趣和热情，将加密货币视为新的投资机会和财富增长的途径。加密货币的发展不仅是技术创新的表现,也是社会和经济结构变革的一部分。

8.6 数字加密货币与元宇宙

视频讲解

基于区块链的加密货币作为元宇宙概念诞生的重要支撑,为元宇宙提供了构建虚拟世界、数字资产交换和治理的基础设施。区块链技术作为一种去中心化、不可篡改的分布式账本技术,通过密码学和共识算法确保交易数据的真实性和完整性。

元宇宙是一个虚拟的数字世界,其中存在大量的数字资产,如数字艺术品、虚拟地产、游戏道具等。区块链技术为这些数字资产的发行、交易和存储提供了可靠的基础设施,确保了交易的透明和安全。例如,以太坊是一个支持智能合约的区块链平台,许多元宇宙项目都是基于以太坊开发的。Decentraland 是一个基于以太坊的虚拟现实平台,用户可以在其中购买、出售和交易虚拟地产,这些交易通过区块链记录,确保了交易的透明性和不可篡改性。

区块链技术在元宇宙中的应用如下。

1. 提供可信赖的交易和管理基础,以及可持续发展的基础设施

在元宇宙中,用户可以通过区块链记录的交易数据来拥有和交易虚拟资产。区块链技术的去中心化和不可篡改的特性使得元宇宙中的交易数据无法被篡改或删除,保障了交易的透明性和安全性。这为用户提供了更可靠的交易环境,同时促进了元宇宙的繁荣和发展。

2. 提供可信任的交易和管理机制

区块链的交易数据被记录在分布式网络的每个节点上,而不是集中存储在单一的中心服务器上。这样做消除了传统中心化平台的单点故障风险,并降低了数据被篡改或删除的可能性,保证了交易的可信性和安全性。

在传统的中心化交易平台中,用户需要信任平台提供商管理他们的交易数据。然而,这些中心化平台可能面临黑客攻击或内部操作失误,导致用户资产的损失。在区块链网络上,交易数据的去中心化存储和加密确保了用户交易的安全和隐私。

在传统的中心化平台上,用户通常需要遵循平台的规则和限制才能管理他们的虚拟资产。在基于区块链的元宇宙中,用户拥有私钥和控制权,可以直接管理自己的数字资产,而无须依赖中介机构。以太坊智能合约是一种在区块链上执行的自动化合约,它允许用户以编程的方式自定义交易规则和条件。例如,用户可以创建一个智能合约以自动化执行虚拟地产的租赁或销售,而无须第三方介入,从而提高了资产管理的灵活性和自主权。

3. 确保网络节点就交易数据达成一致共识

这种共识机制消除了传统中心化平台可能存在的不信任问题,建立了全网用户之间的信任关系。例如,比特币作为区块链的首个应用,采用了 Proof of Work(工作量证明)共识算法,通过节点的竞争来验证和打包交易。这种共识机制使得比特币网络的交易数据具有高度的可信度,因此用户可以放心地参与交易活动。

在元宇宙中,虚拟资产的重要性日益凸显。虚拟资产是数字化的、具有一定价值和意义的资产,涵盖了多个领域,如数字艺术品、虚拟地产、游戏道具等。这些虚拟资产的交易往往以加密货币的形式进行,不仅具有娱乐和文化价值,还在虚拟经济中扮演重要的角色,如数字收藏品的买卖、虚拟土地的交易等。例如,CryptoKitties 是一个基于区块链的游戏,玩家在其中可以购买、繁育和交易的虚拟猫咪。每只虚拟猫咪都是独一无二的,其所有权和交易历史都被记录在区块链上,确保了虚拟资产的唯一性和可追溯性。

虚拟资产在元宇宙中具有广泛的应用场景,它们不仅是虚拟世界的构成要素,还是数字经济和文化产业的重要组成部分。区块链技术为这些虚拟资产的交易和管理提供了高度的安全性和可信度。

加密货币在元宇宙中的应用如下。

1. 与区块链技术共同构建去中心化的虚拟经济系统

加密货币和区块链技术共同构建了一个去中心化的虚拟经济系统,给用户带来了更多自主权和控制权。

去中心化的核心特点在于,交易和管理不再依赖任何单一的中心化机构,而是由网络中的众多节点共同维护和验证。这意味着用户可以直接在虚拟经济系统中管理和控制自己的数字资产,而不需要依赖传统的中心化平台或金融机构。例如,在比特币这样的去中心化加密货币系统中,用户拥有自己资产的私钥,可以独立地控制自己的比特币,不需要第三方的干预。这与传统银行系统不同,后者可能对用户的资产使用施加某些限制。

在传统的中心化平台上,用户的数据和资产通常被平台所拥有和控制。这可能导致用户在某些情况下失去对自己的数字资产的控制权。而在基于区块链的系统(如元宇宙)中,用户的数据和资产是以分布式的方式存储在区块链上的,用户通过私钥对自己的数据和资产拥有完全的访问和控制权。例如,以太坊上的智能合约允许用户创建和管理数字资产,这些资产的所有权和交易历史都被安全地记录在区块链上,使用户能够随时查看和管理这些资产,而不必担心它们被中心化平台控制。

区块链技术通过其加密机制和共识算法确保了交易数据的真实性和完整性。每一笔交易都必须经过网络中的多个节点的验证和共识,这样的机制降低了单一中心化机构操控和篡改交易的可能性,从而提高了交易的安全性和信任度。例如,区块链的不可篡改特性意味着一旦交易数据被记录在区块链上,它就无法被修改,这确保了交易的透明性和公正性。如果一个用户在虚拟世界中购买了一块虚拟地产,那么这笔交易的记录将被永久保存在区块链上,其他用户可以查看这一记录以验证交易的合法性。

加密货币和区块链技术不仅提供了一种去中心化的虚拟经济系统,还为用户提供了更大的自主权和控制权,同时提高了交易的安全性和信任度。这些特性使得去中心化的虚拟经济系统成为一个安全、透明且高效的经济环境。

2. 作为重要的流通和交换手段

在元宇宙这个虚拟世界中,加密货币扮演着至关重要的角色,作为数字资产交易的媒介,它极大地促进了虚拟资产的流通和交换。

加密货币基于区块链技术,拥有不可篡改、去中心化和可追溯等关键特性,这使得它成为元宇宙中虚拟资产交易的理想选择。例如,用户可以使用比特币购买数字艺术品,或者使用以太币在虚拟世界中交易虚拟地产。同样地,其他加密货币也可以用于购买游戏内的道具等。所有这些交易都通过区块链进行记录,保证了交易的透明性和真实性,确保用户能够清晰地追溯到每一笔交易的详细历史信息。

在元宇宙的环境下,虚拟资产的种类繁多,从数字艺术品到虚拟地产,再到游戏道具等。管理和交易这些资产需要一个高效且安全的数字交易媒介,而加密货币提供了一种便利的解决方案。用户可以通过数字钱包进行快速和直接的虚拟资产交易。例如,在一个虚拟现实平台中，用户可以使用以太币购买一块虚拟地产，这些交易通过智能合约自动执行，增加了交易的安全性和有效性，并减少了中间人或中心化平台所带来的潜在风险和限制。

此外，加密货币的使用还鼓励更多用户参与元宇宙的经济活动。这种参与为虚拟经济的发展注入了新的活力，促进了元宇宙的繁荣和发展。以虚拟现实游戏为例，玩家可以通过购买虚拟道具来增强自己的游戏体验。当采用加密货币作为交易媒介时，这些交易不仅变得更加快捷和安全，也激发了更多玩家的积极性，从而推动了整个元宇宙的增长和壮大。

加密货币在元宇宙中的应用不仅为虚拟资产的交易提供了便利、高效和安全的渠道，而且促进了整个虚拟世界的经济活动和发展，使得元宇宙成为一个更加繁荣和活跃的虚拟空间。

8.7 元宇宙典型加密货币应用

视频讲解

以下是元宇宙中的几个著名加密货币应用案例，充分展示了加密货币在虚拟世界中的广泛应用和重要性。

1. Decentraland

Decentraland(MANA)是一个基于以太坊的虚拟现实平台，它为用户提供了一个可以购买、拥有和开发虚拟地产的空间。在这个平台上，用户可以使用特定的加密货币 MANA 购买虚拟土地。这些虚拟地块可以被用来建造建筑、展示数字艺术品或举办各种活动。用户之间可以自由地交易这些虚拟地产，而所有的交易过程都通过区块链技术实现，确保了交易的透明性和安全性。

2. CryptoKitties

CryptoKitties(CKB)是一个流行的基于区块链的游戏，玩家可以在游戏中购买、繁育和交易独一无二的虚拟猫咪。每只 CryptoKitty 都是唯一的，拥有独特的数字遗传特征。这些虚拟猫咪的所有权和交易历史都记录在区块链上。玩家可以使用加密货币进行交易，购买新的猫咪或通过交配繁育出新的特征独特的猫咪。

3. Axie Infinity

Axie Infinity(AXS)是一个基于以太坊的战斗收集类游戏，玩家可以购买、收集并训练名为 Axies 的虚拟生物。这些生物可以参加战斗，玩家通过战斗可以赢得奖励。玩家使用加密货币 AXS 进行 Axies 的购买和其他交易，同时也可以通过游戏内的经济系统赚取收入，使游戏玩家能够在虚拟世界中实现价值的创造和积累。

4. The Sandbox

The Sandbox(SAND)是一个基于区块链的虚拟世界平台，允许用户创造、分享和交易虚拟游戏体验。在这个平台上，用户可以使用加密货币 SAND 购买虚拟土地和游戏道具，并利用这些资源构建和设计自己的虚拟游戏世界。通过 SAND 进行的交易使得用户能够在这个虚拟环境中获得和交换资源，促进了具有互动性和创造性的虚拟社区的发展。

这些案例表明，加密货币在元宇宙中不仅作为交易媒介，还在虚拟经济系统中扮演了至关重要的角色，为用户提供了一个全新的、互动性强的虚拟经济体验。

本章小结

(1) 数字加密货币是一种数字化的虚拟货币,它使用加密技术来保护交易的安全并控制货币的发行和管理,而不依赖中央银行或政府机构。加密货币基于区块链技术,是区块链技术的重要应用领域之一。在数字加密货币与区块链技术的发展历程中,最为重要的是比特币和以太坊,由我国央行发行的数字人民币 DCEP 近年来也已开始在国际支付中产生重大影响。

(2) 以国际公链为基础的数字加密货币具有互联世界的跨境支付、区块链技术的高可信和高效率、交易成本低、可抵御通货膨胀和保值、受 DEFI 的支持等特点,但也存在缺乏监管和规范、匿名性可能导致非法活动、平台存在安全漏洞而易受到攻击和盗窃、加密货币挖矿过程中的能源消耗浪费等问题。

(3) 基于区块链的数字加密货币是元宇宙概念诞生的重要支撑,它为元宇宙提供了构建虚拟世界、数字资产交换和治理的基础设施。元宇宙是一个虚拟的数字世界,其中存在大量的数字资产,如数字艺术品、虚拟地产、游戏道具等。区块链技术为这些数字资产的发行、交易和存储提供了可靠的基础设施,确保了交易的透明和安全。

习题

1. 简述加密数字货币的产生及发展历程。
2. 简述数字加密货币的分类和典型代表。
3. 简述比特币作为一种数字加密货币的发展历程和特点。
4. 简述以太坊作为一种数字加密货币的发展历程和特点。
5. 简述 DCEP 的发展历程和特点,以及它与比特币、以太坊等数字加密货币的区别。
6. 简述基于国际公链的数字加密货币的优势和隐患。
7. 简述数字加密货币及区块链与元宇宙的关系。

数字艺术品

第 9 章
CHAPTER 9

对数字艺术品的设想如下。

在戴上虚拟现实头显后,人们瞬间进入虚拟艺术展览的元宇宙场景中,首先感受到的是一种虚拟世界的魔幻氛围。人们置身于一个精心设计的虚拟展览空间中,四周是绚丽的数字艺术品展示墙,墙上展示着各种类型的虚拟艺术品。

人们开始按照虚拟地图的引导行进,来到虚拟绘画和插画的展区,可以看到一幅幅华丽的数字绘画悬浮在虚空之中。人们可以用手势控制视角,近距离观看艺术家用数字画笔创作的细腻之处。画面中的颜色和光影交织,让人感觉仿佛进入了一个梦幻的世界。

随后沿着虚拟展览空间继续前行,来到 3D 虚拟雕塑的展区,如图 9-1 所示。在这里,人们可以看到一些栩栩如生的数字雕塑作品,以 360°环视感受作品的立体效果。有些作品还带有动画效果,使得雕塑在虚拟空间中呈现出流动的美感,让人感觉仿佛置身于一个神奇的数字雕塑园。

图 9-1　元宇宙艺术馆

继续前行会来到虚拟影像和视频艺术的展区。这里有一些数字影像和视频作品在虚拟展示墙上循环播放。人们可以用手势选择观看不同的影像作品,有些作品是静态的影像,有些则是动态和交互式的视频。人们感受到自己仿佛进入了一个奇幻的数字影像空间,可以随心所欲地观赏不同类型的数字影像艺术。

紧随其后出现的是虚拟现实艺术的展区。人们穿过一扇虚拟门,进入了一个完全不同的虚拟世界。人们可以在虚拟现实空间中自由移动,与虚拟艺术品进行互动。有些虚拟现实艺术作品还带有虚拟交互元素,以此创建虚拟的创意空间。

最后,人们来到了数字音乐和声音艺术的展区。在这里,人们可以听到一些数字音乐和声音艺术作品。音乐和声音环绕在身边,带来了一种身临其境的音乐体验。有些作品还带有交互元素,人们可以用手势控制音乐的音量和节奏,与音乐进行互动,从而增加了艺术品的趣味性。

当人们在虚拟艺术展览中观赏到一幅特别喜欢的数字艺术作品时,可能会对这件作品产生浓厚的兴趣并希望能拥有该作品。在虚拟展览空间中,人们可以通过与艺术家或展览主办方的互动,了解到这幅数字作品的NFT确权信息。人们打开数字钱包应用,可以查找到这件数字作品对应的NFT信息。在NFT上记录着这件作品的唯一标识和所有权信息,以确保这幅数字作品的真实性和独特性。人们可以通过数字钱包对它进行购买,即实现对这幅数字作品的所有权。

在交易过程中,虚拟现实技术确保了交易的安全和透明性。区块链技术记录了交易的每个环节和相应数据,确保了交易的真实性和完整性。这样的交易过程让人们更加放心地完成对这件虚拟绘画作品的购买。完成交易后,这幅数字作品会成为数字资产,人们可以在数字钱包中查看和管理它。同时,这件数字作品也会保留在虚拟艺术展览的元宇宙场景中,供其他观众欣赏和购买。

视频讲解

9.1 数字艺术品分类

元宇宙数字艺术品是指以数字形式存在于元宇宙(虚拟世界)中的艺术作品。这些数字艺术品是基于计算机技术和数字媒体创作的,具有唯一性、不可复制性和可追溯性,通过用区块链技术中的NFT(非同质化代币)确保其唯一性和所有权。每个数字艺术品都与一个独特的NFT绑定,使其成为不可替代的数字资产。

数字艺术品的常见类型如下。

1. 虚拟绘画和插画

虚拟绘画和插画是一种使用数字画笔和绘图软件进行创作的艺术形式,其特点是将传统绘画和插画技术与数字技术相结合,并以图像的形式呈现。

虚拟绘画和插画的创作过程主要依赖数字画笔和绘图软件。数字画笔通常是一个电子式的绘画工具,类似于传统的画笔,但是通过电子设备进行操作。绘图软件则是一种专门用于数字绘画和插画创作的计算机程序,它提供了各种绘画工具和功能,如画笔、颜色调整、图层管理等。

虚拟绘画和插画的创作过程类似于传统绘画,但在数字媒体上进行。艺术家使用数字画笔在绘图软件中进行创作,可以根据自己的创意和想象,运用不同的绘画技巧和风格来完成作品。由于数字绘画可以使用多种绘画工具和特效,因此创作过程会更加灵活和多样化。

虚拟绘画和插画最终以图像的形式呈现。艺术家可以将数字作品保存为图片文件,如

JPEG、PNG等格式,或者以更高质量的格式保存为原始文件。这些数字图像可以在计算机、平板电脑、手机等电子设备上进行浏览和分享。

虚拟绘画和插画相较于传统绘画具有以下特点和优势。

(1) 灵活性。数字绘画工具提供了多种画笔和特效,艺术家可以随意切换,实现更丰富多样的创作效果。

(2) 可逆性。数字绘画过程可以进行撤销和重做,方便纠正错误或调整绘画细节。

(3) 可保存和分享。数字作品可以轻松保存在电子设备上,并通过网络进行分享,方便传播和展示。

(4) 数字绘画可以保存为高分辨率图像文件,可用于打印和展览。

2. 3D 虚拟雕塑

如图 9-2 所示,3D 虚拟雕塑是一种使用计算机生成的 3D 建模软件进行创作的艺术形式,通过数字技术呈现出立体的雕塑效果。它与传统的雕塑创作相比,采用了数字化的工具和技术,使得艺术家可以在虚拟环境中进行雕塑创作,并通过计算机图形渲染技术展现逼真的立体效果。

图 9-2　3D 虚拟雕塑

3D 虚拟雕塑的创作过程主要依赖 3D 建模软件。这些软件是专门用于数字雕塑和建模的工具,艺术家可以在其中使用不同的绘画和建模工具,创建出各种立体形状和结构。3D 建模软件允许艺术家在三维坐标系中进行创作,可以从不同角度观察和编辑雕塑模型。

3D 虚拟雕塑的创作过程开始于艺术家在 3D 建模软件中创建一个空白的雕塑模型。然后,艺术家可以使用各种绘画和建模工具来塑造模型的形状、表面和细节,包括拉伸、缩放、旋转、雕刻、镜像等。在整个创作过程中,艺术家可以随时预览模型的立体效果,并根据自己的创意和想象进行实时编辑和调整。

除模型的形状外,3D 虚拟雕塑还可以添加材质和贴图来增加艺术作品的真实感和细节。艺术家可以在软件中选择不同的材质类型,如金属、石头、玻璃等,并在模型表面添加纹理和图案。这些材质和贴图可以使虚拟雕塑更加生动和具有艺术表现力。

完成虚拟雕塑后,艺术家可以使用计算机图形渲染技术将模型呈现为逼真的图像或视频。渲染过程会对模型进行光影效果的模拟,使其在视觉上更加立体和真实。艺术家可以选择不同的视角和灯光设置来呈现不同的艺术效果。

3. 虚拟影像和视频艺术

虚拟影像和视频艺术是一种使用计算机生成的影像和视频技术进行创作的艺术形式,它充分利用了计算机图形和动画技术及交互式媒体的特点,可以呈现出动态和交互式的效果。

虚拟影像和视频艺术的创作过程依赖计算机生成的影像和视频技术。这些技术涵盖了计算机图形学、动画制作、视频编辑等方面,艺术家可以使用各种专业软件和工具来创作虚拟影像和视频作品。这些技术允许艺术家创造出逼真的虚拟场景、角色和物体,并将它们组合成动态的影像和视频作品。

虚拟影像和视频艺术的创作过程涉及多个步骤。首先,艺术家使用计算机图形技术创建虚拟场景和角色,可以是三维的立体模型,也可以是二维的平面画面。然后,艺术家使用动画制作技术为虚拟角色和物体添加动作,使其呈现出动态的效果。最后,艺术家可以使用视频编辑软件将虚拟影像和动画素材进行组合和剪辑,创建出完整的虚拟影像和视频作品。

虚拟影像和视频艺术作品具有动态和交互式的特点。动态效果是指影像和视频中的虚拟角色和物体可以进行运动和变化,进而呈现出生动的动画效果。交互式效果是指观众可以通过互动手段来控制影像和视频中的虚拟元素,使其根据观众的操作产生不同的响应。这种交互式体验为观众提供了更加个性化和参与式的艺术体验。

虚拟影像和视频艺术在现代艺术中具有广泛的应用场景。它可以应用于虚拟现实(VR)和增强现实(AR)技术中,创造出沉浸式和互动式的艺术体验。虚拟影像和视频艺术也常用于动画电影、广告、游戏等领域,极大地丰富了媒体内容的表现形式和艺术表达方式。

4. 虚拟现实艺术

虚拟现实艺术是一种使用虚拟现实技术进行创作的艺术形式,它将数字媒体和交互技术与虚拟现实技术相结合,让用户可以在虚拟现实环境中进行互动和体验。虚拟现实艺术通过头戴式显示设备、手柄、体感设备等,使用户沉浸在一个虚拟的三维场景中,并使其感觉仿佛置身于虚拟世界之中。

虚拟现实艺术的创作过程涉及多个步骤。首先,艺术家使用虚拟现实软件和工具来设计和构建虚拟世界的场景、角色、物体等元素。虚拟现实技术允许艺术家创建逼真的虚拟场景,并添加交互元素,使用户能够自由移动和操作虚拟环境中的对象。然后,艺术家使用计算机图形和动画技术为虚拟世界中的元素添加动作和运动效果,使其呈现出生动的虚拟体验。

虚拟现实艺术需要使用特殊的设备来实现沉浸式体验。头戴式显示设备是其中最关键的一部分,它通常包含一个高分辨率的显示屏,用户将设备戴在头部后能看到虚拟世界中的场景和元素。除头戴式显示设备外,虚拟现实艺术还可能涉及手柄、体感设备等交互设备,用户可以通过这些设备来操作和控制虚拟环境中的元素,与虚拟世界进行互动。

虚拟现实艺术的特点是让用户能够亲身体验和参与其中。用户进入虚拟现实世界后,可以自由移动和探索虚拟环境,与虚拟世界中的元素进行互动。这种沉浸式的艺术体验使用户感觉真实存在于虚拟世界中,获得更加丰富和全面的艺术感受。

虚拟现实艺术在现代艺术中具有广泛的应用场景。它可以用于创作虚拟艺术展览,使观众能够在虚拟世界中欣赏艺术作品,与艺术家的创意进行互动。虚拟现实艺术还可以应用于虚拟游乐园、虚拟博物馆等娱乐和文化体验场所,为用户带来全新的娱乐和学习体验。

5. 数字音乐和声音艺术

数字音乐和声音艺术是一种使用数字音乐软件和声音合成技术进行创作的艺术形式,以音频的形式呈现。这种艺术形式借助计算机和数字技术,创造出各种独特的声音效果和音乐作品。

数字音乐软件是创作数字音乐和声音艺术的关键工具,包括音频编辑软件、音频合成软件、音序器、音频采样器等。音频编辑软件允许艺术家录制、编辑和处理音频素材,如音乐乐谱、人声、乐器演奏等。音频合成软件则允许艺术家使用合成器生成各种虚拟音乐乐器的声音,创造出多样化的音乐效果。

声音合成技术是数字音乐和声音艺术创作的基础。这种技术通过算法和模拟,生成各种音乐和声音效果。例如,FM合成技术可以模拟不同的乐器音色;物理建模合成技术可以模拟乐器的振动和共鸣效果;采样合成技术可以用真实的音频采样模拟各种声音效果。声音合成技术使艺术家能够在虚拟环境中创造出丰富多样的音乐和声音。

数字音乐和声音艺术的创作过程类似于传统音乐创作,但是在数字环境中进行。首先,艺术家使用音频编辑软件录制和处理音频素材,如录制乐器演奏、录制人声等。然后,艺术家使用音频合成软件创建虚拟音乐乐器的声音,可以调整音调、音色和音量等参数,创造出独特的音乐效果。最后,艺术家可以将各个音频素材和虚拟音乐乐器的声音进行组合和编排,创作出完整的音乐作品。

数字音乐和声音艺术最终以音频的形式呈现。这些音频作品可以保存为常见的音频文件格式(如MP3、WAV等),也可以在互联网上进行在线播放和分享。观众可以通过耳机、扬声器等设备欣赏数字音乐和声音艺术作品,感受其中独特的音乐和声音效果。

9.2 数字艺术品与元宇宙

数字艺术品在元宇宙的应用中至关重要,它们不仅为元宇宙的虚拟环境增添了丰富多样的内容,还推动了这个新兴领域的发展和繁荣。

元宇宙是一个由各种虚拟世界构成的数字空间,其中数字艺术品扮演着重要角色。这些艺术品涵盖了多种形式,如虚拟绘画、3D虚拟雕塑、数字影像和视频艺术等。这些作品不仅为元宇宙带来了视觉和审美上的多样性,还为用户提供了丰富的互动和体验机会。例如,在某个虚拟世界中,用户可以参观由数位艺术家共同创作的虚拟美术馆,欣赏各种独特的数字艺术品。

元宇宙平台还为数字艺术品的交易和收藏提供了极大的便利。通过采用区块链技术和非同质化代币(NFT),每件数字艺术品都可以被赋予独一无二的标识和所有权证明。艺术家可以在元宇宙中创作并展示他们的作品,而收藏家则可以通过购买相应的NFT获得艺术品的所有权。这不仅保障了数字版权,也提高了交易的透明度和可靠性。例如,一位艺术家可以在元宇宙中创作一幅数字画作,并将其作为NFT出售,从而保证其作品的独特性和收益。

元宇宙中的虚拟艺术展览和演出为艺术家提供了全新的展示和表达平台。艺术家们可以在元宇宙中创建虚拟展览空间,让观众通过虚拟现实技术身临其境地感受艺术作品。此外,音乐家和表演者也可以在元宇宙中举办虚拟音乐会和演出,吸引来自全球的观众,打破传统演出的地理和物理限制。例如,一场虚拟现实音乐会可能吸引成千上万的在线观众,为他们带来独一无二的沉浸式音乐体验。

数字艺术品在元宇宙中与游戏内容的融合创造了更为丰富和多样化的游戏世界。游戏开发者可以将数字艺术品融入游戏设计中,作为游戏的装饰、道具或角色形象,从而增强游戏的趣味性和个性。这种艺术与游戏的结合不仅丰富了游戏的视觉和内容,也为玩家提供了更加创意丰富和沉浸式的游戏体验。例如,某款虚拟现实游戏可能允许玩家使用NFT艺术品来个性化装饰他们的游戏空间或角色,增强了游戏的互动性和玩家的参与感。

数字艺术品在元宇宙中的应用不仅为用户提供了丰富的审美体验,还推动了虚拟世界的经济和文化发展,为元宇宙带来了无限的可能性和创新机遇。

9.3 元宇宙数字艺术品的创作

视频讲解

元宇宙数字艺术品的创作、确权和应用是一个涵盖创意、技术和法律等领域的综合过程。该过程不仅体现了艺术家的创造力,而且利用了最新的区块链技术来保护和交易艺术作品。

元宇宙数字艺术品的创作、确权和应用过程的实现步骤如下。

1. 创作过程

元宇宙中的数字艺术品创作是一个高度创新的过程,艺术家们利用各种数字媒体工具创作出独特的艺术作品。这些作品包括虚拟绘画、3D虚拟雕塑、虚拟影像、视频艺术和虚拟现实艺术等。例如,一位艺术家可能使用数字画板和专业绘图软件创作出一幅细致的虚拟绘画,或者使用3D建模软件创造出一个互动式的虚拟雕塑。这些艺术作品不仅展现了艺术家的技术技巧,也体现了他们对虚拟世界的独特见解和创意。

2. NFT确权

创作完成后,艺术家可以选择将其作品转换为非同质化代币(NFT)。NFT作为一种基于区块链技术的数字资产,具有唯一性和不可替代性。这一步骤使得艺术家能够确权并证明其作品的原创性和所有权。NFT的信息被记录在区块链上,确保了信息的透明性和安全性。例如,艺术家可以通过NFT展示和销售一件虚拟现实艺术品,该作品的每次转让都会被完整地记录在区块链上。

3. 元宇宙平台上展示

数字艺术品转换为NFT后,可以在各种元宇宙平台上进行展示。这些平台提供了一个空间,艺术家可以在其中建立虚拟展览馆、演出场地或其他展示空间。观众可以通过虚拟现实头盔进入这些空间,享受一种全新的艺术欣赏体验。例如,在一个元宇宙艺术画廊中,观众可以亲身体验艺术家创造的虚拟世界,并与艺术作品进行互动。

4. 数字版权保护

NFT技术为数字艺术品提供了强有力的版权保护。由于NFT的唯一性和区块链的不可篡改性,艺术家的作品原创性和所有权都会得到确认和保护。当艺术品被买卖时,交易记录被安全地存储在区块链上,保障了交易的透明性和可追溯性。

5. 数字艺术品交易

在元宇宙中,艺术家可以通过 NFT 将其作品出售给收藏家或投资者。这些交易可以在各种元宇宙平台上进行,如通过虚拟拍卖会等。智能合约的使用保障了交易的透明性和安全性,并确保艺术家从其作品中获得适当的收益。

元宇宙中的数字艺术品创作不仅是艺术家创造性思维的展现,还是技术创新和版权保护的结合体。这一过程不仅推动了艺术和技术的融合发展,也为艺术品的展示、交易和保护提供了全新的方式。

9.4　数字艺术品的关键技术

元宇宙数字艺术品的创作和展示涉及以下一系列关键技术,它们共同构成了元宇宙艺术领域的技术基础和创作平台。

1. 数字创作工具的应用

元宇宙中的数字艺术品创作离不开各种先进的数字创作工具。艺术家们使用数字画笔、绘图软件、3D 建模软件和影像处理软件等工具,可以创作出独一无二的艺术作品。例如,艺术家可以使用高级的绘图软件创作出细腻的虚拟绘画和插画,或者利用 3D 建模软件创作立体的虚拟雕塑。这些工具的应用不仅使艺术家的想象成为现实,还大大拓展了他们的创作边界。

2. 虚拟现实技术的运用

虚拟现实技术在元宇宙中扮演着至关重要的角色。它让观众能够通过虚拟现实头盔进入虚拟世界,与数字艺术品进行深度互动。这种技术不仅提升了艺术体验的沉浸感,也使得艺术欣赏变得更加动态。例如,观众可以在虚拟现实艺术展中亲身体验艺术作品,甚至与之进行互动。

3. 区块链技术的重要性

区块链技术,特别是非同质化代币(NFT)的应用,是元宇宙数字艺术品的核心支撑。通过将艺术品转换为 NFT,艺术家能够确权其作品的原创性和所有权。NFT 的信息记录在区块链上,这不仅确保了艺术品信息的透明和安全,也为数字版权提供了保障。例如,一件独特的数字艺术品可以作为 NFT 发行,以确保其独一无二的价值和版权所有。

4. 加密货币支付的便利性

加密货币在元宇宙中作为支付手段,为数字艺术品的交易提供了安全和便捷的途径。艺术家和收藏家可以通过加密货币进行交易,从而简化购买和出售过程。例如,一个艺术家可以直接将自己的作品以加密货币的形式出售,而无须依赖传统的金融机构。

5. 智能合约的应用

智能合约在元宇宙艺术品交易中发挥着关键作用。它作为自动执行的合约,定义了交易的条款,使交易过程自动化、透明和公正。智能合约保障了艺术家的合法权益,并能够自动处理版税和收益分配。例如,艺术家可以通过智能合约销售其作品,合约会自动处理支付和版权转移。

6. 人工智能技术的探索

在元宇宙中,人工智能技术也开始被艺术家用于创作过程。艺术家可以利用 AI 算法生成创意灵感或辅助设计,实现更高效和创新的艺术创作。例如,AI 可以帮助艺术家分析色彩搭配,或者在创作复杂的虚拟环境时提供技术支持。

7. 元宇宙艺术展览与演出

元宇宙平台上的虚拟艺术展览和音乐会为艺术家和观众提供了全新的展示和体验方式。艺术家可以在虚拟空间中搭建展览和演出,而观众可以通过虚拟现实技术参与其中,体验沉浸式的艺术表演。例如,一场虚拟音乐会可能允许观众在元宇宙中与演出者互动,进而创造独特的观看体验。

8. 艺术与游戏的结合

在元宇宙的游戏世界中,数字艺术品可以被用作游戏内容的一部分。游戏开发者可以将艺术品融入游戏设计,如作为游戏场景的背景、角色的装饰或游戏道具,丰富游戏体验的同时提升游戏的美学价值。

9. 虚拟地产的装饰应用

在元宇宙的虚拟地产中,数字艺术品也可用于装饰和美化空间。这不仅增加了虚拟地产的视觉吸引力,还可能提升其在虚拟市场中的价值。例如,一块虚拟土地上的建筑可以被装饰以独特的数字艺术品,以此吸引更多用户的注意。

10. 艺术创作和合作的新机遇

元宇宙为艺术家提供了广阔的创作空间和合作机会。艺术家们可以在元宇宙平台上与来自世界各地的其他艺术家进行合作,共同创作出跨越地域的艺术作品。

元宇宙数字艺术品的创作和展示涉及多种先进技术,这些技术不仅支撑着艺术家的创造性工作,也保障了艺术作品的版权所有和交易安全。通过这些技术的应用,元宇宙成为一个融合艺术、技术和创新的多维空间,为艺术家和观众提供了无限的可能性和丰富的体验。

9.5 典型的数字艺术品平台

视频讲解

目前较为典型的数字艺术品平台如下。

1. SuperRare

SuperRare 是于 2017 年成立的数字艺术品平台,它是基于以太坊区块链的 NFT 市场。SuperRare 受到加密货币和区块链技术的推动,旨在为数字艺术家和收藏家提供一个安全、透明、去中心化的交易平台。在 SuperRare 上,艺术家可以将自己的数字艺术品转换为唯一的 NFT,确保作品的真实性和不可篡改性,从而在区块链上确权。

SuperRare 允许艺术家上传自己的数字艺术作品,并通过智能合约设置作品的交易方式,包括拍卖和直接销售等。这些交易将以以太币(Ether)作为支付方式。艺术家可以从交易中获得收益,而收藏家则可以获得数字艺术品的所有权。

SuperRare 目前处于活跃发展状态,吸引了众多艺术家和收藏家的加入。它成为全球范围内数字艺术品市场的重要一环。该平台不仅是一个交易市场,还为艺术家和收藏家提供了一个交流和展示的社区,促进了数字艺术的创作和推广。

SuperRare 有望继续成为数字艺术品市场的领军平台。随着加密货币和区块链技术的进一步发展,数字艺术品的价值和影响力将持续增长。SuperRare 作为一个去中心化的 NFT 市场,将继续推动数字艺术的发展,为艺术家和收藏家创造更多机会和价值。

2. Nifty Gateway

Nifty Gateway 是于 2018 年成立的数字艺术品和虚拟资产交易平台,它由美国艺术家兄弟 Duncan 和 Griffin Cock Foster 共同创办。Nifty Gateway 的创立背景与加密艺术品市场的兴起和区块链技术的发展密切相关。随着区块链技术的逐渐成熟,NFT 作为数字资产的代表性应用,受到越来越多数字艺术家、收藏家和投资者的关注。

Nifty Gateway 为数字艺术家提供了一个展示、销售和交易其作品的平台。艺术家可以将自己的数字艺术品转换为 NFT,确保作品的唯一性和不可篡改性,然后在平台上进行拍卖或直接销售。交易可以使用信用卡作为支付方式,相较于仅支持加密货币的平台,Nifty Gateway 的这一特性吸引了更多传统金融用户的参与。

作为一个数字艺术品交易平台,Nifty Gateway 定期举办艺术品拍卖和展览活动,吸引了众多收藏家和投资者的关注。这些活动为艺术家提供了更广阔的市场和更高的曝光度,同时也为收藏家和投资者提供了独特的收藏和投资机会。

目前,Nifty Gateway 处于活跃发展状态,成为数字艺术品交易市场中备受瞩目的平台之一。它在数字艺术品市场中扮演了重要角色,推动了 NFT 的普及和元宇宙数字艺术的蓬勃发展。

3. OpenSea

OpenSea(见图 9-3)成立于 2017 年,是一个开放式的 NFT 交易市场。OpenSea 的创立背景与非同质化代币(NFT)的兴起和区块链技术的发展密切相关。随着 NFT 的不断普及,OpenSea 应运而生,为不同类型的 NFT 提供了一个统一的交易平台。

图 9-3　OpenSea 平台

OpenSea 受到加密艺术品市场的热潮和数字资产交易的崛起的影响,旨在使各类 NFT 都可以在同一个平台上进行交易,为数字资产的流通和交换提供了便利。

OpenSea 允许用户上传、展示和交易各种类型的 NFT。艺术家可以通过 OpenSea 上传自己的数字艺术品,并设置价格进行销售。同时,虚拟地产开发者和游戏开发者也可以将自己的虚拟地产和游戏道具转换为 NFT 在平台上进行交易。收藏家和投资者可以通过浏览平台上的 NFT 作品，找到感兴趣的项目进行购买或投资。

作为一个开放式的 NFT 交易市场，OpenSea 的发展状态非常活跃。它是目前全球范围内最大的 NFT 交易平台之一，吸引了大量的用户和交易活动。用户在 OpenSea 上可以找到各种类型的 NFT，从艺术品到虚拟地产、游戏道具等，有十分广泛的选择。

OpenSea 有望继续发展壮大。随着元宇宙概念的普及和数字资产市场的不断扩张，NFT 的价值和影响力将进一步增加。OpenSea 作为一个多元化的 NFT 交易平台，将继续为用户提供一个便捷、安全、开放的数字资产交易环境。随着更多传统行业开始探索 NFT 的应用，OpenSea 有望在未来引领 NFT 市场的发展潮流，为数字资产的交易和流通打造更加繁荣的生态系统。

本章小结

（1）元宇宙数字艺术品是指以数字形式存在于元宇宙（虚拟世界）中的艺术作品。这些数字艺术品是基于计算机技术和数字媒体创作的，具有唯一性、不可复制性和可追溯性。它们使用区块链技术中的非同质化代币（NFT）来确保其唯一性和所有权，每个数字艺术品都与一个独特的 NFT 绑定，使其成为不可替代的数字资产。

（2）数字艺术品包括虚拟绘画、3D 虚拟雕塑、虚拟影像和视频艺术等多种类型。这些虚拟艺术作品丰富了元宇宙的内容和体验，使元宇宙成为一个多样化的艺术创作和欣赏平台。元宇宙为数字艺术品的交易和收藏提供了便利的平台。艺术家可以在元宇宙中创作并发布自己的数字艺术品，而收藏家可以通过购买 NFT 来获得艺术品的所有权，以实现对数字版权的保护和交易的透明性。

（3）元宇宙数字艺术品的创作、确权和应用过程的实现步骤：创作过程、NFT 确权、元宇宙平台上展示、数字版权保护、数字艺术品交易。

习题

1. 什么是元宇宙数字艺术品？它有什么特点？
2. 元宇宙数字艺术品有哪些类型？分别描述其特点。
3. 元宇宙数字艺术品的生命周期有哪些？
4. 元宇宙数字艺术品所涉及的关键技术有哪些？
5. 元宇宙数字艺术品的应用场景有哪些？
6. 简述 NFT 在元宇宙数字艺术品的生命周期中的作用。
7. 简述数字艺术品交易平台在元宇宙数字艺术品发展中的作用。
8. 简述元宇宙数字艺术的几个典型交易平台。

第 10 章

元宇宙教育

CHAPTER 10

对元宇宙教育的设想如下。

在关于太阳系的学习课堂上,"我"戴上了那副晶莹剔透的 VR 眼镜,仿佛置身于一个全新的世界。眼前一片黑暗,但是随着"我"的手势,一个巨大的光球开始慢慢闪现,那是太阳。"我"不禁为它的恢宏和光辉所震撼,似乎瞬间就到了太阳的表面。仰头仔细观察,太阳的表面犹如一个燃烧的火球,涌动着炽热的等离子体,仿佛要将一切都燃烧殆尽。

"我"跟随课程的导引,飞向了太阳系中的行星。第一个是水星,它的表面布满了撞击坑,静静地绕着太阳转动。紧接着是金星,一个火红的世界,它的气温高得让人难以想象。然后是地球,一个美丽的蓝色星球,它是如此的宝贵和脆弱。继续前行来到火星,它是一颗红色的星球,"我"可以清楚地看到它的表面地貌和火山山脉。接着是木星,一个巨大的气态行星,它拥有壮观的大气层和漩涡状的风暴。然后是土星,它的美丽光环令人叹为观止。最后是天王星和海王星,这是两颗遥远的行星,它们的表面看起来冷冷清清却又充满了神秘。

在整个学习过程中,"我"仿佛成为一个宇航员,亲自探索着太阳系的每一个角落。我看到了行星的奇特形态,也深刻地感受到了宇宙的浩瀚和神秘。

现在要学习高速列车的驾驶技术了。"我"戴上了那副智能 VR 眼镜,瞬间就进入了一个全新的世界。"我"发现自己置身于一个宽敞明亮的培训课堂,周围的同学和老师都戴着 VR 眼镜,仿佛我们都进入了同一个虚拟空间。"我"望向前方的大屏幕,看到了一辆高速列车的模型。它是那样庞大和震撼,"我"几乎切身感觉到了它的速度和威力。

"大家好,欢迎来到高速列车驾驶培训课程。"一位虚拟导师走上讲台,声音清晰地传入"我"的耳朵。他解释道:"在这个虚拟培训空间中,我们将学习高速列车的驾驶技术和操作方法。通过模拟真实场景,你们可以体验到驾驶高速列车的感觉。"随着导师的话语,整个培训课堂转变成了一个火车驾驶舱的模拟场景。"我"坐在驾驶席上,周围是一览无余的控制面板和仪器。

"现在,你们可以开始启动列车了。"导师在进行操作指导。"我"按照他的指示,轻轻地推动操纵杆,列车缓缓地启动了。随着列车加速,"我"感受到了车厢里的震动和风声,仿佛置身于一列正在行驶的高速列车中。"我"既紧张又兴奋,全神贯注地盯着控制面板,确保一切正常。导师继续指导着不同的操作,如减速、转向和刹车等。"我"根据他的指示,稳稳地驾驶着列车,体验着高速驰骋的感觉。

"现在,我们要进入隧道。"导师提醒我们。"我"看到前方的隧道越来越近,心里不由得紧张起来。"我"调整好速度和方向,小心地进入了隧道。一瞬间,四周变得漆黑一片,"我"只能依靠仪表盘和导师的指示来驾驶列车。隧道中的声音和震动让"我"感受到了不断涌来的紧张氛围,仿佛"我"正在面对一个真实的挑战。终于,"我"成功地驾驶着列车从隧道中驶出,眼前是一片美丽的风景。"我"松了口气,也感受到了一丝成就感。

经过整个培训后,"我"仿佛成了一名真正的高速列车驾驶员。

"我"对传统国学充满了兴趣,于是"我"又走进了国学课堂。"我"再次戴上 VR 眼镜,瞬间就被带入了另一个时空。"我"发现自己身处一个古色古香的学堂里,四周是古老的书架和书籍,气氛凝重而庄严。"我"抬头一望,只见一位白发苍苍的老者端坐在讲台上,正是"孔子"。他身穿古代的礼服,面容和蔼,目光中透着睿智和温暖。他正在为我们讲授《大学》和《论语》。"我"心中激动不已,这是一个难得的机会,"我"竟然能目睹孔子讲课!"我"静静地坐在座位上,全神贯注地聆听着他的教诲。

孔子说道:"《大学》之道,在明明德。"他的声音庄重而悠扬,"修身齐家治国平天下,要先从做一个有道德的人开始。只有修身,才能齐家,才能治国平天下。"他的教诲深入浅出,字字珠玑,让"我"仿佛看到了一个全新的世界。他用生动的例子和深刻的哲理,阐述着中国传统文化的精髓。在这个虚拟空间里,"我"不仅可以听到孔子的声音,还可以近距离地观察他的神态和手势。"我"仿佛置身于古代学堂中,感受着古人的智慧和真谛。

随着课程的进行,孔子逐步讲解《论语》中的经典章节。他解释道:"学而时习之,不亦说乎?"他告诉我们,学习是一个持续不断的过程,只有不断地学习和实践,才能不断进步。他的话语让"我"深受启发,"我"决心要不断学习,不断成长。整个学习过程仿佛一场华丽的时空穿越,"我"与孔子的距离似乎变得很近,仿佛能够和他面对面交流思想。

"我"沉浸在这种文化氛围中,感受孔子的智慧和教诲带给"我"的启迪。"我"深深体会到,传统文化是如此丰富和珍贵,它蕴含着无尽的智慧和真理。

以上是元宇宙的教学场景设想。虽然这种设想还不能完全实现,但随着元宇宙与教育的深度融合,相信教育将发生天翻地覆的变化。

10.1 教育的任务

视频讲解

教育作为一种社会活动和制度,在人类社会中发挥着至关重要的作用。它不仅是上层建筑的一部分,而且也是推动生产力发展的关键因素。教育的任务涉及多方面,包括文化传承和价值观念的传播、智力和技能的培养、个性化发展等。

(1) 在文化传承和价值观念的传播方面,教育起着至关重要的作用。通过教育,社会能够将历史智慧、文化传统和道德准则传递给下一代,确保这些宝贵财富的持续流传。教育使新一代能够继承和发扬传统文化,并对社会的价值观产生深刻的认识和认同感。例如,学校教育中的历史和文化课程帮助学生了解自己国家和民族的过去,形成对历史和文化的深刻理解。

(2) 教育在培养和发展人类智力和技能方面也扮演着关键角色。它不仅提高人的生产力和创造力,还为社会的科技进步和经济发展做出贡献。通过接受教育,人们获得必要的知识、技能和技术,从而更好地适应社会和生产生活的需求。例如,STEM 教育(即科学、技术、工程和数学教育)培养学生的创新思维和解决问题的能力,这对于推动社会科技发展至关重要。

(3) 教育的核心任务是促进人的全面发展。教育过程不仅关注知识的传授和学科技能的培养,更重视学生的个性化发展。教育应关注学生的思维能力、创新能力、情感和社交能力的培养,帮助他们成为有社会责任感和道德品质的全面发展的人才。例如,通过团队合作项目和社会实践活动,学生不仅学习了知识和技能,还增进了团队合作和社交能力。

教育者(包括国家、政府、教师和家长等)在教育中承担着重要的责任。他们不仅传递知识和技能,还塑造学生的价值观和世界观。例如,国家和政府通过制定教育政策和投入资源,推动教育的现代化和质量提升;家长则通过家庭教育,培养孩子的品德和行为习惯。

受教育者在这个过程中不仅是知识的接受者,还是主动的参与者。他们通过学习适应社会环境,追求个人全面成长。受教育者通过自我探究和实践,积极参与学习活动,发展自己的兴趣和特长。例如,通过参与兴趣小组或课外活动,学生不仅学习了新知识,还培养了兴趣和创造力。

教育在社会发展中起着多重作用,不仅传承文化和价值观,还培养人的智力、技能和个性。教育者和受教育者应共同努力,为社会培养出全面发展的人才,推动社会的持续进步和繁荣。

10.2 教育内容

视频讲解

有关教育的内容,明朝的王阳明曾提出过"明事、明人、明己"之说,如图10-1所示。王阳明的"明事、明人、明己"是一种全面而深刻的个人修养和学习理念,它覆盖了自然科学、意识/心学和社会学等多领域。

图 10-1　王阳明提出的传统教育的内容

1)"明事"——深入了解自然科学

"明事"强调对事物本质和真相的理解。在自然科学领域,这意味着深入学习并掌握自然界的规律和现象,如物理学、化学和生物学等。例如,一个学习物理学的学生不仅要学习公式和理论,还需要理解这些理论背后的自然规律,如引力、动力学和热力学等。通过深入探索和实验,学生能够获得对自然界运作方式的深刻认识和见解。这种对自然科学的理解和认识,不仅提高了个人的科学素养,也激发了对自然世界的好奇心和探索欲。

2)"明人"——探索内心世界和人性

"明人"涉及对人的内心和本性的理解。在意识/心学领域,这包括心理学、哲学和宗教等方面的学习。个人通过反思和内省,关注自己的情感、思想和动机,探索人类心灵和意识的深层次问题。例如,通过学习心理学,学生可以了解人类行为背后的心理动机,识别和理解自己的情感反应和行为模式。在哲学和宗教学习中,学生可以探索生命的意义、人类存在的目的和精神追求。这不仅有助于个人的心灵成长和自我实现,也促进了对人类本性的深入理解。

3)"明己"——认识自身在社会中的地位和责任

"明己"着重于明确个人在现实世界中的角色和地位。在社会学领域,这意味着学习和理解社会结构、社会关系和社会变革等方面。个人需要关注自己所在社会的现状,理解社会运作的机制和问题。例如,通过学习社会学,学生可以理解社会结构如何影响个人的行为和机会,以及如何在社会变迁中找到自己的定位。这种认识使学生意识到自己是社会整体的一部分,有助于理解自己在社会中扮演的角色和承担的责任,为个人的社会参与和贡献指明方向。

王阳明的"明事、明人、明己"理念为个人提供了一个全面的学习和成长路径。它不仅强调对自然科学的深入理解,也关注个人对内心世界的探索和社会角色的认识。这种全面的学习和修养理念,有助于个人成为既了解自然世界又深谙人心,同时能在社会中发挥积极作用的全面发展的人才。

梁启超是中国近代的重要思想家、政治家和教育家,他在其著名演讲"为什么要上大学"中深刻阐述了对大学教育的理解和看法。他提出的"不惑、不忧、不惧"理念,深刻揭示了大学教育的深远目的和意义。

1)不惑——知识与独立思考的力量

首先,梁启超提出了"不惑"的概念,强调学习知识是解惑的过程,即智者不惑。他认为,只有通过学习和掌握知识,人们才能理解事物的本质和规律,从而消除心中的疑虑和困惑。例如,学习历史可以了解社会的发展演变,学习科学可以揭示自然界的运作原理。这种对知识的深入理解,能够使学生拓宽视野、增长见识,同时锻炼独立思考的能力。梁启超强调,这种独立的思考能力是坚定个人信念和立场的基础,使学生能够在复杂的世界中保持清晰的判断和方向。

2)不忧——培养仁心和爱国爱人的情怀

然后,梁启超阐述了"不忧"的理念,即仁者不忧。他指出,心即宇宙,仁者以包容和爱心关怀他人。在大学教育中,梁启超认为培养学生的仁心和对国家、对人民的爱是至关重要的。大学教育应引导学生理解社会的需求和他人的困难,培养学生的同情心和责任感。通过参与社会服务、志愿活动等,学生能够学会关心和帮助他人,从而形成积极向上的品格。

3)不惧——勇于创新和面对挑战

最后,梁启超提出了"不惧"的理念,即勇者不惧。他强调,大学教育应培养学生的勇气和坚定性,鼓励学生勇敢表达自己的观点和信仰,追求真理和正义。例如,学生在学术研究中应敢于提出创新观点,面对外界的质疑和挑战时保持坚定。梁启超认为,勇敢的态度是创新和社会进步的必要条件。只有勇于挑战现状和不断探索新知的人,才能推动社会的发展。

梁启超的这次演讲深刻地揭示了大学教育的真正意义。他的"不惑、不忧、不惧"理念不仅是学术学习的指导原则,更是指引个人成长和社会贡献的哲学思想。通过大学教育,学生不仅获得知识和技能,更重要的是培养出解决问题的能力、仁爱之心和勇于创新的精神。这些品质对于个人的全面发展和社会的进步都具有深远的意义。

教育的内容是多元和全面的,它覆盖了理论认知、技能培养、道德修养和行为规范等多方面,形成了一个综合性的学习体系。

1) 理论认知(明事、明人、明己)

理论认知主要涉及对世界和人类自身的深入理解。"明事"是指对自然界和事物本质的认识,涵盖自然科学领域,如物理学阐述宇宙的运作、化学揭示物质的构成、生物学解读生命的奥秘等。"明人"关注理解人的内心世界和本性,涉及心理学、哲学等领域,如心理学分析人类行为背后的心理机制、哲学探讨存在的本质和道德伦理等。"明己"侧重于个人在社会中的地位,如社会学帮助人们理解社会结构和变化,使个人能够更好地定位自己。

2) 技能培养(工程技术/生产经验)

技能培养强调实践技能和工程技术的学习,包括从古代的手工艺技能到现代的工程技术,如建筑学培养设计和建设能力、农业学传授种植和耕作技术等。生产经验的积累和传承也是教育的重要内容,如学徒制度通过实践学习工匠技艺等。

3) 道德修养(向善的思想与观念意识)

道德修养是教育中不可或缺的部分。它涉及培养个体的道德品质,树立正确的价值观和思想意识。例如,儒家教育强调仁、义、礼、智、信五常,旨在培养个体的道德操守和社会责任感。在现代教育中,通过公民教育、伦理道德课程等,学生学习尊重他人,培养良好的社会行为。

4) 行为规范(向善的社会行为规范)

行为规范关注于个人的社会行为和习惯。教育应培养个体遵守社会规则、尊重他人、积极参与社会事务的行为习惯。例如,学校教育中的课堂纪律和社会实践活动,帮助学生形成良好的社会行为规范。

我国古代教育体系包括四书五经和六艺。四书五经是儒家教育的核心,涵盖了《大学》《中庸》《论语》《孟子》等,教导学生道德和人生哲学。六艺则是古代教育的基础,包括礼、乐、射、御、书、数,涉及礼仪、音乐、射箭、驾驭、书写和算术。

在现代教育体系中,学科分类更加丰富和专业化,包括理、工、农、医、军事、管理、艺术、哲学、经济、法学、教育、文学和历史等。这些学科不仅提供了深入学习的机会,也满足了社会多样化的需求。

教育的内容是全面和深入的,旨在培养个人在理论认知、实践技能、道德修养和行为规范上的全面发展。从古代的儒家经典到现代的多学科体系,教育一直致力于推动个人的成长和社会进步。

10.3 教育的模式

教育模式是教育实践中至关重要的组成部分,涵盖了教育的目标、内容、形式和方法等多个方面。在现代社会,教育模式通常结合了强制性、自发性、选拔性、竞争性等多种特点。

视频讲解

1. 强制性与自发性的结合

强制性教育是指国家或社会对公民实施的义务教育要求。通过法律或规定,确保每个公民都能接受基本教育,如我国的九年义务教育保障了基本教育的普及和均衡。自发性教育则指个人主动参与的学习活动,如成人继续教育、在线学习等。这种教育模式强调个人的主动性和自主学习,使得学习过程更具针对性和积极性。

2. 选拔性与竞争性的结合

选拔性教育通过考试、评估等方式对学生进行选拔,使学生能够根据能力和兴趣进入不同的教育阶段或学校。例如,高考是我国教育系统中一个重要的选拔机制。竞争性教育则是指在学习过程中学生之间产生的竞争,通过竞争激发学生的学习动力和进取心,如各类奖学金的竞争和学术竞赛等。

3. 教育的方式

教育的方式包括文字、语言、行为和实践方式。文字方式(如通过教科书和资料进行学习等)是传统教育的主要手段;语言方式(如口头授课和讨论等)可以促进师生互动;行为方式(如体育和实验课等)通过动作和行为进行教学;实践方式(如实习和项目等)强调学以致用,以提高应用能力。

4. 教育的参与者

教育过程涉及教育组织者、教育者和受教育者三者的互动。教育组织者(如国家、政府和学校等)负责制定教育目标、规划和提供资源,教育者(如教师等)直接参与教学活动,负责指导和评估学生,受教育者则是教育的主体,通过参与教育活动实现个人发展。

例如,一个国家的教育部门可能制定全国的教育政策和课程标准,学校和教师根据这些标准进行教学活动,学生则在这个框架下进行学习和成长。在这个过程中,学生的主动参与和教师的有效指导对于实现教育目标至关重要。

总体来说,教育的模式反映了一个社会对教育的态度和实施方法,它结合了不同的教育理念和实践方法,以满足学生的多样化需求,并促进其全面发展。通过这种多元化的教育模式,学生不仅能够获得知识和技能,而且能够培养独立思考和终身学习的能力。

10.4 元宇宙推动教育变革

视频讲解

元宇宙教育作为一种前沿的教育模式,为教学、学习和培训领域带来了深刻的变革,提供了全新的可能性和体验。元宇宙教育的显著特点如下。

1. 教师角色的转变:更优质的教学资源

在元宇宙教育中,教师的角色由传统的知识传授者转换为引导者和导师。这种转变使得教师能够更多地作为学习的伙伴和引路人。利用元宇宙平台,教师能够接触到全球范围内最优质的教学资源,如虚拟实验室、模拟场景和虚拟演讲等。这些资源使得教学内容更加丰富、多样化且生动有趣,有助于激发学生的学习兴趣和积极性。例如,教师可以在虚拟实验室中演示复杂的科学实验,增强学生的理解和提高参与度。

2. 更形象的教学内容:虚拟现实技术的应用

元宇宙教育通过虚拟现实技术提供更形象、直观的教学内容。学生可以通过身临其境的体验深入历史事件、科学实验或文学作品的世界,极大地增强了教学内容的吸引力和记忆效果。例如,学生可以在虚拟环境中亲历古代历史事件或参与模拟的科学实验,这些体验有助于他们更深入地理解和记忆知识。

3. 更身临其境的仿真培训:职业培训的革命

元宇宙教育在职业培训方面带来了革命性的改变。如图 10-2 所示,通过模拟真实的职业场景,如医疗领域的手术操作或工程领域的设备维修,学生能在虚拟环境中进行反复训练。这不仅提高了学习效率,而且降低了实际操作的风险和成本。学生可以在安全的环境中试错、学习并提高技能水平。

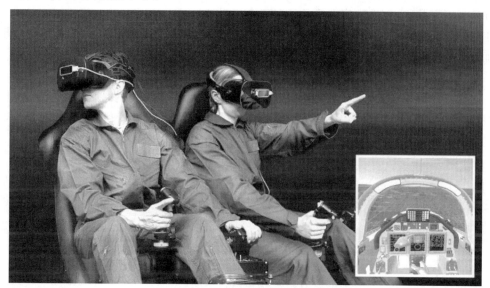

图 10-2 元宇宙仿真培训

4. 更充分的互动体验:师生交互

元宇宙教育提供了更加充分的互动体验。在虚拟环境中,学生能够与教师和其他学生实时交流,参与互动式学习活动,共同探索知识和解决问题。这种互动方式不仅加强了合作能力和团队精神的培养,也提高了学习的积极性和有效性。

5. 更大的学习群体:打破地理限制

元宇宙教育打破了地理限制,使学生能够在互联网上参与全球范围内的教育活动。这样的教育模式让学习群体变得更加广泛,学生可以与来自不同国家和地区的同龄人进行交流和学习。这增加了文化交流的机会,丰富了学习体验,如学生可以与国外的同学一起参加虚拟的国际研讨会或项目,拓宽了他们的国际视野和文化认识。

元宇宙教育通过其独特的特点,为教学、学习和培训带来了新的可能性,为传统教育模式提供了有力的补充,使教育变得更加生动、有效。通过元宇宙教育,学生能够在更加广泛、多样化和创新的环境中学习和成长。

10.5 教育者变革

教育者在元宇宙时代的转变是教育领域的一项重要变革,标志着从传统的知识传授者向多元化的学习引导者和资源整合者的转变。在这个新时代,教育者的职责和角色经历的显著变化如下。

1. 教育者角色的转变

在传统教育模式中,教育者主要扮演着知识传授者的角色,通过课堂讲授、讲解和演示等方式进行教学。而在元宇宙时代,教育者的角色更多地转换为引导者和导师。他们不仅传授知识,更重要的是激发学生的学习兴趣和探究精神。

2. 教学活动的设计

教育者需要根据学生的学习需求和兴趣,精心设计教学活动。他们可以利用元宇宙技术和虚拟现实技术,创造丰富多样的学习环境。例如,历史老师可以通过虚拟现实技术带领学生穿越到历史事件现场,生物老师可以在虚拟实验室中演示复杂的生物实验,使学生能够更加直观地理解和掌握知识。

3. 学习引导与辅导

在元宇宙教育中,教育者的任务不仅是负责传授知识,更重要的是引导学生主动学习。通过提出问题、引发讨论,教育者鼓励学生独立思考,帮助他们发现和解决问题,提高学习的主动性和效果。

4. 学习资源的开发

教育者负责开发和整合各类学习资源。他们运用虚拟实验室、模拟场景、虚拟演讲等,为学生提供形象、直观的学习材料。例如,通过创建虚拟旅行体验,教育者可以使地理课程更加生动有趣。

5. 学习过程的监控与评估

教育者密切关注学生的学习进展,对学生的学习表现进行及时反馈,然后根据学生的反馈调整教学策略,以确保学生能够有效掌握知识和技能。

6. 数字教师的兴起

在元宇宙时代,数字教师作为一种新型的教育资源和工具出现。数字教师是基于人工智能和虚拟现实技术的数字人。这些数字人模拟人类行为、语言和思维方式,提供与真实教师相似的教学体验。例如,数字教师可以在学生难以理解的概念上提供个性化辅导,或者在特定学科上提供专家级的知识和指导。

教育者在元宇宙时代的转变不仅改变了教育模式和学习体验,也为教育的未来提供了无限可能。这种转变不仅增强了学生的学习效果,也为教育者本身的职业发展提供了新的视野。通过这种多元化和高效的教育方式,学生能够在更加广泛、深入的环境中学习和成长。

10.6 数字教师

如图10-3所示,数字教师作为一种新兴的教育技术,在现代教育领域扮演着越来越重要的角色。数字教师的显著特点如下。

1. 个性化教学

数字教师能够根据每个学生的学习需求和兴趣提供个性化的教学。例如,它能够通过分析学生的学习数据(如测试成绩、学习速度和偏好等),为每个学生制订个性化的学习计划。这种个性化的教学方式可以帮助学生在学习路径上取得更好的成绩。

图 10-3　数字教师

2. 互动与反馈

数字教师具有实时互动的能力，可以即时回答学生的问题并提供讲解。它可以通过语音、图像和文字等多种方式与学生交流，提供类似于真实教师的互动体验。例如，在学生遇到困难的数学题目时，数字教师可以立即提供针对性的讲解和示例，帮助学生理解和掌握概念。

3. 跨时空学习

数字教师不受时间和空间限制，能够随时随地为学生提供学习服务。学生可以通过各种设备（如手机或电脑等），随时与数字教师互动。这为学生学习提供了极大的灵活性，使得学习不再受到课堂时间和地点的限制。

4. 情感交流

利用情感识别技术和情感生成算法，数字教师能够模拟出丰富的情感表达，并与学生建立情感连接。它可以识别并响应学生的情感状态（如失望、悲伤等），采取相应的措施，增强学生的学习动力和积极性。例如，当学生感到沮丧时，数字教师可以提供正面的鼓励和支持，帮助学生克服学习障碍。

数字教师的应用前景广阔，它既可以作为学校教学的辅助工具，提供个性化辅导和指导；也可以作为在线教育的主要资源，为远程学习提供高效且便捷的教学服务。数字教师的出现不仅推动了教育模式的创新，也提升了教学质量，为学生提供了更优质、多样化的学习体验。随着技术的不断进步，数字教师将在未来教育领域中发挥越来越重要的作用。

10.7　教学模式变革

元宇宙技术在教学模式变革中扮演了关键角色，为现代教育带来了革命性的变化。这种变革体现了教育对灵活性、个性化和实践结合的追求，致力于更好地满足受教育者的需求。以下是元宇宙在教学模式变革中的应用。

1. 以教育目标为中心的变革

在以教育目标为中心的变革中，元宇宙平台的应用开辟了一种全新的教学和学习方式。

这种方式通过创造沉浸式的虚拟环境,将传统的教学内容与现代技术相结合,为学生提供了更加生动和实际的学习体验。

以数学教学为例,在传统教学中,数学往往被视为一门抽象和理论性较强的学科,学生可能难以理解其在现实生活中的应用。在元宇宙平台中,数学老师可以创造出各种模拟现实世界的场景,如设计一个城市的交通系统、建造一座桥梁或规划一个新的住宅区等。在这些虚拟场景中,学生需要运用他们所学的数学知识来解决实际问题,如使用几何知识来计算桥梁的强度,或者应用代数技能来优化交通流量。

通过这种方式,学生不仅能够看到数学在现实世界中的直接应用,还能通过实际操作来加深对数学概念的理解。例如,在设计交通系统时,学生可能需要考虑车流量、道路宽度和信号灯配置等,这些都需要数学计算和逻辑推理。这种互动性和沉浸式体验使学生能够更好地把握数学的实用性和美感,从而激发他们对学习的兴趣。

此外,元宇宙平台还为教师提供了多样化的教学工具。在虚拟环境中,教师可以轻松地调整场景的复杂度,以适应不同学生的学习进度和理解能力。同时,平台还可以提供即时反馈和数据分析,帮助教师更好地评估学生的学习效果和进步情况。

元宇宙平台在教育领域的应用,尤其是在以教育目标为中心的变革中,不仅为学生提供了更加生动和实际的学习体验,还帮助他们更好地理解和应用学科知识。这种新型的教育模式有望成为未来教育发展的重要方向之一。

2. 以场景为中心的教学变革

以场景为中心的教学变革,尤其是元宇宙平台的应用,正在改变传统的教育模式。这种变革通过创造丰富多样的虚拟学习环境,使得教学内容更加生动、直观,同时也为学生提供了更加深入和全面的学习体验。

以生物学教学为例,传统的教学方式可能依赖教科书、图片和视频来介绍不同的生态系统。但是,这些方法往往无法完全展现生态系统的复杂性和动态变化。在元宇宙平台中,生物老师可以创建一个虚拟的湿地生态系统,让学生亲自"踏入"这个虚拟环境中进行探索和学习。

在这个虚拟湿地生态系统中,学生可以进行一系列的学习活动,如观察不同种类的植物和动物、收集水样进行化验、追踪动物的迁徙路径等。学生不仅能够近距离观察湿地中的生物多样性,而且能够了解生态系统中物种间的相互作用和环境因素对生物的影响。

这种虚拟考察方式还具有以下优势。

(1) 节约实地考察的成本和时间。现实中的湿地考察可能需要大量的准备工作和旅行费用,在虚拟环境中可以随时开展考察而不受地理位置和时间的限制。

(2) 安全地展示现实中难以接触的场景。例如,危险的野生动物或难以到达的地理位置。

(3) 提供可控的学习场景。教师可以根据教学目标和学生的学习进度调整环境的设置,如改变季节、时间或环境条件等,以生动展示生态变化过程。学生通过这种互动式学习,不仅能够加深对生物学知识的理解,还能够提高观察能力、分析能力和批判性思维能力。

以场景为中心的教学变革在元宇宙平台的应用为传统教育带来了颠覆性的改变。它不仅使教学内容更加生动有趣,而且为学生提供了一个更加全面和深入的学习体验。这种新型教育方式有望成为未来教育发展的重要方向之一。

3. 以受教育者为中心的教学模式

在以受教育者为中心的教学模式中,元宇宙平台的应用为个性化学习提供了广阔的可能性。这种模式重视每个学生的独特需求和兴趣,旨在通过定制化的学习体验来激发学生的潜能和创造力。

以音乐课程为例,传统的音乐学习方式可能受限于物理空间和资源,如学生可能无法随时使用各种乐器或参加乐队。然而,元宇宙平台打破了这些限制。音乐爱好者可以进入一个虚拟的音乐教室,这里配备了各种乐器,从钢琴到电吉他,甚至是一些罕见或昂贵的乐器,如大提琴或萨克斯。

在这个虚拟音乐教室中,学生可以自由选择学习任何他们感兴趣的乐器。这种学习方式不仅提供基础的音乐理论教学,而且允许学生通过实践提高技能。例如,一个学生可能在虚拟环境中学习弹吉他,通过模拟的弦乐动作和音乐反馈来掌握演奏技巧。另一个学生可能对打击乐器感兴趣,他可以在虚拟空间中练习鼓点和节奏。

此外,元宇宙平台还能提供虚拟乐队的体验。学生可以与来自世界各地的其他音乐爱好者组成乐队,一起排练和表演。这种体验不仅提高了学习的趣味性,而且促进了学生之间的合作和社交互动。例如,一支虚拟乐队可能包括在中国的吉他手、在美国的鼓手和在法国的键盘手,他们可以一起在线排练,为即将到来的虚拟音乐会做准备。

这种以受教育者为中心的教学模式在元宇宙平台的应用,不仅提供了个性化和多样化的学习机会,而且激发了学生的音乐潜能和创造力。通过模拟真实的音乐环境和体验,学生能够更深入地探索音乐兴趣,同时也培养了艺术欣赏能力和团队合作精神。这种教学模式展示了元宇宙平台在教育领域应用的巨大潜力,为传统教育带来了创新和变革。

4. 教学内容的组织变革

教学内容的组织变革在元宇宙平台上显得尤为突出,因为这种技术打破了地理和物理限制,为教育内容带来了前所未有的灵活性和多样性。在元宇宙中,教学不再受限于传统教室的墙壁,而是可以跨越时空,将全球的专家知识和资源引入学生的学习过程中。

以机器学习课程为例,这是一个高度专业化和快速发展的领域,要求学生不仅要掌握理论知识,还要了解行业的最新趋势和技术。在元宇宙平台上,学生可以接触到由行业专家制作的课程。这些专家可能来自世界各地的顶尖公司和研究机构,他们在虚拟环境中分享最新的研究成果、案例研究和实战经验。例如,学生可以通过虚拟实验室学习如何构建和训练机器学习模型,甚至可以在模拟的真实世界场景中测试这些模型,如自动驾驶汽车的模拟环境。

以数字绘画课程为例,这在传统教育中可能是一个边缘领域,但元宇宙提供了一个独特的学习机会。学生可以参与由著名艺术家亲自指导的课程,这些艺术家可以在虚拟教室中展示他们的技巧和创作过程。学生不仅可以观看这些艺术家的实时演示,还可以与他们互动,直接从大师那里获得反馈和指导。例如,学生可以在虚拟画室中创建自己的数字艺术作品,而艺术家可以在作品创作的各个阶段提供专业的指导和建议。

这种教学内容的组织变革不仅满足了学生的特定兴趣,还提供了实践专家的直接指导,这是传统教育模式难以实现的。学生可以根据自己的兴趣和职业规划选择课程,不受地理位置或物理资源的限制。这种模式不仅提高了学习的相关性和实用性,还激发了学生的学习热情和创造力。

元宇宙平台对教学内容带来的变革体现在其提供无限可能性和无界限的学习环境上。这种新型的教育模式为学生提供了一个更加广阔的学习舞台，使他们能够更加深入地探索自己的兴趣和潜能。

元宇宙在教学模式变革中的应用加强了教育的互动性、个性化和实践性，使得学生能够在一个更加开放、互动和创新的环境中学习，以培养他们的创新能力和解决问题的能力。元宇宙技术通过提供丰富的虚拟体验和灵活的教学资源，为未来教育的发展开辟了全新的路径。

本章小结

（1）教育的本质是一种社会活动和制度，旨在影响和促进人的身心发展。它在人类社会中既是上层建筑，又是生产力的重要组成部分。在教育活动中要特别关注的是教学内容、教学模式和教学活动的三大主体（教学组织者、教师和学生）。

（2）元宇宙带来的教育变革包括更优质的教学资源（教师角色的转变）、更形象的教学内容、更充分的互动、更大的学习群体。同时，教育者的角色正在发生转变，从教学内容的输出者转换为教学活动的组织者。数字教师将成为重要的教学活动参与者，教学组织从以学校为中心转向以教育目标、场景和受教育者为中心。

习题

1. 试结合想象简述元宇宙的教学场景。
2. 简述教育的目的和不同角色对教育的责任。
3. 简述教学活动的三大参与主体和各自的职责定位。
4. 简述从古至今教学内容的发展变化。
5. 简述当今通行的教学模式及特点。
6. 简述元宇宙对教学资源、教学内容带来的变革。
7. 简述元宇宙对教学模式带来的变革。
8. 简述元宇宙对教育者带来的变革。
9. 简述元宇宙对受教育者带来的变革。
10. 简述元宇宙对教学组织者带来的变革。

元宇宙社交

第 11 章

CHAPTER 11

对元宇宙社交的设想如下。

晚餐过后,人们习惯性地坐到书桌旁,穿戴上了最先进的沉浸式虚拟现实设备,准备进行又一次的友情探索,一切美好即将在眼前展开。

人们可以选择进入一个虚拟的度假胜地,置身于一片美丽的沙滩上,阳光洒在身上,海浪轻拍着岸边。人们可以感受到海风的吹拂和沙滩的触感,仿佛真的在一个遥远的海岛上。在这里,人们遇到了来自世界各地的旅行者,一同探索这个虚拟的天堂,分享旅行经历、交流文化、畅谈人生。

然后,人们进入了一个巨大的演唱厅,舞台上的虚拟艺人们正在表演。音乐的节奏令人不由自主地跟着节拍摇摆,周围的人们也都投入其中。人们可以通过手势和动作与其他人互动,创建属于自己的音乐节。这种沉浸式音乐体验带来了全新的交友互动方式,让音乐成为连接人们的桥梁。

接着,人们加入了一个虚拟的教育学习小组,与其他学习者们聚集在一个虚拟的图书馆中,一位虚拟的导师正在讲解知识。人们可以与其他学习者实时互动,提出问题并分享见解。通过虚拟的互动白板,人们可以一起解决问题、讨论课题、共同学习。这种沉浸式学习带来了更深入的教育体验,同时也连接了不同背景的人们。

最后,人们来到了一个虚拟的创意工坊。在这里,人们可以自由地创作虚拟艺术作品,并与其他创作者们分享创意。人们可以通过手势和工具来塑造艺术品,将自己的想象力变为现实;也可以与其他创作者们一起合作,共同创造出一个充满创意和灵感的虚拟世界。

在这些不同类型的沉浸式社交场景中,人们感受到了与现实世界完全不同的互动体验。元宇宙为人们创造了一个充满创意、多样化和无限可能性的社交空间,让人们可以跨越时空,与全球的人们交流、合作、学习、娱乐,创造出一个更加丰富和充实的数字生活。

11.1 社交工具与分类

视频讲解

社交工具是现代社会日常生活中不可或缺的一部分,通过不同的方式帮助人们在虚拟世界中建立和维系人际关系。这些工具根据其面向的群体、社交关系的程度和应用场景的不同,可以被分类为熟人社交、陌生人社交和垂直社交。

(1)熟人社交工具面向已有社交基础的人群。这类工具主要用于在现实生活中已经认识的朋友、家人和同事之间进行沟通和互动。这些工具的目的是帮助人们保持联系、分享生活动态、传递信息和照顾彼此。例如，微信和 Facebook 等社交媒体平台就属于熟人社交工具，它们提供了即时通信、分享照片、发布状态等功能，让人们能够随时与自己已有的社交圈保持联系。

（2）陌生人社交工具面向线上无社交基础的人群。这类工具主要用于扩展社交圈、认识新朋友或潜在的伴侣。例如，陌陌和探探等社交应用就是典型的陌生人社交工具，它们通过匹配算法和用户资料，让陌生人能够在虚拟平台上相识、聊天和建立关系。

（3）垂直社交工具面向特殊应用场景或特定社群的人群。这类工具主要用于特定领域或兴趣群体内部进行社交互动和信息交流。例如，钉钉是一款专注于工作场景的垂直社交工具，它提供了团队协作、文件分享和沟通等功能，有助于企业内部的合作与沟通。蔚来则是面向汽车爱好者和车主的社交平台，让他们能够分享关于汽车的经验、观点和互动。

在所有社交工具中，熟人社交取得了巨大的成功，主要体现在两大熟人社交寡头 Facebook 与微信的成功上。

Facebook 成立于 2004 年，创始人是马克·扎克伯格（Mark Zuckerberg）等，其源于扎克伯格在哈佛大学创办的一个校园社交网站，之后扩展到其他大学和高校。Facebook 独特之处在于，它聚焦于真实身份和社交关系，提供了个人资料、动态分享、好友连接等功能，强调用户间的真实社交关系。在 Facebook 诞生之前，虽然有一些社交平台，但它们并没有很好地解决人们对真实社交关系的需求。Facebook 通过强调真实身份、校园认证等方式，提供了一个更真实、可信赖的社交平台，解决了虚假身份、信息传达不准确等问题。如今，Facebook 已经发展成为全球最大的社交媒体平台之一，拥有数十亿用户。它不仅在社交领域产生了巨大的影响力，还涉足了广告、虚拟现实等领域，成为数字化时代的重要参与者之一。Facebook 的广告平台也为众多企业和品牌提供了一个重要的宣传渠道。

微信是由中国科技巨头腾讯公司于 2011 年推出的一款即时通信工具，后来发展成为一个多功能社交平台。微信的诞生是为了填补腾讯在移动互联网领域的空白，提供一个移动端的社交工具。微信最初只是一个简单的即时通信工具，但随着版本的不断升级，它添加了更多功能，如朋友圈、公众号、小程序等。微信通过整合即时通信、社交分享、支付等多种功能，提供了一个综合性的移动社交平台，满足了用户在移动端的多样化需求。微信在中国拥有数以亿计的用户，成为人们日常社交、支付、信息获取的重要工具。近年来，微信也逐渐扩展到国际市场，提高了腾讯在全球的影响力。微信的支付功能还带动了移动支付的普及，对我国的支付方式产生了深远影响。

陌生社交是一种面向完全陌生人之间的社交形式，虽然在数字时代兴起，但其发展和影响相对有限。这种社交模式存在以下一系列的问题和挑战，导致难以流行。

（1）进入门槛低，信任感低。陌生社交通常以轻松的方式介入，用户可以迅速注册和参与。然而，由于用户之间缺乏真实社交关系，信任感较低，人们在这种平台上可能不愿意分享过多的个人信息和真实信息。

（2）用户留存低，用户迅速向熟人社交转移。由于陌生社交平台的用户间关系薄弱，用户留存率较低。很多人可能会迅速转向更熟悉的社交平台，与真实的朋友和家人进行互动，从而可能导致陌生社交平台的用户活跃度难以保持。

（3）涉黄涉骗问题。陌生社交平台容易被恶意分子利用，涉及色情内容、欺诈活动等。

由于用户间的陌生性,很难进行有效的监管和防范,使得一些不良内容和行为的出现在这些平台上较为普遍。

（4）缺乏社交纽带,难以建立社区。陌生社交难以在用户间建立深层次的社交纽带,因为用户间的关系通常十分薄弱。社交平台的魅力之一是能够让用户在虚拟世界中建立社区和互动,而陌生社交在这方面的优势有限。

11.2 社交工具的商业模式

视频讲解

社交工具的商业模式通常包括流量聚集、商业嫁接和流量变现等关键环节,这些环节共同构成了社交平台的盈利流程。

微信是一个成功的社交平台,其商业模式体现了上述3个环节的典型应用。

1) 流量聚集

微信通过提供即时通信、社交网络、公众号等多种功能,吸引了大量用户。用户在平台上建立个人资料、进行社交互动,如发送消息、分享朋友圈等。微信还提供了各种有趣的互动方式,如表情包、小程序和微信支付等,进一步吸引用户长时间使用。通过这些功能,微信成功聚集了庞大的用户群体,为接下来的商业嫁接和流量变现奠定了坚实的基础。

2) 商业嫁接

微信有了大量用户后,开始吸引商业主体。平台上的公众号和小程序为品牌商和电商提供了与用户互动和展示产品的渠道。此外,微信还提供广告服务,如朋友圈广告和公众号广告等,吸引品牌和广告主在平台上进行宣传。这些商业活动不仅增加了平台的吸引力,还为微信带来了商业合作的机会。

3) 流量变现

在成功吸引了用户和商业伙伴后,微信开始将这些流量转化为收益。平台通过推送广告、提供付费推广服务和电商销售等方式进行变现。例如,微信的小程序和支付功能促进了电商交易,用户可以在平台上直接购买产品和服务。此外,微信还推出了游戏、会员服务和虚拟货币等增值服务,进一步增加了收入来源。

微信的商业模式成功地展示了如何聚集大量用户、吸引商业合作伙伴和转化流量为收益,从而构建了一个强大而多元化的盈利模式。图11-1为微信的收入占比(2021年),可见微信在金融科技及企业服务(如支付)、网络广告和增值服务(如游戏)方面取得了显著收入,这反映了其商业模式的多样性和有效性。通过这种模式,微信不仅为用户提供了丰富的社交体验,也为商业伙伴创造了价值,同时实现了平台自身的经济增长。

微信作为一款多功能社交媒体应用,其商业模式涵盖了多方面,包括金融科技及企业服务、网络广告、增值服务等。

1) 金融科技及企业服务

微信在金融科技领域的发展表现突出。微信支付现已成为我国最流行的在线支付工具之一。用户可以通过微信支付进行各种在线交易,如购物支付、账单支付等,甚至是个人之间的转账。除此之外,微信支付还推出了理财产品,用户可以在平台上购买理财产品,享受便捷的金融服务。而在企业服务方面,微信为企业提供了强大的支持,包括通过公众号进行商业宣传、客户服务等功能。企业可以通过微信公众号发布信息、与客户互动,甚至提供在

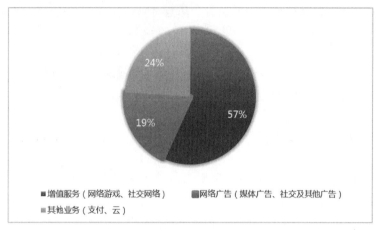

图 11-1　微信的收入占比（2021 年）

线服务，这些功能极大地增强了企业的市场影响力和客户互动能力。

2）网络广告

微信的广告业务是其重要的收入来源。平台在用户的朋友圈、公众号文章底部等位置投放广告，这些广告通常是根据用户的兴趣和行为数据定向推送的。这意味着广告可以更加个性化和精准，而且能够有效地吸引目标用户群体的注意。对广告主而言，这种定向广告方式增强了广告效果，提升了广告的投资回报率。因此，广告主愿意支付更高的广告费用，从而为微信带来了可观的收入。

3）增值服务

微信平台上的游戏业务是其主要收入来源之一。微信不仅是一个社交工具，也是一个游戏平台。用户可以通过微信下载、购买和畅玩各类游戏，这些游戏往往与社交功能紧密结合，如"微信游戏"板块中的多款游戏。微信从中获取收入的方式包括游戏销售、虚拟物品交易等。用户在游戏内购买虚拟物品或服务，微信会从中抽取一定比例的分成，这是其游戏业务的主要收益来源。

4）其他

除上述主要收入来源外，微信还有一些其他收入渠道，包括特殊的商业合作、特定的广告推广活动等。虽然这部分收入占总体比例较小，但它展示了微信在探索多元化收入来源方面的尝试和努力。

微信的商业模式通过多元化的收入来源构建了一个强大且持续增长的商业生态。它不仅提供了用户所需的社交、支付和娱乐服务，还为企业提供了一个强大的商业平台，从而在金融科技、广告和游戏领域实现了显著的收益。

11.3　社交巨头与元宇宙

2021 年 10 月 28 日，Facebook 宣布更名为 Meta，这无疑标志着公司战略方向的重大转变，同时也引发了全球科技和社交媒体领域的广泛关注。该决定不仅是一个简单的名称变更，更是 Facebook 对其未来愿景和战略重心的明确宣示。马克·扎克伯格明确表示，这次更名旨在反映公司正朝着构建"元宇宙"这一全新数字虚拟世界的方向发展。元宇宙作为一个集虚拟现实、增强现实和其他先进技术于一体的概念,预示着数字世界与现实世界将进行更深层次的融合。

在新的命名和定位下,Meta展现了其重塑公司形象并迈向未来的决心。这个更名也可以被视为Facebook对过去几年在隐私和数据安全方面受到的批评的一种回应。通过这种转型,Meta希望以新的身份和愿景重塑公司形象,同时在科技领域开辟新的发展路径。

而在我国,社交媒体巨头腾讯也在积极布局元宇宙相关产业。腾讯提出的"全真互联网"概念,强调虚拟世界与现实世界的深度融合,与元宇宙的理念相呼应。通过收购和战略投资,如对美国的WaveVR和其他虚拟现实技术公司的投资,腾讯在虚拟现实、增强现实技术领域进行了深入探索。腾讯推出的腾讯VR和腾讯云XR等产品和平台,为元宇宙的构建提供了基础技术支持。腾讯还在持续探索虚拟现实中的社交互动、娱乐、教育等应用,致力于为用户创造更加丰富和沉浸式的数字体验。

这两大社交巨头对元宇宙的高度重视和投资,预示着未来社交媒体和技术领域将发生深刻的变化。元宇宙作为一个融合了多种先进技术的新兴概念,不仅为社交互动提供了全新的平台和可能性,也为教育、娱乐、商业等领域带来了全新的机遇。

社交巨头拥抱元宇宙的动机,部分确实源于其希望巩固在中心化社交领域的地位。元宇宙作为一个充满潜力的虚拟数字世界,不仅能够改变社交网络的传统形态,还能为社交巨头们提供一个全新的平台来扩展他们的影响力和用户基础。例如,Facebook更名为Meta,这不仅是一个品牌名称的改变,更是该公司对未来社交媒体发展方向的一种承诺。在元宇宙中,用户不仅能够继续与现有的社交圈进行互动,还能够探索一个更加广阔和多元化的虚拟世界,与来自全球各地的人们进行交流和互动。Meta通过将其强大的技术资源和品牌力量投入元宇宙中,可以吸引更多的用户进入这个新兴的虚拟世界,从而进一步扩大其用户基础。

除此之外,社交巨头还可以利用元宇宙的虚拟环境来推广现有的社交功能。例如,他们可以在元宇宙中创建虚拟聊天室、举办虚拟社交活动,甚至可以模拟现实世界中的社交场景,如咖啡馆、音乐会等,让用户在虚拟世界中体验到真实世界般的社交互动。这样的创新举措不仅能够提升用户体验,增加用户黏性,还能够使用户倾向于在元宇宙中花费更多时间。

同时,社交巨头在元宇宙中的存在还意味着他们可以探索新的商业模式和收入来源。在元宇宙中,社交巨头可以提供虚拟商品交易、数字内容创作等新的服务和功能,为用户创造更多价值,同时也为自身带来新的收益渠道。

社交巨头通过在元宇宙中建立存在、扩展用户群体、提供虚拟社交功能等方式,不仅能够增强其品牌影响力和用户黏性,还为未来的社交模式和商业模式奠定了坚实的基础。随着技术的不断发展和用户需求的不断变化,元宇宙毫无疑问将成为社交媒体未来发展的一个重要方向。

11.4 元宇宙社交

元宇宙的化身功能正引领着社交方式的一次创新革命,尤其是在陌生人之间的社交互动方面。如图11-2所示,在元宇宙中,用户可以通过编辑和定制自己的虚拟化身,以一种全

视频讲解

新的方式表达自己的身份和个性,这种方式在很大程度上超越了现实世界中的物理限制和社会束缚。

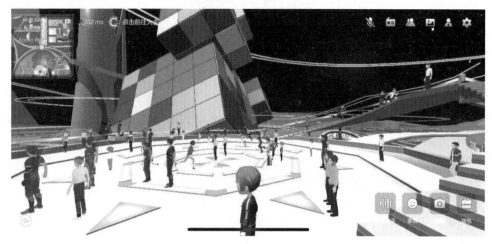

图 11-2　元宇宙社交场景

例如,一个用户可能在现实生活中是一名害羞的学生,但在元宇宙中,他可以创建一个充满自信、穿着奇特的化身。这个化身不仅体现了他内心的自我和潜在愿望,还允许他在虚拟世界中以更加开放和自由的方式与他人互动。用户可以选择化身的外观、服装甚至性格特质,这种自由度使得社交交流更加多元和丰富。

又如,一个平日里相对保守的职业人士,在元宇宙中可能选择一个充满艺术气息的化身,穿着色彩斑斓的衣服,拥有截然不同的外貌。这不仅是一种逃离现实的方式,也是一种探索自我、表达内心世界的途径。在这样的环境中,人们能够更加自由地表达自己,建立起基于共同兴趣和价值观的深入社交关系。

此外,元宇宙中的化身功能还为用户提供了一个安全的空间,以尝试新的身份和社交角色。例如,一个用户在现实生活中不敢尝试的活动,如公开演讲或参加社交聚会,在元宇宙中可以通过化身进行实践和体验。这种体验不仅能够促进个人成长和认知拓展,还能够增强用户对虚拟世界的参与感和归属感。

元宇宙中的化身功能正在改变传统的社交模式,特别是在陌生人之间的交流中。它不仅提供了一种新的自我表达方式,还为用户提供了探索不同身份、拓展社交界限的机会,从而使得社交互动更加多样化、有趣和深入。

元宇宙社交的几种可能趋势如下。

1. 去中心化社交

去中心化的社交模式在元宇宙的背景下正变得日益重要,这种趋势得益于区块链技术的发展和应用。区块链在去中心化社交中扮演了关键角色,因为它提供了一种让用户可以在不依赖传统中心化社交平台的情况下进行交流和数据共享的方式。

例如,在基于区块链的元宇宙社交平台上,用户可以创建个人资料和社交圈子,而所有数据和交互都记录在区块链上。这种方式与传统社交媒体平台不同,后者通常控制着用户数据并能随意使用这些数据进行广告投放或其他商业用途。而在区块链社交平台上,用户的数据属于用户自己,平台无法未经授权访问或使用这些数据。

又如，用户在这类去中心化社交平台上的活动，如发布的帖子、进行的交易或建立的社交联系，都可以通过区块链技术加以保护。用户可以选择哪些信息公开或保密，而且由于区块链的透明和不可篡改特性，用户的隐私和数据安全得到了更好的保护。

此外，去中心化的社交模式还能减少对监管的依赖。在传统的中心化社交平台上，监管的依赖度较高，因为需要防止虚假信息和恶意行为。但在去中心化的社交平台上，区块链的透明性和可追溯性限制了这些负面行为的发生，从而建立了更加开放和公正的社交环境。

去中心化的元宇宙社交利用区块链技术，为用户提供了一个更加自主、安全和透明的社交平台。这不仅有助于保护用户的隐私和数据安全，还鼓励了更多的竞争和创新，有望推动社交活动的良性发展。

2．虚实融合社交

虚实融合社交是当前元宇宙的一个显著趋势，它通过将虚拟世界和现实世界紧密结合，为用户提供了一个更加丰富和沉浸式的社交体验。区块链技术在这一趋势中扮演了关键角色，增强现实（AR）和虚拟现实（VR）技术则为这种融合提供了必要的技术支持。

例如，想象一个使用VR技术的社交平台，用户可以通过佩戴VR头盔进入虚拟社交空间。在这个空间里，他们能够以数字化的形象与其他用户进行互动，参加虚拟派对、音乐会和线上会议。这种体验不仅限于视觉和听觉，随着技术的发展，它还可能包括触觉和其他感官体验，使得虚拟社交活动几乎与现实生活无异。

又如，利用AR技术，用户可以在现实生活环境中通过智能手机或特殊眼镜看到虚拟元素。例如，他们可以在自己的客厅里与远在他国的朋友进行虚拟会面，或者在现实世界的背景中看到虚拟宠物或其他对象。

此外，区块链技术为这种虚实融合社交模式提供了安全的身份验证和信用追溯系统。用户的身份可以通过区块链上的加密技术进行验证，这不仅保护了用户的隐私，还建立了一个可信的社交环境。用户的社交行为和信用记录被记录在区块链上，这些记录是透明且不可篡改的，从而帮助用户树立了可信的信用形象。

虚实融合社交通过结合VR、AR和区块链技术，不仅提供了一种全新的社交方式，还满足了人们对于创新和新奇体验的需求。这种社交模式使用户能够在虚拟世界和现实世界之间无缝衔接，创造了一个更加丰富和沉浸式的社交体验。随着这些技术的不断发展和完善，可以预见虚实融合社交将在未来成为社交领域的一个重要发展方向。

3．场景社交

场景社交是元宇宙社交趋势中的一个重要方向，它通过为用户提供不同的社交场景，实现更具沉浸感和针对性的社交互动。这种趋势的核心在于将社交活动嵌入具体的情景和背景中，从而更贴近用户的真实社交需求和日常生活。

在元宇宙的虚拟办公空间中，用户能够以其数字化形象出现，参加虚拟会议、协同工作或进行项目讨论。这不仅模拟了现实世界的工作环境，还为远程工作的员工提供了一种新的交流和协作方式。例如，一名工程师可以在这个虚拟办公空间中与全球各地的同事一起设计和讨论一个新项目，这种互动方式比传统的视频会议更加生动和沉浸。

在兴趣社交场景中，元宇宙平台可以创建各种兴趣小组或活动空间，如虚拟音乐会、艺术画廊或运动俱乐部等。在这些场景中，用户可以与有相同兴趣的人一起交流、分享和参与活动。例如，音乐爱好者可以在虚拟音乐厅中共同欣赏音乐会，或者参与虚拟乐队的演出。

亲缘场景社交则允许用户在元宇宙中与家人进行更加亲密的互动。例如，分布在不同地区的家庭成员可以在虚拟的家庭聚会空间中相聚，共同庆祝生日或节日，尽管他们在现实世界中相隔千里。

在友情场景中，用户可以和朋友在虚拟空间中参加聚会、游戏或其他活动。例如，一群朋友可以在虚拟的海滩上进行沙滩排球比赛，或者在虚拟的酒吧中享受周末时光。

通过这些不同的场景社交，元宇宙技术为用户提供了一种新的社交方式，不仅能够满足他们的多样化社交需求，还能够为用户带来更加丰富和多元化的体验。随着技术的不断发展，场景社交将进一步推动社交模式的发展，为用户创造出更加生动、有趣和贴近现实生活的社交体验。元宇宙作为虚拟现实与现实世界的交汇点，元宇宙社交的发展前景备受关注，相关企业纷纷涉足这一领域，试图突破传统中心化社交平台的限制，创造更加多元化和开放的社交环境。

11.5 挑战中心化社交平台

元宇宙社交平台面临突破中心化社交平台限制的巨大挑战，其发展方向和创新点非常关键。以下是一些可能的发展路径和实例。

1. 垂直应用的发展

垂直应用的发展在元宇宙社交平台上展现出巨大潜力，主要是因为它能够提供针对特定兴趣和需求的深度互动环境，这是传统社交平台所无法提供的。

例如，在商务领域，元宇宙社交平台可以创造出一个高度逼真的虚拟会议室环境。在这里，远程工作者不仅能通过语音和视频进行交流，还能利用虚拟现实技术进行更加身临其境的协作。同时，用户可以在虚拟空间中共同编辑一个3D模型或进行项目规划。这种互动方式远远超越了传统的视频会议，为远程团队合作带来了新的可能性。

对于艺术爱好者而言，元宇宙社交平台可以提供一个虚拟艺术展览的场景。在这个虚拟展览中，用户可以欣赏到来自世界各地的艺术作品，甚至那些在现实世界中难以一睹为快的稀有或古老艺术品。用户不仅能浏览艺术品，还能与其他艺术爱好者进行交流和讨论，甚至与艺术家本人进行互动，享受一种全新的艺术体验和社交互动。

通过这些垂直应用的发展，元宇宙社交平台能够为用户提供更具针对性和沉浸感的社交体验。它不仅满足了用户在特定领域内深度交流的需求，还为用户带来了新的探索和体验机会。随着技术的不断进步和用户需求的日益多样化，元宇宙社交平台上的垂直应用将继续发展和丰富，为不同领域的用户提供更加丰富和深入的社交互动体验。

2. 数据产权的重视

在元宇宙社交的发展中，对数据产权的重视是一个关键部分。随着区块链等技术的应用，用户的数据安全和隐私保护得到了前所未有的强化。这些技术不仅增强了用户对自己数据的控制，还提高了整个社交平台的信任度。

例如，一个用户在元宇宙社交平台上创建了一个虚拟身份，并参与各种社交活动，如参加虚拟活动、进行数字资产交易等。在这个过程中，他的所有活动数据和个人信息，包括通信记录、交易历史和社交互动，都可以通过区块链技术进行加密和记录。

区块链的关键特性之一是数据不可篡改性，这意味着一旦信息被记录在区块链上，就无法被后期修改或删除。这为用户的社交活动提供了一个安全可靠的记录环境。例如,当用户在元宇宙中进行一项数字艺术品的购买时,这笔交易的所有细节都将被安全记录在区块链上,以保证交易的透明性和不可否认性。

此外,区块链技术还能够确保用户的隐私权。由于区块链的分布式特性,用户的个人数据不再集中存储在某一个中心服务器上,而是分布在整个网络中,因此减少了数据泄露和未授权访问的风险。同时,用户可以控制自己的私钥,决定谁可以访问自己的个人信息和社交数据。

通过对数据产权的重视,元宇宙社交平台不仅提高了用户的参与度和满意度,还为社交媒体的发展提供了新的方向,即在保障安全和隐私的同时提供丰富多样的社交体验。随着区块链等技术的不断发展和完善,可以预见未来的元宇宙社交将更加重视数据安全和用户隐私,从而创造一个更加安全、可靠和用户友好的社交环境。

3. 可信社交的构建

在元宇宙社交平台上构建可信社交是一项关键任务,这涉及如何确保用户身份的真实性和社交行为的可靠性。通过数字身份的建立和信用追溯系统,元宇宙社交平台能够提供一个更加安全和透明的交流环境。

用户在注册元宇宙社交平台时,可以通过数字身份认证系统创建自己的个人资料。这个数字身份不仅包含用户的基本信息,还包括他们的社交历史、信用评分等。这些信息通过区块链技术进行加密和存储,以保证其真实性和安全性。

例如,当用户在元宇宙平台上进行社交互动,如参与讨论、进行交易或发布内容时,他们的行为将被记录在区块链上。这种记录方式不仅保证了信息的不可篡改性,还为其他用户提供了一个透明的参考,帮助他们了解与之互动的人的信用和行为历史。

此外,这种信用追溯系统还可以应用于消费行为。例如,如果一个用户在虚拟商店购买商品或服务,交易的每一个细节都会被记录在区块链上。这不仅提供了一个安全的交易环境,还增强了消费者对商家的信任。

通过构建这样的可信社交,元宇宙社交平台不仅提高了用户间的互信程度,还有助于减少欺诈和不良行为。用户可以更加自信地参与社交活动,他们的隐私和数据会受到充分保护,其社交互动将建立在一个可信的基础上。

通过数字身份的建立和信用追溯系统,元宇宙社交平台正在创建一个更加安全、透明和可信的社交环境。这种环境不仅有利于促进健康和积极的社交互动,还为元宇宙社交的长期发展和普及奠定了坚实的基础。

4. 多元互动的创新

多元互动的创新是元宇宙社交的核心特征之一,这种创新打破了传统社交媒体的局限,为用户提供了全新的体验。在元宇宙的虚拟环境中,用户可以享受到比文字、语音、视频更丰富的沉浸式的互动方式。

在元宇宙中,用户可以参与虚拟旅游体验。例如,用户可以穿戴 VR 头盔,参加一个虚拟的环球旅行团,探索世界各地的名胜古迹。在这个过程中,用户不仅能够看到逼真的景观,还能与其他游客交流,分享旅行体验和见闻。这种虚拟旅游不受物理位置的限制,为用户提供了一个全新的探索世界的方式。

元宇宙社交平台可以提供各种在线游戏体验。用户可以在虚拟世界中创建自己的角色,参与角色扮演游戏、竞技游戏等。在游戏过程中,用户可以与来自世界各地的其他玩家互动、合作或竞争。这种游戏体验不仅增加了社交的乐趣,也为用户提供了一个展现自己技能和个性的舞台。

在元宇宙中,用户还可以体验虚拟音乐会。这些音乐会可以是由真实世界的艺术家在虚拟空间中表演,也可以是完全在虚拟世界中创造的表演。用户可以在这些音乐会中与其他观众一起跳舞、互动,感受音乐带来的共鸣。这种体验超越了物理空间的限制,使得用户不必离家就能享受到现场音乐会的氛围。

通过这些多元互动的创新方式,元宇宙社交平台不仅丰富了用户的社交体验,也拓宽了社交的边界。用户可以在一个虚拟的、无限扩展的世界中探索、学习和娱乐,同时与来自世界各地的人建立联系。随着技术的发展和用户需求的变化,这种多元互动的创新将持续推动元宇宙社交的进步,为用户带来更加丰富和有趣的社交体验。

国内企业正积极探索元宇宙社交领域,寻找新兴市场的发展机会。虽然存在技术、法律和安全等挑战,但随着技术的不断进步和用户需求的变化,元宇宙社交有望实现重大突破。这一趋势预示着未来社交的多元化和创新性,为用户带来更加丰富和有趣的社交体验。元宇宙的发展将带来更多令人兴奋的可能性,也将为社交媒体的未来开辟广阔的新领域。

视频讲解

11.6 典型元宇宙社交平台

以下是一些国外的元宇宙去中心化社交平台。

1. Decentraland

Decentraland 成立于 2015 年,是一个由阿根廷团队开发的虚拟现实平台。它旨在通过以太坊区块链技术创建一个去中心化的虚拟世界,允许用户在其中购买、拥有和开发虚拟土地。Decentraland 的初始概念于 2015 年提出,2017 年进行了首次代币销售,随后在 2020 年正式推出。Decentraland 试图解决中心化虚拟世界的所有权和控制问题,使用户能够真正拥有虚拟土地,并在其中进行自由创作和互动。Decentraland 已经建立了一个虚拟世界,用户可以在其中购买土地、建设场景、举办活动等。其中,虚拟土地的价格会受到市场供需的影响,社区也在不断地创造出各种有趣的内容。

2. Cryptovoxels

Cryptovoxels 成立于 2018 年,由一位名为"Ben Nolan"的开发者创建。它旨在通过虚拟现实和区块链技术创造一个三维的数字城市。Cryptovoxels 的发展始于 2018 年,但直到 2020 年前后才引起了更多人的注意。类似于 Decentraland,Cryptovoxels 试图解决中心化虚拟世界的问题,通过区块链技术确保用户对虚拟土地的真实拥有权。Cryptovoxels 建立了一个三维的虚拟城市,用户可以购买、建设和展示自己的虚拟地块,包括艺术品、互动场景等。

3. Somnium Space

Somnium Space 成立于 2018 年,是一个在以太坊区块链上构建的虚拟现实平台。Somnium Space 在 2018 年开始发展,逐渐引起了虚拟现实和区块链社区的关注。Somnium Space 旨在为用户提供一个充满创造性和互动性的虚拟世界,用户可以购买虚拟土地并在其中进行活动和创作。Somnium Space 已经建立了一个虚拟现实平台,用户可以购买、建设和参与其中的社交、娱乐和商业活动。

4. The Sandbox

The Sandbox 成立于 2011 年,是一个由 Animoca Brands 公司开发的虚拟游乐场,结合了游戏和元宇宙的概念。The Sandbox 的创意始于 2011 年,但直到近年来才开始引起很多关注。The Sandbox 允许用户在虚拟世界中创建、拥有和管理各种元素,解决了中心化游戏平台的所有权问题。The Sandbox 已经建立了一个虚拟游乐场,用户可以创建和体验各种游戏、角色和场景,同时也能够将创造的内容进行交易。

本章小结

(1) 社交工具是现代社会日常生活中不可或缺的一部分,通过不同的方式帮助人们在虚拟世界中建立和维系人际关系。这些工具根据其面向的群体、社交关系的程度和应用场景的不同,可以分为熟人社交、陌生人社交和垂直社交。社交工具的商业模式通常涉及流量聚集、商业嫁接和流量变现等环节,这些环节构成了社交平台的变现流程。

(2) Facebook、腾讯两大社交巨头对元宇宙高度重视。社交巨头拥抱元宇宙的动机:巩固其在中心化社交领域的地位,将其现有的用户群体扩展到新的数字环境中,利用元宇宙的虚拟环境来推广和提供其现有的社交功能,进一步增强其品牌影响力和用户黏性,为未来的社交模式和商业模式打下坚实基础。

(3) 元宇宙社交的趋势是去中心化社交、虚实融合社交、场景社交。对于突破中心化社交平台,元宇宙社交平台可以从以下几个出发点展开:垂直应用、数据产权、可信社交、多元互动。

习题

1. 试结合想象描述元宇宙中可能的各种社交场景。
2. 试比较 3 种不同类型的社交工具及其各自特点。
3. 试分析熟人社交取得巨大成功而陌生社交却止步不前的原因。
4. 查阅资料,简述社交巨头在元宇宙上的布局。
5. 简述元宇宙社交对当前社交平台的影响。
6. 简述区块链技术在元宇宙社交中的主要作用。
7. 如何突破当前社交巨头的中心化垄断局面?应该从哪些点切入?
8. 简述几个典型元宇宙社交平台的特点。

第 12 章 元宇宙直播

CHAPTER 12

对元宇宙直播的设想如下。

人们来到百度希壤元宇宙大厦,这次不再是单纯的参观,而是迎来了一场令人期待的元宇宙音乐盛典。与往常不同,这次的音乐会不再受限于现实的场地,而是在虚拟的元宇宙中举行。

人们走进元宇宙大厦,立即感受到了异常的紧张与兴奋。巨大的屏幕前,虚拟的舞台映入眼帘,舞台上摆放着一台虚拟的乐器,而演出的主角是一位身穿华丽服装的虚拟歌手。屏幕上的人物如同近在眼前的真人,细致的肌肤、流动的发丝,甚至是细微的表情变化,都逼真地展现在眼前。观众们也身着各式虚拟服装,有的化身为炫酷的摇滚乐手,有的则穿着华美的礼服出现,构成了一幅五光十色的虚拟风景。

音乐会开始了,虚拟歌手翩翩起舞,音符在虚拟的空间中飘荡,仿佛凌空飞舞的光斑。选择一个近距离的视角,能够清晰感受每个音符的振动、每个节拍的跳动。虚拟观众们欢呼着,与现实中的音乐会类似,氛围达到了高潮。而更加神奇的是,人们可以随时在元宇宙中切换视角,仿佛置身于舞台上的乐队中间,近距离感受每个乐器的奏响,尽情沉浸在音乐的海洋。

在演出过程中,观众还能够与其他虚拟观众互动,通过虚拟聊天与他们交流,分享着对音乐的热爱和感动。人们一同跳舞、一同欢呼,仿佛真实的朋友一般。而元宇宙中的环境也在不断变幻,随着音乐的变化而变化,创造出一个充满魔幻色彩的虚拟世界。

当音乐会落下帷幕,人们仿佛从一个梦幻的旅程中醒来。这场首次元宇宙音乐会,不仅是对音乐的一次震撼体验,更是对科技的创新和未来的展望。百度希壤与 YY 直播进行合作,将现实与虚拟巧妙地融合,为人们呈现了一个前所未有的音乐盛宴。

视频讲解

12.1 直播的兴起

随着 4G、5G 技术的普及,移动视频应用成为现代生活中重要的一部分。这些应用涵盖了短视频、长视频、点播和直播等多种形式,极大地丰富了人们的日常生活和娱乐体验。

短视频和长视频应用使得分享生活片段、获取信息变得更加便捷和多样化。用户可以通过社交媒体平台轻松拍摄和编辑自己的短视频,将生活中的精彩瞬间分享给世界。而长视频平台则提供了更为广泛的内容选择,如电影、电视剧、纪录片等,满足了用户对高质量视频内容的需求。这些平台不仅拓展了观众的娱乐选择范围,同时也为视频内容创作者提供了展现才华和创造力的舞台。

特别值得关注的是,直播业务在移动视频领域已迅速崛起。直播技术改变了人们的观看习惯和消费方式,使观众可以实时地参加音乐会、体育赛事、电子竞技、在线教育课程等各种活动。这种实时互动的特性不仅增加了休闲乐趣,还使用户能够更深入地参与节目,与主播和其他观众进行互动。

直播的流行改变了传统的信息传递方式。在过去,人们通常通过文字、图片、录制视频等方式接收信息和传递信息,但直播技术的兴起让信息传递变得更加立体和动态。直播的互动性是其最大的魅力所在,观众不再只是被动的接收者,而是能够通过各种互动方式(如弹幕、评论、点赞)实时参与直播,这种方式增加了用户的参与感和沉浸感。

此外,直播还实现了信息传递的双向性。主播可以即时回应观众的问题和反馈,而观众则能通过互动表达自己的意见和想法。这种双向互动不仅提高了信息的传递效率,也增加了观众与内容之间的亲近感和信任度。

随着移动通信技术的发展,直播及其他移动视频应用正不断改变着人们获取信息和享受娱乐的方式。这些应用提供了更加丰富、互动和个性化的视听体验,标志着信息传递和社交互动方式的一大进步。

直播技术的崛起不仅改变了人们的娱乐习惯,而且催生了全新的商业模式,对传统的企业经营方式产生了深远的影响。随着直播平台的流行,越来越多的企业和个人开始利用这一平台进行产品展示、销售推广和品牌宣传。

零售商通过直播平台展示他们的产品已经成为热点应用。在直播中,商家不仅展示商品,还实时回答观众的提问,为消费者提供更加详细和透彻的产品信息。这种方式不仅增加了商品的透明度,也帮助消费者做出更加明智的购买决策。例如,一个服装品牌可以通过直播展示新系列服饰并安排模特现场试穿,消费者可以直观地看到衣服的实际外观和质感,从而促进购买决策。

另外,直播也为企业提供了一种全新的盈利渠道。通过直播销售,企业可以直接与消费者互动,从而增加销售的机会。例如,一家化妆品公司可以在直播中演示化妆技巧并推广产品,观众在观看过程中可以直接通过直播平台购买化妆品。

此外,直播应用也扩展到了教育、健康等领域。例如,在教育领域,讲师可以通过直播平台提供在线课程,学生不仅能实时观看课程,还能与讲师进行互动并提出问题。在健康领域,专家可以通过直播分享健康知识、提供健康咨询,让用户在家就能获得专业的健康建议。

直播技术的应用不仅让消费者能够更加全面和直观地了解产品,还为企业提供了新的营销和销售渠道。随着技术的发展,直播在商业运营中的作用将越来越显著,并为不同行业带来更多全新的机会和挑战。

12.2 直播的商业模式

随着直播业务的兴起,一个全面且综合的商业模式体系已经形成,覆盖了用户模式、产品模式、推广模式和盈利模式,这些模式共同构建了直播业务的完整商业运作框架。直播业务的发展有效地吸引了用户，提供了价值，推广了服务，并实现了盈利。

在直播业务中，用户模式是商业模式的基石。它通过定位目标客户群体，对用户的属性、需求和期望进行深入分析，从而找到并满足他们的具体需求。例如，不同用户群体（如游戏爱好者、年轻妈妈、都市职场人士等）的兴趣和需求各不相同。直播平台通过精确地分析和满足这些群体的特定需求，能够提供更加个性化和有针对性的内容，从而吸引更多用户和保持用户的忠诚度。

在产品模式方面，直播业务需要围绕用户需求设计和提供产品。这意味着直播内容不仅要丰富多样，还要具有解决用户问题或满足其需求的能力。例如，如果用户群体是希望提高个人技能的职场人士，则平台可以提供在线培训和专业讲座；如果用户群体是娱乐追求者，则平台可以提供各种娱乐性质的直播，如音乐会、明星互动等。

在推广模式方面，直播业务的成功在很大程度上取决于其有效地吸引并保持观众的关注。推广模式包括选择合适的渠道和策略，以最有效的方式吸引目标观众。例如，直播平台可能会通过社交媒体、线上广告或与知名人士合作等方式，提高其直播内容的曝光率和观众参与度。

盈利模式是直播业务成功的关键。直播平台可以通过多种方式实现盈利，包括广告、服务费和产品销售等。直播中的广告模式包括插播广告和植入式广告，而服务费模式可能包括虚拟礼物、付费会员制或特殊内容订阅。此外，产品销售模式使得直播平台能够与商品供应商合作，在直播中直接展示和销售商品，从而实现收入。

直播业务的商业模式体系是全面且综合的，它有效地结合了用户需求、产品创新、推广策略和盈利途径。这些元素的有效结合使得直播业务能够在竞争激烈的市场中脱颖而出，为用户提供价值，同时实现商业上的成功。

12.3 网络营销计费与直播电商

在数字化时代，网络营销的计费方式对于广告主来说是至关重要的，它决定了广告主在不同的广告效果下所需要承担的费用。以下是几种常见的网络营销计费方式的实际应用场景。

1. CPA

在CPA(Cost Per Action)模式下，仅在用户完成了特定的行为（如注册、购买商品或填写问卷等）后，广告主才需要支付费用。例如，一家在线教育平台可能会使用CPA模式，仅在用户注册其在线课程后支付广告费用，这样可以确保每一笔花费都对应实际的用户转换。

2. CPS

在CPS(Cost Per Sales)模式下，广告主的支付是基于实际销售数量的。例如，一个电商平台可能会采用CPS模式，广告主只有在其广告引导消费者成功购买产品时才需要付费。这种方式适用于那些期望直接增加销售的广告活动。

3. CPM

CPM(Cost Per Mille)模式是基于广告展示次数进行计费的。例如，一个新品牌可能会选择CPM模式来提升其在市场上的知名度。因为这种方式可以确保品牌广告被尽可能多的人看到，从而提升品牌曝光度。

4. CPT

CPT(Cost Per Time)模式是按时间段进行计费的广告模式。该模式适用于需要在特定时间段内进行集中宣传的广告。例如,一个即将上映的电影可能在电视台或者在线视频平台使用 CPT 模式,在黄金时段播放宣传片。

5. CPC

CPC(Cost Per Click)模式是按点击次数进行计费的。例如,一个搜索引擎广告可能会采用 CPC 模式,因为这种方式能确保广告主仅为用户实际点击其广告的行为付费。

在直播电商领域,随着知名人物(如俞敏洪、罗永浩等)的加入,这一商业模式得到了迅速发展和普及。这些知名人物利用其个人影响力和粉丝基础,吸引了大量观众观看他们的直播,并推动了产品销售。他们的参与不仅增加了消费者对直播电商的信任,还使得购物体验变得更加生动、真实和有趣。例如,当他们在直播中亲自试用和推荐产品时,观众能够直观地看到产品的实际效果,从而更容易被说服进行购买。此外,他们的直播通常包含互动和娱乐元素(如幽默的谈话和互动游戏等),使得观众在享受购物体验的同时也能获得乐趣。

12.4 直播平台与应用

直播平台作为一种新型的在线互动媒体,在当今数字时代发挥着越来越重要的作用。这些平台不仅提供了实时视听内容的观看机会,还融入了直接的互动社交元素,让用户体验更加直接的参与乐趣。

以直播平台(如斗鱼、熊猫或 YY 等)为例,它们专注于提供实时直播体验。用户可以在这些平台上观看主播进行游戏直播、才艺展示或娱乐节目的表演。同时,用户可以通过送礼物、实时评论和点赞等方式与主播及其他观众进行互动。这种即时的互动不仅为观众带来了乐趣,也为主播提供了收益来源。

传统视频网站(如优酷、爱奇艺、乐视等)也开始融入直播元素,以适应用户多样化的观看需求。这些平台虽然以提供影视作品为主,但通过加入直播功能,用户可以观看更多类型的节目(如现场活动直播或特别节目等),满足了不同用户的兴趣需求。

新生代视频网站(如 Acfun and Bilibili 等)更加重视用户创作和互动。这些平台不仅提供传统的影视内容,还鼓励用户发布自己的视频作品,形成一个活跃的社区。用户可以通过发布、评论和分享视频内容进行互动,使得观看体验更加多元和社交化。

短视频应用(如秒拍、快手、抖音等)以时长短、轻松的视频内容为主。用户可以方便地发布自己的短视频作品,通过互动功能(如点赞、评论等)与其他用户建立联系。这些平台虽然与传统直播有所不同,但也为用户提供了实时社交互动的机会。

直播的各种应用形态也非常广泛。例如,音乐演唱会可以通过直播平台实时传输,让无法现场参加的观众也能享受到演出。企业会议、学术研讨会等可以利用直播技术,将会议内容实时传达给全球观众,节省时间和成本。在教育领域,直播平台被用于开设在线课程,为学生提供灵活的互动式教学体验。电商直播则将商品展示与在线购物相结合,增加了购物的趣味性和便利性。在制造业和农业领域,直播也被用于展示生产流程或农田管理,提高了消费者对产品和食品生产过程的了解。

直播作为一种创新的互动媒体形式，不仅拓展了观众的娱乐选择，还为各行各业的发展带来了新的机遇，为人们提供了更多实时互动和体验的可能性。直播平台的多样化应用正在不断演进，为用户创造更加丰富和有趣的体验。

12.5　元宇宙直播

元宇宙直播的出现带来了一场媒体领域的革新，尤其是在沉浸体验方面的突破。这种新型直播方式通过技术手段，为观众提供了一个全新的虚拟现实体验，极大地拓展了直播的边界。

以 YY 直播、百度 App、好看视频和希壤合作推出的 3D 沉浸式元宇宙演歌会《超能音乐汇》为例，这场演歌会在社会上引发了广泛的热议，并在网络上成为热搜话题。在这样的元宇宙直播中，观众通过虚拟现实技术被带入一个虚拟的现实世界，打破了传统直播的空间限制。与传统直播只能通过屏幕观看不同，元宇宙直播让观众能够仿佛身处演出现场，与表演者近距离互动，提供了一种全新的沉浸式观看体验。

此外，元宇宙直播还为观众提供了更加丰富的参与方式。观众不是被动观看，而是通过虚拟角色在元宇宙中自由移动，从而选择不同的视角、与其他观众或艺人进行互动。这种互动性极大地提高了观众的参与感和体验感，使观众由单纯的观看者转变为演出的一部分，增加了演出的趣味性和互动性。

同时，元宇宙直播还为演出创意和可能性提供了更大的空间，如图 12-1 所示。在虚拟的元宇宙环境中，艺人和制作团队可以不受现实世界场地和物理限制的约束，创造出更加奇幻和震撼的舞台效果。这种新型的演出形式为观众带来了视觉和听觉上的双重盛宴，让他们体验到了前所未有的演出效果。

图 12-1　元宇宙直播场景

元宇宙直播作为一种创新的媒体形式，不仅改变了观众的观看习惯，还为艺术表演和娱乐活动带来了新的发展空间。这种全新的直播方式通过提供沉浸体验、丰富的互动性和创新的演出形式，为观众带来了独特的观看体验，同时也为内容创作者提供了更多的创意空间。

元宇宙直播带来的变革可分为以下几方面。

1. 创新的虚实场景

元宇宙直播的兴起标志着一场重大的媒体变革,特别是在虚实场景应用方面的创新,为直播体验带来了前所未有的深度和多样性。这种变革不仅增强了直播的娱乐和互动性,还推动了整个行业向着更高的创新水平发展。

在传统直播中,节目的场景往往受限于现实世界的物理和地理限制,选择和创造性相对有限。然而,随着元宇宙概念的兴起和技术的发展,直播开始在虚拟世界中呈现出更多彩的可能性。例如,元宇宙直播场景可以是完全由真实场景构建的,也可以是纯粹虚构的创意空间,还可以是真实世界与虚拟世界的结合。

这种虚实结合的场景应用为直播带来了以下多方面的优势。

(1) 增强直播的创意和娱乐性。

主播可以在虚拟环境中创造出奇幻世界,展示令人惊叹的视觉效果,例如,在太空中进行直播,或者在虚构的魔法城堡中讲述故事。这种创意场景不仅吸引了观众的注意,还大大增加了节目的娱乐价值。

(2) 扩展直播的内容领域。

由于不再受限于现实世界的场地限制,因此主播可以创造出各种类型的节目内容,从而满足更广泛的观众需求。例如,制作虚拟旅游直播,让观众在家中就能体验到世界各地的风土人情;或者创造一个虚拟时尚秀场,展示最新的时尚趋势。

(3) 为观众提供丰富多样的观看体验。

观众可以在这些虚拟环境中与主播进行互动,探索不同的虚拟情境和场景,获得更多的娱乐和享受。这种观看体验远远超出了传统直播的范畴,让观众可以更加深入地体验和参与直播内容。

元宇宙直播的虚实场景创新为直播行业带来了新的生机和发展机会。它不仅增强了直播的娱乐性和创新性,还为观众提供了一种全新的、更加丰富和沉浸式的观看体验。

2. AI 虚拟主播

在元宇宙直播带来的变革中,AI 虚拟主播的应用无疑是最为革命性的一环。这一创新充分利用了人工智能技术的多方面,如语音合成、图像处理、机器翻译等,使得虚拟主播成为直播平台的一支新兴力量。通过 AI 虚拟主播,直播内容的制作和传播方式经历了根本性的变化,为观众带来了全新性、多样化、智能化的体验。

AI 虚拟主播的能力不容小觑。它们通过先进的人工智能技术模仿人类的语音、肢体语言和表情,达到了高度真实的主持和播报效果。这意味着无论是新闻节目、娱乐节目还是教育内容,AI 虚拟主播都能胜任,且不受时间和地理限制。例如,一些新闻直播平台已经开始利用 AI 虚拟主播来播报新闻,这些虚拟主播可以不间断地工作,提供 24 小时不停歇的新闻更新。

利用机器翻译技术,AI 虚拟主播能够实时将播报内容翻译成多种语言,这使得全球观众都能观看并理解节目内容。例如,一个国际新闻频道可以通过 AI 虚拟主播,将即时新闻以多种语言呈现,从而触及更广泛的国际观众。

AI 虚拟主播的自动输出和观众互动功能,使得直播的制作流程变得更加高效。例如,在娱乐直播中,AI 虚拟主播可以根据预先编写的剧本自动生成语音和视频,甚至在直播中与观众进行实时互动,如回应弹幕、评论等,这大大增强了直播的参与感和互动性。

AI 虚拟主播的出现,在元宇宙直播中掀起了一场媒体技术的革命。它不仅为直播内容的制作和传播提供了更多可能性,还极大地提升了观众的观看体验。通过这些技术,直播平台能够实现更加智能化、高效化的运营,为媒体行业的发展带来新的动力和方向。

3. 互动游戏与社交

元宇宙直播将直播间变成了一个互动游戏和社交的空间,这一变革彻底改变了观众与直播之间的互动方式。在这样的直播环境中,观众不是被动的接收者,而是积极的参与者,能够参与各种互动游戏和社交活动。

例如,B 站 UP 主"修勾夜店老板"创造的"云蹦迪"直播。在这个直播间中,观众可以通过发送弹幕命令创建带有独特 ID 的柴犬形象,并使其在虚拟的舞池中蹦迪。这种创意互动游戏不仅提供了观众在虚拟场景中蹦迪的新体验,还促进了观众之间的社交互动。观众通过自己的虚拟形象与他人互动,增强了直播的趣味性和参与度。

除了 B 站外,其他平台(如抖音、快手等)也开始推出类似的互动游戏和社交活动。例如,观众可以参与虚拟广场舞、模拟挤地铁、战地塔防等活动,这些互动不仅提供了娱乐体验,还加强了观众间的社交联系。观众的虚拟形象也十分多样化,包括头像图标、蘑菇头表情包、3D 动漫角色等,这些多样化的形象选择进一步增加了互动的趣味性和个性化体验。

这种基于直播间的互动游戏和社交活动丰富了直播内容,使得直播不再是单向的传播,而是成为了一个多元互动的平台。观众能够通过参与直播活动与其他观众和主播进行互动,共同创造出更加丰富多彩的直播体验。这种元宇宙直播的变革不仅拓展了媒体互动的新形式,也为直播行业带来了新的发展机遇和创意空间。

12.6 元宇宙直播商业模式

元宇宙直播的商业模式正引领着媒体行业的一场变革,这种模式通过整合游戏、互动和社交元素,创造了一个全新的媒体生态系统。这种模式建立在"内容+社交"的核心理念上,通过直播间内的多元化变现途径实现盈利。

1. 核心吸引力在于高质量、沉浸式内容

直播内容不仅包括虚拟世界的探索和游戏挑战,还包括各种形式的社交互动,从而提供了独特的娱乐体验。例如,观众可以参与虚拟现实音乐会,体验电子舞蹈派对,甚至在虚拟环境中进行角色扮演游戏。这些体验超越了传统直播的局限,为观众提供了全新的互动方式。

2. 社交互动特色

观众可以在直播过程中与主播及其他观众实时互动,通过弹幕、点赞、评论等方式参与直播。这种交流方式极大地提高了观众的参与感,同时也扩大了用户群体。这种互动不仅是简单的观看,还包括在直播中与其他观众进行游戏竞技或参与讨论,从而增加了直播的趣味性和互动性。

3. 以多种途径实现盈利

直播间内的礼物打赏是常见的一种盈利方式,观众可以通过购买虚拟礼物来支持他们喜欢的主播。此外,与产品销售商的合作也是一个重要的盈利渠道。通过在直播过程中展

示和推荐产品,平台可以引导用户进行购买,从而实现销售收入。

近年来,随着技术的快速发展,越来越多的科技巨头开始投入元宇宙直播领域。例如,快手的"V-Star 虚拟人计划"通过创造独特的虚拟主播,为用户带来全新的娱乐体验。字节跳动的虚拟人物品牌 A-SOUL 和 Pico VR 一体机结合虚拟现实与直播,提供了更加沉浸的互动体验。淘宝则在电商领域内探索元宇宙直播的创新,通过引入虚拟主播和虚拟场景,创造了多样化的购物环境。

元宇宙直播的商业模式通过内容创新、社交互动设计和多元化的变现策略,为用户提供了高质量且独特的互动娱乐体验,并实现了商业上的盈利。

本章小结

(1) 在移动视频业务中,直播业务的发展引人瞩目。通过直播,人们可以实时观看各种内容,包括音乐会、体育赛事、游戏比赛、教育课程等。这种实时互动的特性让用户能够更深入地参与其中,与主播或其他观众进行互动,增加了乐趣和参与感。直播之所以如此受欢迎,主要是因为其与生俱来的互动性。直播的兴起催生了新的商业模式,颠覆了传统的企业经营方式。越来越多的企业和个人开始利用直播平台进行产品展示、销售推广、品牌宣传等活动。

(2) 直播业务的商业模式是一个综合性的体系,涵盖了用户模式、产品模式、推广模式和盈利模式。这些模式共同构建了一个完整的商业运作框架,使直播业务能够有效地吸引用户、提供价值、推广服务并实现盈利。直播电商是近年来在电商领域异军突起的一种商业模式,其与传统电商的不同之处在于,它将线上购物和线下互动相结合,通过实时直播的方式向消费者推销产品。

(3) 元宇宙直播的出现带来了一场前所未有的媒体变革,主要体现在沉浸体验、更丰富的参与方式、虚实场景的创新应用、AI 虚拟主播的革命性应用、基于直播间的互动游戏与社交等方面。元宇宙直播作为一个融合了游戏、互动和社交元素的创新媒体形式,具备独特的商业模式,主要通过直播间内的多元化变现途径来实现盈利。这种商业模式可以被概括为"内容+社交"。

习题

1. 简述直播业务的发展历程和特点。
2. 简述直播业务的商业模式组成。
3. 简述直播电商的兴起过程和特点。
4. 简述元宇宙直播带来的变革。
5. 查阅资料,简述当前各类知名直播平台的特征。
6. 简述元宇宙直播的商业模式。
7. 简述相关互联网平台在元宇宙直播商业上的探索。

第 13 章 元宇宙城市规划

CHAPTER 13

城市的出现和发展是人类文明进步的重要标志,反映了社会、经济、文化等多方面的综合发展。自最初的聚落到现代化大都市,城市经历了一个长期而复杂的演变过程。在这一过程中,城市的形成和发展受到了人口增长、社会结构、经济活动和技术进步等多重因素的影响。

在数字化和虚拟技术领域,元宇宙作为一种新兴的概念和技术,开始在城市规划和管理中显示出其独特的价值和潜力。元宇宙提供了一个三维、交互式的虚拟环境,这对于城市规划来说是一个重大的创新。通过元宇宙技术,城市规划者能够在虚拟空间中模拟和预测城市的发展,这样的模拟不仅更直观,也更具有互动性,可以更准确地评估规划决策的影响。

13.1 城市的形成

人类社会的发展历程与城市的兴起和演变密切相连。人类最早以狩猎采集为生,过着游牧生活。然而,随着农业的发展,人们开始在肥沃的土地上定居,种植粮食和养殖动物。这些定居点多位于河流、湖泊等水源附近,以便于灌溉和日常用水,逐渐形成了农村聚落。随着农业的不断发展,产生的剩余粮食推动了人口的增长和社会分工的产生。逐渐地,一些人开始从事手工艺、商业和其他非农业活动,社会组织和职业结构日益多样化。

在这些聚落中,交换活动和资源共享的需求促进了经济的多样化和专业化。这些社会经济活动的集中,加之对交易和文化交流的需求,使得一些农村聚落逐渐发展成为城市。城市成为贸易、手工业和文化活动的集中地,拥有较大的人口规模和更多的社会机构,如市场、宗教场所、政府机构等。城市不仅成了商业和手工业的中心,还成了文化传承和知识交流的重要枢纽。

工业革命在城市化进程中扮演了举足轻重的角色。18世纪末到19世纪初,工业革命导致了大量人口从农村涌向城市以寻求工作机会。城市成为工厂、矿山等工业生产的基地。随着时间的推移,城市不断扩张,其功能和角色也变得越来越多元化,涵盖了各种社会、文化、经济层面的活动。现代城市不仅是经济枢纽,还是文化、政治、科技创新的重要场所。

现代城市的复杂性体现在多方面,如图13-1所示。城市拥有庞大且多样化的人口,集聚着不同文化、种族和宗教背景的人们。人口密度的增加带来了各种挑战,包括住房、交通、就业等基础设施问题。城市经济活动的多样性形成了复杂的经济网络,包括各种产业、服务和商业机会。此外,城市需要大量的基础设施来满足居民的生存需求,如交通系统、供水供电设施、通信网络等。同时,城市还面临着环境污染、资源短缺和气候变化等挑战。由此可见,维护城市的可持续性是一项复杂的任务。

图 13-1　现代城市的复杂性

城市内部社会和文化的多样性也为城市治理带来了挑战。不同社会群体和文化的交汇使得社会关系和互动变得复杂。此外,城市治理还涉及安全、卫生、教育、就业等多方面的问题。这些问题需要政府、社区和市民共同努力,才能得到有效解决。

在这种复杂的背景下,城市规划变得尤为重要。有效的城市规划需要考虑到城市的多样性、人口需求、经济活动、环境可持续性等多方面。这不仅是一项技术挑战,更是协调社会、经济和环境政策的挑战。随着科技的发展,尤其是数字技术和元宇宙技术的进步,城市规划和管理的方法和工具将不断革新,为解决城市所面临的挑战提供更多可能性。

13.2　城市的规划

城市规划作为一种系统性方法,旨在满足人们的需求并促进城市的可持续发展,对于合理安排城市空间布局和资源分配至关重要。城市规划的重要性不仅体现在优化城市空间布局、降低交通拥堵和避免资源浪费上,而且在规划基础设施、促进社会和谐、保护环境和增进经济发展上都发挥着关键作用。

合理的空间布局可以确保城市中的各种功能区域得到合理分布,以减少资源的浪费。例如,通过合理规划,住宅区、商业区和工业区可以得到合理安排,使城市运转更为高效。基础设施规划(如交通系统和供水供电网络的合理布局等)对于确保城市正常运转至关重要。合理的空间布局不仅有助于提高城市居民的生活质量,也对城市的经济发展影响深远。

环境保护和可持续性是当今城市规划中不可或缺的一部分。合理利用土地和水资源,规划绿色空间和可持续建筑,是推动城市可持续发展的重要举措。例如,通过引入绿色建筑和雨水收集系统,城市可以在提高居民生活质量的同时,减少环境的负担。

社会和谐是城市规划的另一个重要目标。通过创造良好的社区环境和提供充足的公共空间,合理的城市规划可以促进居民间的社交互动,增强社区凝聚力。公园、广场和社区中心等公共空间是促进社会和谐和文化交流的重要场所。

经济发展和创新也是城市规划的重要组成部分。合理的城市规划可以为创新产业提供必要的空间和环境,吸引投资和人才,推动经济发展。例如,通过规划科技园区和创业中心,城市可以成为创新和商业活动的热点。

城市规划的历史悠久,从古代文明(如古埃及的底比斯、古希腊的雅典等)的道路和市政建设,到工业革命后的城市扩张和现代化,城市规划一直在不断发展和演变。19世纪的城市美化运动,如芝加哥世博会和纽约中央公园等,无不体现了对城市景观和公共空间的重视。20世纪初,随着城市化的加速,城市规划学作为一个学科逐渐被建立。包豪斯学派、美国芝加哥学派等对城市规划的发展产生了深远影响。

到了21世纪,城市规划面临着全球化、气候变化、人口老龄化等新挑战。技术创新、数字化和智能化的融入,使城市规划更加智慧和灵活,能够更好地应对城市问题和挑战。新概念(如可持续城市、智慧城市、适应性城市等)正在成为城市规划的新趋势。通过这些新概念和新方法,城市规划将不断推动城市的创新和发展,为实现更加宜居、可持续和智慧的城市环境而努力。

13.3 数字技术与城市规划

在现代城市规划中,数字技术发挥着至关重要的作用(见图13-2),它为城市规划师和政府决策者提供了强大的分析、设计和管理工具,从而使城市发展更加精准和高效。

图13-2 数字技术在城市规划中的作用

数字技术在现代城市规划中扮演了关键角色,特别是在数据收集和分析方面。通过利用各种传感器、移动应用和社交媒体等工具,城市规划师能够收集到大量关于城市运行的数据,如人口流动、交通状况、环境质量等,这些数据为城市规划提供了丰富的支撑信息。

以新加坡为例,政府运用了广泛的传感器网络来收集城市交通和人流的数据,这些信息被用于有效地指导城市交通规划和管理。新加坡的智慧国家项目就是一个典型的案例,通过部署大量的传感器和摄像头,实时监测城市的交通流量和人群动态,以此提高交通管理的效率和有效性。

这些数据的收集和分析对于深入理解城市的运作至关重要。例如,通过分析人口流动的数据,规划师可以了解哪些区域在特定时间段内人口密集,从而优化公共交通服务和基础设施布局。同样地,交通数据的分析有助于发现交通拥堵的热点区域和时间段,为缓解交通压力提供科学依据。

三维建模和虚拟现实技术的应用正日益成为现代城市规划不可或缺的工具,它们为城市规划师提供了一种直观、动态的方式来预览和评估城市发展项目。通过这些技术,规划师能够创建详细的城市三维模型和虚拟现实场景,使得新建筑物或基础设施项目的设计、影响评估和演示变得更加生动和直观。

以迪拜为例,这座城市以其前卫的建筑设计和城市规划而闻名于世。迪拜的规划师们广泛利用三维建模技术来设计和展示新的发展项目。例如,迪拜的"未来博物馆"就是通过先进的三维建模技术设计而成的。该技术不仅帮助设计师更好地实现创意构想,也使得公众和决策者能够在建设之前就直观地了解到这个项目的未来面貌。

智慧城市的概念结合了物联网技术的先进应用,正在彻底改变城市管理的方式,使其更加智能化和高效。在智慧城市的应用中,物联网技术通过将城市的各种设施和服务相连,实现了数据的实时监测和反馈,从而大大提升了城市运营的效率和效果。

以阿姆斯特丹为例,这座城市在智慧城市建设上取得了显著成就。阿姆斯特丹智慧城市项目利用物联网技术,对城市交通、能源管理和垃圾处理等关键领域进行了创新性的改造。例如,通过安装智能传感器,阿姆斯特丹能够实时监控交通流量和停车状况,从而优化交通管理和减少拥堵。此外,智能垃圾箱能够实时报告其容量状态,使得垃圾回收更加高效。

在能源管理方面,阿姆斯特丹通过物联网技术实现了能源消耗的实时监测和管理。例如,智能电表和能源管理系统帮助家庭和企业更有效地管理电力使用,降低能耗的同时也减少了碳排放。数字技术还提高了该项目决策过程的可视化程度。通过图表、图像和动画等形式呈现数据,规划师和决策者可以更容易地理解不同规划方案的优劣,从而快速做出决策。此外,数字技术还提高了该项目公众参与城市规划的程度。通过在线平台和社交媒体,居民可以直接参与城市规划的讨论和决策,使城市规划过程更加民主和透明。

数字技术在预测和模拟城市发展方面发挥着日益重要的作用,已成为现代城市规划的核心工具之一。利用大数据和先进的建模技术,规划师能够准确预测城市的未来发展趋势,如人口增长、交通需求等,并有效地模拟不同规划方案的潜在影响。这些预测和模拟对于制定长期、全面的城市规划策略至关重要。

例如,在洛杉矶,规划师利用大数据和模型预测了城市未来的人口增长和住房需求,为解决住房短缺和城市扩张问题提供了科学依据。通过模拟不同的住房发展策略,规划师能够评估各种方案对城市基础设施、交通和公共服务的影响,从而做出更合理的决策。又如,在新加坡,政府运用数字技术模拟城市交通系统,预测不同交通规划方案对城市交通流量和拥堵的影响。通过这种方式,规划师能够更好地理解和优化城市交通网络,提高公共交通效率,减少交通拥堵。

数字技术已成为现代城市规划不可或缺的一部分,它不仅提高了规划的精确度和效率,还提高了规划过程的透明度和公众参与度,为实现更加智慧和可持续的城市发展提供了强大的支持。

13.4 元宇宙与城市规划

元宇宙是一个虚拟的数字世界,融合了现实世界中的物理空间和数字空间,具有互动性、沉浸性和持续性等特点。在城市规划中,元宇宙可以提供更智能、精确和可视化的方式,以理解、规划和管理城市的发展。

1. 可视化规划

在元宇宙时代,可视化规划是城市规划中的一项重要应用,通过将城市的多个方面以虚拟三维的形式展现,提供了一种更直观和沉浸式的方式来理解城市现状及其潜在发展。

以虚拟城市模型的创建为例,规划师可以基于地理数据、卫星影像和地形数据等,创建出反映城市地理环境、建筑布局、道路网络和绿地分布的精准虚拟模型。例如,阿姆斯特丹就利用了这样的模型来规划和演示城市未来的发展方向,使得规划过程更加直观和可靠。通过虚拟城市模型,规划师和决策者可以更清晰地观察城市的整体布局。他们可以在虚拟环境中自由漫游,深入观察不同区域的特点,如空间分布、建筑高度和道路连接情况。这种清晰的展示方式为理解复杂的城市结构和规划方案提供了极大的便利。

可视化规划在城市规划中的作用如下。

(1) 可视化规划在规划方案的预测和评估中扮演了关键角色。在元宇宙环境中,规划师可以模拟各种规划方案,通过调整建筑高度、道路宽度等参数来预测不同方案可能带来的影响,如交通流量和日照情况等。

(2) 可视化规划可以作为一个强大的决策支持工具,帮助决策者更快速和准确地做出决策。通过比较不同规划方案的模拟结果,决策者可以更好地权衡各种利益和影响,从而做出更加明智的选择。

(3) 可视化规划有助于规划师更容易地识别和改进潜在问题,如交通拥堵和环境污染等。同时,这些虚拟模型也可以用于教育和宣传,帮助公众更好地了解城市规划的复杂性和重要性。

可视化规划通过提供直观、互动的城市模型,大大提高了城市规划的效率,同时提高了公众参与度和决策透明度,对现代城市规划发展产生了深远的影响。随着技术的发展,未来的城市规划将越来越依赖于这种高级可视化技术。

2. 规划方案模拟

元宇宙中的规划方案模拟是城市规划的一项创新应用,它为规划师提供了一个虚拟环境,用于评估和比较不同城市规划方案的潜在影响。这种模拟技术使得城市的未来发展决策更加科学和精确。

通过参数调整和模拟,规划师可以在元宇宙中测试各种变量的影响,如建筑高度、用地分配、道路布局、绿地比例等。这种灵活性使得规划师可以探索和评估不同的城市发展策略和假设条件。例如，在规划一个新的商业区时，规划师可以调整建筑高度和道路宽度，模拟不同建筑布局对交通和环境的影响。

影响预测和评估是规划方案模拟的另一个关键应用。通过模拟，规划师可以预测交通流量、人口密度、环境质量等不同方面的影响，帮助识别每个方案的优势和潜在风险。例如，在一个大型住宅项目的规划中，模拟可以帮助规划师评估新住宅对周边交通和公共设施的影响。

此外，规划师可以通过模拟优化方案设计，使其更符合城市的可持续发展目标和居民的需求。例如，如果模拟显示某个区域的交通拥堵问题严重，则规划师可以通过调整道路网络或增加公共交通选项来缓解这个问题。

规划方案模拟还使得规划师能够提前预测并解决可能出现的问题。例如，模拟新建筑的阴影效应可以帮助规划师了解建筑对周围环境的影响，从而调整设计以减少负面影响。模拟结果为决策者提供了全面的信息，帮助他们在不同方案中做出更明智的选择。例如，城市规划委员会可以基于模拟结果决定是否批准一个新的商业开发项目。

规划方案模拟在元宇宙中的应用为城市规划带来了革命性的改变，不仅使决策过程更加科学和精确，还提高了公众参与度和规划过程的透明度，从而为创造更宜居、可持续的城市环境提供了强大的支持。随着技术的发展，这种模拟技术在未来的城市规划中将发挥越来越重要的作用。

3. 公众参与和沟通

公众参与和沟通是城市规划中极为重要的环节，元宇宙的应用在这一领域开辟了新的途径。通过元宇宙，市民能够以更直观、互动和沉浸的方式参与城市规划过程，为城市的未来发展提供宝贵的意见和建议。

互动式体验是元宇宙中公众参与的一个关键方面。通过使用虚拟现实技术，市民可以在元宇宙中沉浸地体验城市模型，仿佛亲身置于城市之中。例如，在规划新的公园或社区时，市民可以在虚拟环境中走动，直观地感受空间布局和设计。这种互动体验使市民能够更深入地了解和评价规划方案。

元宇宙还为市民参与决策提供了平台。市民可以在虚拟环境中提出意见和建议，通过选择不同的规划参数来模拟和比较不同方案的影响。这使得市民能够直接参与城市发展的讨论，为城市规划做出贡献。

此外，元宇宙可以用作教育和提升市民意识的工具。市民可以通过亲身体验，更加深刻地理解城市规划的复杂性和重要性，提升他们对于城市规划的知识和意识。元宇宙也促进了实时的反馈和讨论。市民可以即时提供反馈和评论，与规划师和其他市民进行实时交流，共同讨论城市发展的方向和策略。元宇宙还提供了一个整合多元意见的平台。规划师可以通过这个平台收集具有不同观点的市民意见，确保规划方案更加全面、包容和多元化。

元宇宙在促进公众参与和沟通方面的应用，为城市规划带来了革命性的改变。这不仅使城市规划过程更加民主和透明，也为创造更加符合市民需求和期望的城市环境提供了强大的支持。

4. 空间数据整合

元宇宙为城市规划提供了一个革命性的空间数据整合平台，通过集成不同来源的空间数据，如卫星影像、传感器数据、地理信息系统（Geographic Information System，GIS）数据等,极大地提高了城市规划的准确性和效率。这种整合不仅为规划师提供了更全面的城市视图,而且为做出更科学的规划决策提供了坚实的数据支持。例如,在规划一个新的城市扩展区域时,规划师可以利用元宇宙平台整合来自卫星的高分辨率影像,地面传感器收集的交通流量数据,以及城市基础设施的实测数据。这种整合使规划师能够全面考虑土地利用、交通规划、基础设施布局等多方面,确保规划方案的综合性和可行性。

此外,通过对这些多源数据进行分析和可视化,规划师可以更深入地了解城市的现状和潜在问题,如识别交通拥堵的热点区域,评估城市绿化的分布情况,以及分析城市发展的未来趋势。

在实际案例中,许多城市已经开始利用这种空间数据整合方法。例如,纽约市利用元宇宙平台整合了大量空间数据,用于城市规划和管理。这些数据被用来预测城市发展、规划新的基础设施项目,以及优化城市服务。又如,上海市利用集成的空间数据来指导其智慧城市项目的开展,通过分析大量的空间数据,规划城市交通网络,优化能源使用,提高城市治理的效率。

元宇宙提供的空间数据整合功能为城市规划带来了前所未有的深度和广度。这种整合不仅提高了规划的科学性和准确性,还为更有效地管理和发展城市提供了新的途径。

5. 城市运营和管理

空间数据整合在元宇宙中的应用极大地优化了城市运营和管理的流程,为规划师和决策者提供了一个综合、多维的视角来支持城市规划和决策。在元宇宙中,通过将来自卫星影像、无人机、传感器网络等多个数据源的空间数据集成到一个虚拟环境中,可以实现对城市的全面理解和分析。

元宇宙中的多源数据集成使规划师能够获得关于城市的地形地貌、建筑物分布、植被覆盖、交通流量等详细信息。例如,利用元宇宙平台,上海市规划部门能够将从卫星获取的城市扩展影像与地面传感器收集的交通数据相结合,以更全面地评估城市发展趋势和交通状况。

通过将这些多源数据在元宇宙中进行可视化和分析,规划师能够创建出包含各种地理和空间信息的综合虚拟城市模型。例如,在规划洛杉矶市的新公共交通系统时,利用元宇宙平台集成的空间数据可以帮助规划师可视化不同公交线路的潜在影响,包括对交通流量的改善和对环境的影响。

整合的空间数据为规划师提供了更准确的规划依据。例如,在规划新加坡的城市绿化项目时,通过整合卫星影像和地面植被数据,规划师可以更准确地确定植被分布,从而制定更有效的绿化策略。此外,整合的空间数据还支持更综合的分析和决策。规划师可以从多个角度分析城市数据,如综合考虑建筑分布、绿地分布和交通流量等,制定出更全面和可持续的城市规划方案。

元宇宙平台的空间数据整合的作用如下。

(1)利用元宇宙平台,规划师还可以实时更新空间数据,以反映城市发展的最新情况。这可以帮助规划师快速响应和及时调整规划方案,从而更有效地应对城市发展中的变化。

(2)元宇宙平台的空间数据整合支持创新和探索。规划师可以利用这个平台从不同角度分析城市数据,探索新的城市问题和解决方案。比如,在考虑柏林的可持续交通规划时,规划师可以利用元宇宙平台的空间数据探索创新的交通解决方案,如增加自行车道和提升公共交通效率。

(3) 元宇宙平台的空间数据整合促进了跨部门合作和数据共享。不同部门可以在同一平台上访问和使用数据,从而更有效地合作和协调,共同推动城市发展。例如,城市规划、交通、环境保护等部门可以共享数据,共同制定出符合城市发展目标的规划策略。

元宇宙平台的空间数据整合为城市运营和管理提供了全新的视角和方法,使城市规划变得更加精准、高效和可持续。

6. 建筑设计和布局优化

元宇宙为建筑设计和布局优化提供了前所未有的机遇,允许建筑师在一个虚拟环境中进行全面的评估和试验,以实现更环保、更可持续的建筑设计。这一应用不仅促进了创新,还提高了设计的准确性和实用性。

元宇宙对建筑师的帮助体现在以下几方面。

(1) 在元宇宙中进行的虚拟建筑设计让建筑师能够创造出详细的三维建筑模型。例如,在设计一个新的公共图书馆时,建筑师可以在元宇宙中试验不同的建筑形态、材料选择和结构布局,以确保建筑既美观又功能性强。

(2) 元宇宙允许建筑师模拟不同设计方案对周围环境的影响。例如,在规划一座新的高层办公大楼时,建筑师可以评估其阴影对周围住宅区和公园的影响,确保新建筑不会对邻近区域造成不利影响。

(3) 通过元宇宙中的日照和能效分析,建筑师可以优化建筑的朝向和窗户布局,提高建筑的能源效率。例如,在设计一个环保住宅时,建筑师可以模拟太阳在不同季节的照射角度变化,从而确保住宅在冬季最大化利用太阳能,在夏季则减少过热。

(4) 元宇宙使建筑师能够优化空间布局。例如,在设计一家餐厅时,建筑师可以模拟不同的室内布局,以确保顾客舒适和服务流畅。

(5) 元宇宙为建筑师提供了一个创新的平台,支持他们快速尝试不同的设计理念并进行多次迭代。这样的快速迭代不仅节省了时间和资源,还有助于寻找最优的设计方案。

(6) 元宇宙的可视化功能使得建筑师可以向客户和决策者更直观地展示设计理念。例如,在规划一座新博物馆时,建筑师可以通过元宇宙中的三维模型向赞助商展示建筑的外观和内部空间布局。

(7) 元宇宙中的建筑设计可以与城市规划、环境保护等因素相结合。建筑师可以在更大的背景下评估建筑的影响,确保设计与城市的整体发展和环境保护目标相协调。

元宇宙在建筑设计和布局优化中的应用为建筑行业带来了新的机遇,使得建筑设计过程更加高效、准确,同时也更加注重环境友好性和可持续性。

13.5 相关技术与标准

元宇宙在城市规划中的应用涉及一系列关键技术和相关标准,这些技术和标准共同构成了元宇宙城市规划的技术基础和框架,支撑其实现和发展。

常见的相关技术如下。

(1) 虚拟现实(VR)和增强现实(AR)技术。VR 和 AR 技术允许用户在虚拟环境中沉浸地体验城市模型，为规划师、决策者和市民提供直观的体验，促进参与和决策制定。例如，在规划一座新的公园时，利用 VR 技术可以让用户在虚拟环境中"走进"未来的公园，感受设计的实际效果。

（2）地理信息系统（GIS）。GIS 技术用于整合和分析地理信息数据，如地图、空间数据、卫星影像等。在元宇宙中，GIS 有助于构建准确的虚拟城市模型，并支持空间数据的可视化和分析。例如，GIS 可以用来分析城市的热岛效应，辅助制定缓解策略。

（3）模拟和建模技术。该技术可用于模拟交通流量、人口分布、环境影响等，帮助规划师评估不同规划方案的影响。例如，利用模拟技术可以预测新交通系统对城市交通状况的影响。

（4）数据整合和云计算。元宇宙需要整合各类数据源，如传感器、卫星影像、城市数据库等。云计算技术为数据的存储、处理和共享提供支持，确保数据的可用性和可访问性。

（5）人工智能（AI）和大数据分析。AI 和大数据分析技术有助于从海量数据中提取有用信息，为城市规划提供洞察。例如，AI 可以用来分析城市交通模式，优化交通管理系统。

常见的相关标准如下。

（1）CityGML：用于城市信息建模和交换的标准，定义了城市的 3D 模型，如建筑物、道路、绿地等，提供通用的数据格式和标准。

（2）OpenStreetMap：作为一个开放的地图数据项目，提供全球范围的地理信息，支持虚拟城市模型的创建。

（3）WEB3.0D 标准：包括 X3D、WebGL 等标准，用于在 Web 浏览器中呈现 3D 图形，支持在 Web 中展示元宇宙城市模型。

（4）OGC 标准：如 WMS、WFS 等，用于数据共享、地图制作和空间数据交换。

（5）ISO 37120：定义了评估城市可持续发展的指标，帮助规划师制定更科学的规划方案。

综合来看，这些技术和标准为元宇宙在城市规划中的应用提供了强大的支持，使得城市规划更加科学、高效和透明。随着这些技术的不断进步和标准的进一步完善，元宇宙在城市规划中的应用将更加广泛和深入，为未来城市的发展提供更多可能性。

13.6 典型元宇宙城市规划案例

元宇宙在城市规划中正逐渐展现出潜力，虽然目前尚处于早期阶段，但以下典型案例已经可以展示其在城市规划领域的应用。

1. 新加坡元宇宙计划

新加坡政府正在实施一项雄心勃勃的项目"Digital Twin Singapore"，如图 13-3 所示。这是一个将新加坡城市复刻成虚拟模型的元宇宙计划，由政府与私营企业合作开发。该项目的核心目的是创建一个全面的、互动的虚拟新加坡，其中包含了丰富的城市数据，涵盖了地理信息、交通流量、环境状况等多方面。

在这个元宇宙项目中，新加坡城市的每一条道路、建筑、公园甚至交通系统都被详细地复制到虚拟环境中。这不仅包括城市的物理结构，还包括动态数据，如交通流量、能源使用和天气模式等。例如，通过整合实时交通数据，政府可以在虚拟环境中模拟新的交通规划方

图 13-3　新加坡元宇宙计划

案,预测其对城市交通流量和拥堵状况的影响。

"Digital Twin Singapore"项目的一个关键优势是它提供了一个实验和模拟的平台,政府决策者和规划师可以在这个虚拟环境中测试和优化各种城市规划方案。例如,规划者可以在虚拟新加坡中模拟新的住宅区开发项目,评估其对周边地区的环境影响,或者测试不同的绿化策略对城市热岛效应的缓解效果。

此外,这个元宇宙模型还将作为一个公众参与和教育的工具。市民可以通过虚拟新加坡了解城市的发展计划和政策,参与规划过程,提出意见和建议。这不仅提高了城市规划的透明度和民主性,也使市民对城市的未来发展有更深的了解和参与感。

"Digital Twin Singapore"是元宇宙在城市规划领域应用的一个典型案例,展示了如何利用虚拟技术和大数据来支持复杂城市环境的智慧管理和可持续发展。随着项目的推进,它可能成为全球其他城市模仿和学习的范例,标志着城市规划和管理进入了一个新的数字化、虚拟化的时代。

2. 华盛顿特区元宇宙项目

美国华盛顿特区政府在城市管理和规划方面采取了一项创新举措,与科技公司合作推出了名为"Digital DC"的元宇宙项目。这个先进的项目的核心是创建一个虚拟的华盛顿特区模型,该模型不仅是一个静态的城市副本,更是一个动态的、互动的平台,用于城市规划、交通管理、环境保护等多个关键领域。

"Digital DC"项目使得华盛顿特区的规划师和决策者能够在一个可控的虚拟环境中测试和评估各种城市规划方案。例如,规划师可以在虚拟华盛顿特区中模拟新的公共交通路线,评估它们对减少交通拥堵和提高空气质量的影响。

"Digital DC"项目的一个显著特点是它鼓励公众参与。市民可以利用虚拟现实技术,亲身体验和探索这个虚拟城市,了解即将发生的城市变化。通过这种互动式体验,市民不仅可以更直观地理解城市规划的内容,还可以直接在虚拟环境中提出意见和建议,切实参与城市的规划和决策过程。

"Digital DC"项目也为环境保护和可持续发展提供了支持。例如,规划师可以利用这个平台模拟不同的绿化策略,评估它们对城市温度、空气质量和生物多样性的影响,以便选择最有利的方案。

通过这个元宇宙项目,华盛顿特区政府不仅提高了城市规划和管理的效率,还增强了市民参与和透明度。这种创新的方法为其他城市提供了一个有价值的范例,展示了如何利用先进技术优化城市规划过程,同时提高了民众的参与度和满意度。随着技术的发展,"Digital DC"项目可能会继续扩展其功能和应用,成为城市管理和规划的一个重要工具。

3. 瑞典斯德哥尔摩元宇宙项目

瑞典斯德哥尔摩市政府展现了对创新技术的前瞻性思维,通过与科技公司的合作,启动了一个较为前沿的元宇宙项目。这个项目的核心是建立一个名为"Smart City"的虚拟模型,这不仅是斯德哥尔摩城市的数字双胞胎,而且是一个多维度、动态的数据集成平台。

该虚拟模型详细映射了斯德哥尔摩的城市布局和基础设施,并集成了交通、能源、环境等关键领域的数据。例如,该模型可以展示实时交通流量、能源消耗模式和空气质量等信息,使决策者能够基于全面的数据分析做出更明智的规划和管理决策。

特别值得注意的是,"Smart City"项目在交通管理方面的应用。利用这个虚拟模型,斯德哥尔摩可以模拟不同的交通规划方案,评估新的公共交通路线、自行车道和行人区的设置等对城市交通流和碳排放的影响。利用这种模拟能力,市政府可以在实施前详细了解每项措施的潜在效果。

"Smart City"模型支持斯德哥尔摩市政府在环境保护和可持续发展方面的努力。例如,可以模拟不同的绿化和城市规划策略对城市热岛效应的影响,以提高城市的生态效率。公众参与也是一个关键组成部分。市民可以通过虚拟现实技术,以互动和沉浸的方式了解即将实施的城市规划方案,同时可以提供反馈和建议,使城市规划过程更加民主和透明。

斯德哥尔摩的"Smart City"元宇宙项目不仅优化了城市规划和管理决策,还提高了公众参与度和满意度,展示了智慧城市发展的新方向。随着技术的进一步发展和应用,这个项目有望继续扩展其功能,成为推动城市可持续发展的重要工具。

4. 阿联酋迪拜元宇宙计划

阿联酋迪拜政府的"Virtual Dubai"项目是一个引人注目的元宇宙计划,它标志着迪拜在利用前沿科技进行城市管理和规划方面的领先地位。该项目的目的是创建一个全面、动态的虚拟迪拜城市模型,通过集成城市的各种数据,为城市的智能规划和管理提供支持。

"Virtual Dubai"项目涉及城市的多个关键领域,如基础设施建设、交通系统、能源分配等。例如,通过整合实时交通数据,"Virtual Dubai"可以模拟新的交通控制策略,并预测其对减轻交通拥堵的潜在效果。类似地,该模型也可以用来评估不同的城市规划方案,如新建区域的发展或公共空间的设计等,以确保其符合城市可持续发展的目标。

"Virtual Dubai"可以用来模拟新建筑项目的影响,评估它们对城市景观、日照和通风条件的影响,以及对周边交通和环境的潜在冲击。这种模拟能力使得决策者在实施之前就能全面了解每个建设项目的影响,从而做出更明智的决策。

此外，"Virtual Dubai"也是一个公众参与的平台。市民可以通过虚拟现实技术，以互动的方式体验未来的城市变化，为城市规划和发展提出建议。这种参与方式不仅增加了公众对城市发展的了解和参与度，也提高了规划的透明度和民主性。

"Virtual Dubai"元宇宙计划代表了迪拜政府在城市规划和管理方面的创新思维和野心。它不仅能够优化城市管理决策，提高效率和可持续性，还能提高市民参与和满意度，展示城市未来发展的新方向。

5. 上海智慧城市元宇宙项目

上海市政府展现出对科技驱动城市发展的深刻理解，通过与多家科技公司的合作推动了智慧城市元宇宙项目。这个项目的核心目标是创建一个全面的、数字化的上海城市模型，通过整合大量城市数据，为城市的规划、管理和决策提供强大支持。

在这个智慧城市元宇宙项目中，上海市的街道、建筑、交通系统、公共设施等都被精确地复制到一个虚拟环境中。不仅如此，这个虚拟模型还实时更新城市的运行数据，如交通流量、能源消耗、公共服务使用情况等，使得城市管理者可以基于实时数据做出更加精准的决策。例如，该元宇宙模型可以用于模拟交通改善方案，如新的公交线路或交通管制措施等，预测它们对缓解交通压力和提高交通效率的潜在影响。此外，也可以用于评估城市规划方案，如新的住宅开发区或商业区规划等，以确保它们符合城市的整体发展策略和居民的需求。

此外，该项目还强调公众参与的重要性。通过提供一个互动的虚拟平台，市民可以直观地了解即将发生的城市变化，参与城市规划的讨论，提出意见和建议。这种方式不仅提高了规划的透明度和民主性，也使市民对城市发展有更深的了解和参与感。

总之，上海的智慧城市元宇宙项目是城市管理和规划领域的一个创新尝试，展示了如何利用前沿技术优化城市规划过程，同时增加了市民的参与度和满意度。

本章小结

（1）城市是人类社会高度集中的地区，现代城市极其复杂，体现在多个维度，涵盖了人口、经济、社会、环境等多方面。在这种复杂背景下，城市规划变得至关重要。城市规划是一种系统性的方法，旨在合理安排城市的空间布局和资源分配，以满足人们的需求，促进可持续发展。城市规划的重要性体现在合理空间布局、基础设施规划、环境保护和可持续性、社会和谐、经济发展和创新等方面。

（2）21世纪城市规划面临全球化、气候变化、人口老龄化等多重挑战，城市规划尝试融入技术创新、数字化和智能化，以应对城市问题和提供更智慧的解决方案。可持续城市、智慧城市、适应性城市等概念逐渐成为城市规划的关键词。数字技术在城市规划中的作用包括数据收集与分析、空间信息与地理信息系统（GIS）、三维建模和虚拟现实、智慧城市和物联网、可视化决策支持、公众参与和沟通、预测和模拟等。

（3）在城市规划中，元宇宙可以发挥重要作用，提供更智能、精确和可视化的方式来理解、规划和管理城市的发展，并提供可视化规划、规划方案模拟、公众参与和沟通、空间数据整合、城市运营和管理、建筑设计和布局优化等功能。

（4）元宇宙在城市规划中所涉及的关键技术包括虚拟现实技术（VR）和增强现实技术

(AR)、地理信息系统(GIS)、模拟和建模技术、数据整合和云计算、人工智能(AI)和大数据分析等。所涉及的相关标准包括 CityGML、OpenStreetMap、WEB3.0D 标准、OGC 标准、ISO 37120 等。

习题

1. 简述城市的形成过程及城市规划的必要性与重要性。
2. 简述城市规划的发展过程及现代城市规划面临的挑战。
3. 简述数字技术在城市规划中的作用。
4. 简述元宇宙技术在城市规划中的作用。
5. 简述元宇宙在城市规划中所涉及的关键技术及其具体作用。
6. 简述元宇宙在城市规划中所涉及的相关标准。
7. 查阅资料,简述国内外元宇宙在城市规划中应用的相关典型案例。

元宇宙经济组织

第 14 章
CHAPTER 14

经济活动自古以来一直是人类社会发展的核心驱动力,它不仅反映了社会的物质基础,也映射了人类文明的演进过程。从史前时代的狩猎采集,到农业革命的爆发,再到工业化时代的崛起,经济活动的演变描绘了人类社会结构和文化的深刻变革。

在远古时期,人类以狩猎、采集、渔猎为生,这是一种直接依赖自然的生存方式。当时,人类的经济活动主要集中在直接获取自然资源以满足基本的生存需求。随着时间的推移,人类开始掌握简单的手工技艺,如制作石器、编织篓筐等,逐步发展出原始的手工业。

农业的出现是人类历史上的一个里程碑,标志着从游牧生活向定居生活的重大转变。农业革命使人类能够生产更多的食物,支持更大规模的人口聚集,促进了早期城市和文明的形成。这一时期,农业生产成为经济活动的主体,带动了社会结构和经济组织的根本变革。

随着城市的兴起,经济活动逐渐复杂化。市场和贸易成为经济发展的重要引擎,促进了手工业和商业的繁荣。中世纪的行会制度是当时手工业和商业活动的一种组织形式,规范了商品生产和贸易,也反映了当时社会经济结构的特点。

工业革命的到来开启了现代经济的篇章,它彻底改变了生产方式和社会组织。机器的广泛应用提高了生产效率,推动了大规模工业生产的兴起。这一时期,工业化和城市化进程加速,新的生产方式和经济组织形态不断出现,为现代社会的发展奠定了基础。

元宇宙所推动的新型经济,特别是数字经济,将带来经济组织的变革,推动新经济组织的发展。

14.1 经济活动与经济组织

经济活动是构成人类社会的基础,其发展历程从原始经济演变至如今的现代经济体系,反映了人类社会、文化和技术的深刻变迁。

在原始社会,人类的经济活动主要是狩猎、采集和渔猎,这种生活方式直接依赖自然资源。随着农业的兴起,人类社会经历了重大转变。农业革命使人们能够在固定地点稳定生产粮食,从而形成了定居社会和初步的社会组织。

商品经济的发展是农业和手工业逐渐成熟的结果。商品生产和交换逐步成为经济活动的主要形式,市场开始成为经济活动的中心。商业交往和市场机制的形成进一步促进了经济的多样化和复杂化。

工业革命标志着经济活动进入一个新的阶段。机械化生产、工厂制度的出现和城市化的快速发展彻底改变了生产方式和社会结构。同时,资本主义的兴起为现代工业经济的发展奠定了基础。

现代经济体系的特点是多样性和相互依赖性。它不仅包括农业、工业,还包括服务业、金融业等多领域。国际贸易和全球化成为现代经济的重要特征,各国经济相互依存,全球经济一体化的趋势愈加明显。在这一过程中,经济活动对社会发展的影响是全方位的。从生产和资源分配到创造就业机会,再到促进技术创新和维护社会稳定,经济活动在社会发展的各个层面都发挥着关键作用。

经济组织作为人类社会经济活动的核心架构,历经数千年的发展和演变,形成了今天多样且复杂的组织结构。它们的发展历程深刻反映了人类合作、分工和经济交换的进化历程。

最初的经济组织形态起源于原始社会,当时以家庭为单位,家庭成员共同合作进行狩猎、采集和基本的农耕活动。随着农业的发展,经济组织形态开始出现复杂的变化。例如,农村集体经济组织(如合作社和互助组织等)出现,帮助农民共同进行农业生产,以提高效率。

工业革命时期,随着机械化生产和工厂制度的兴起,企业成为经济活动的主要组织形态。企业的出现标志着生产方式的根本变革,从手工作坊向工厂生产转变。这时,经济组织的形态也更为多样化,包括私营、国有和合作社等不同所有制形式。

在现代经济中,跨国公司和全球供应链成为经济活动的重要组织形式。它们超越国界,促进了国际贸易和全球经济一体化。这些组织不仅在生产和销售商品或服务方面发挥作用,还在推动技术创新、提供就业机会和影响全球经济政策等方面扮演关键角色。金融机构(如银行和保险公司等)在经济体系中提供必要的金融服务,包括资金存储、贷款和投资等。它们是现代经济组织中不可或缺的部分,对经济的稳定和发展至关重要。国际性经济组织(如联合国、世界贸易组织等),在全球范围内协调各国经济政策,推动国际合作和经济一体化。这些组织在解决全球性经济问题、促进国家间的经济合作和维护国际经济秩序方面发挥着重要作用。

经济组织在促进资源的有效配置、推动技术创新、解决就业和收入分配问题、保证经济稳定增长和推动全球经济合作方面发挥着关键作用。通过历史的演进,这些组织不断适应并塑造了经济发展的不同阶段,为全球经济的繁荣和稳定提供了坚实的基础。

14.2 典型经济组织——公司

公司作为现代经济的重要组织形式,其产生和发展历程反映了经济活动的变迁与社会进步。最初的公司形态源自中世纪欧洲,当时的商人和投资者共同组建公司,以共同承担风险并从事贸易活动。这种形式的公司在海上贸易中非常普遍,需要较大的资本和资源投入,同时风险也较高。

随着商业活动的扩张,为了应对日益增长的资金需求,股份制公司的概念应运而生。这种形式的公司将资本分割为股份,由多个股东共同持有。这不仅分散了风险,也为公司的发展提供了更大的资金支持。

工业革命的到来加速了公司的发展。大规模生产和资本积累的需求推动了公司组织形式的演变。特别是在 19 世纪末至 20 世纪初,现代公司的特征开始显现,公司开始涉足制造业、金融业等多领域。随着全球化的推进,跨国公司和多国公司开始兴起,进一步拓展了公司的影响力和经营范围。

公司的组织架构通常包括董事会、管理层和股东,各自在公司运营中扮演不同的角色。董事会负责制定公司战略,监督管理层的执行,而股东则拥有对公司重大决策的投票权。公司内部通常分为不同的业务部门,如营销、生产、财务等,以确保业务运作的高效性。

公司的治理结构旨在建立明确的权责分工和高效的决策流程,以保障公司的顺利运营和长期发展,如图 14-1 所示。公司治理涉及股东大会、董事会和监事会等多层面,以确保公司的决策和管理符合法律法规要求。

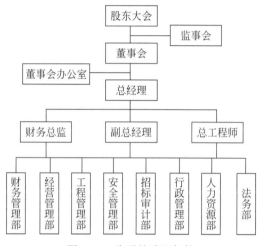

图 14-1　公司的治理架构

法律法规对公司的运营和治理起着至关重要的作用。不同国家的公司法律框架虽然各有特点,但普遍涉及公司注册、治理结构、合同执行和税务处理等方面。随着全球化的发展,公司在国际经营中也必须遵守不同国家的法律法规,同时国际法规和协定也为跨国公司的运营提供了指导。

公司的管理治理是一项极为复杂的任务,涉及众多的领域和挑战。这种复杂性不仅表现在管理的多方面,而且还涉及与各种利益相关者的互动。

(1) 公司治理需要兼顾利益相关者的多种需求和期望。例如,一个全球性的科技公司如苹果,在其全球运营中不仅要关注股东回报,还应考虑员工、客户、供应商、环保等方面的需求。这要求公司在经营决策中做出细致的平衡和协调,以确保各方利益得到妥善处理。

(2) 在决策的复杂性方面,公司经常需要在不完全或不确定的信息基础上做出决策。例如,国际能源巨头壳牌(Shell)在全球能源市场中,必须同时预测政治、经济、社会和技术因素的变化,这无疑增加了管理和决策的复杂度。

(3) 公司文化和价值观对于组织行为和决策同样有重要影响。在全球化的背景下,不同文化背景下的多国公司(如宝洁公司等)需要考虑到不同市场和地区的文化差异,这对公司的全球战略和运营方式有重大影响。

(4) 法律和监管的复杂性也不容忽视。跨国公司(如微软等)在全球不同地区的运营必须遵守各种法律法规,涉及公司注册、治理、合同、税务等多方面。

技术革命为公司带来了重大挑战和机遇。新技术的发展和应用要求公司重新评估其业务模式、运营策略和风险管理。此外,公司经营过程中还存在各种风险。例如,战略风险可能体现在选择错误的业务方向,操作风险可能来自日常运营中的失误,财务风险可能包括资金流动性问题等。合规风险、技术风险和声誉风险都是公司必须面对的重要挑战。以人力资源为例,如何有效管理和保持关键人才,是公司治理中极为关键的一环。

因此,尽管公司是现代经济体系中的主要组织形态,但成功经营一家公司是非常具有挑战性的任务。据统计,大多数新注册的公司在初创阶段面临极大的生存挑战,如国内90%的新注册公司的生命周期不超过3年,这反映了经营一家公司的复杂性和挑战性。

14.3 传统经济组织的弊端

在经济组织的运作与管理中,常常会遇到由人性弱点引起的各种问题,这些问题在不同层面上影响着组织的效率和绩效。

1. 自利性问题

人们往往更倾向于追求个人利益,有时可能与组织的整体目标冲突。例如,公司内部可能存在个人仅追求职位晋升和薪酬增加的行为,这可能导致忽视长期战略目标或团队合作精神。

2. 有限理性问题

由于信息有限和认知偏误,决策者不总能做出最佳选择。例如,一些初创公司在面对快速变化的市场环境时,可能因为对市场的误判而做出错误的战略决策。

3. 风险规避问题

由于天生的风险规避倾向,组织可能在面对不确定性时表现出过度保守的态度,从而限制创新和对机会的把握。例如,传统银行在面对金融科技创新时,可能会因为风险规避而错失市场机会。

4. 社交性问题

例如,企业内部可能存在恶性团队思维或从众行为,尤其在大型企业内部,过度的从众行为可能限制了创新和多样性的发展。

5. 道德风险和代理问题

管理层和股东之间可能存在利益冲突,如在一些上市公司中,管理层可能为了个人利益而做出损害股东利益的决策。

6. 信息不对称问题

例如,公司管理层通常比普通股东掌握更多的信息,这可能导致股东难以全面了解公司状况。

7. 持续性问题和集体行动问题

例如,一些公司可能为了短期利润而忽视社会责任,或者员工可能出于自私考虑而不愿意为集体目标贡献力量。

8. 激励与动机问题也是经济组织中的常见问题

如果激励机制不够合理,员工可能会丧失工作积极性,影响组织的整体表现。例如,若薪酬和晋升机制不够透明和公平,则员工可能会感到挫败和不公,从而影响其工作效率和组织忠诚度。

这些问题在不同的经济组织中普遍存在,它们对于组织的健康发展构成了重大挑战,为此需要形成有效的管理和治理机制。

14.4 新经济组织

作为基于区块链技术的加密货币,比特币和以太坊展现了一种全新的经济组织形态。它们代表了去中心化的经济模式,与传统的中心化经济组织有着显著的区别。这些加密货币不仅在技术层面上进行了革新,也在经济组织和社会互动方面提供了新的思路。新经济组织的特点如下。

1. 去中心化

在比特币和以太坊的网络中,不像传统银行系统那样存在一个中心化的控制机构,而是通过全球分布的节点共同维护整个网络。这种结构降低了单点故障的风险,提高了系统的稳定性和安全性。例如,比特币的区块链不仅保证了交易的不可篡改性,也避免了中心化系统可能存在的安全漏洞。

2. 开放性和透明性

在比特币和以太坊网络中,任何人都可以访问和审核交易数据。这种透明度在传统的金融体系中是难以实现的。例如,以太坊不仅提供了交易的透明性,还通过智能合约实现了复杂的交易和应用程序,使得交易透明且自动化。

3. 自治性

区块链网络的运作不依赖任何中心化的控制,而是由网络协议和共识算法自主管理。例如,以太坊网络上的智能合约能够自动执行合同条款,减少了人为干预。

4. 无国界性

无国界性在全球化的经济环境中尤为重要,因为它为跨境交易和资金流动提供了新的机制。例如,比特币作为一种全球性货币,使得用户能够轻松地跨国界转移价值。

比特币和以太坊这样的去中心化经济组织不仅是技术创新的产物,而且为建立互联社会中的新型经济组织提供了重要的参考。从去中心化的决策和治理到数字化的经济模式,再到数据隐私和安全性的提升,这些特点都为未来经济组织的发展提供了新的视角和可能性。

14.5 DAO

去中心化自治组织(Decentralized Autonomous Organization,DAO)是一种基于区块链技术的新型组织形态(见图14-2),它的产生、发展与形态特征具有创新性和颠覆性,为未来的经济和组织模式提供了参考。

去中心化自治组织(DAO)的兴起是区块链技术创新的一个显著成果,它对未来的经济和组织模式提出了挑战性的新视角。DAO通过去中心化和自治的原则,实现了一种全新的组织运作方式。

DAO的概念最早由以太坊的创始人Vitalik Buterin在2013年提出。随着区块链技术

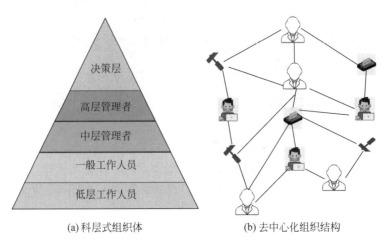

图 14-2 DAO

的日益成熟，DAO 开始从理论走向实践。DAO 的基础是智能合约和区块链技术，通过这些技术，DAO 实现了无须中心化管理机构的自主决策和运作。在 DAO 中，决策权在持有代币的成员手中，他们通过投票共同决定组织的方向和资源分配。2016 年的"The DAO"项目是 DAO 概念的一个著名实验，尽管它遇到了安全问题，但也引发了人们对于 DAO 的广泛关注和探索。

　　DAO 的核心特征在于其自治性。DAO 通过智能合约自动化地进行决策和管理，没有传统的管理层或行政结构。这种自治机制确保了权力分散，减少了中心化管理可能带来的风险。DAO 的另一个显著特征是其开放性和透明性。在 DAO 中，所有决策和活动记录都是公开的，任何参与者都可以查看和验证，这增强了组织的透明度和可信任度。此外，DAO 的去中介化特点消除了对传统中介机构的需要，从而降低了交易成本。DAO 的全球性将允许来自全球各地的个人或实体参与和决策。

　　DAO 将在多个领域展现出巨大的潜力和影响力。在治理方面，DAO 通过分散的决策机制减少了中心化组织的弊端，提高了决策的效率和准确性。在经济方面，DAO 能够促进创新，为共享经济提供新的可能性。在金融领域，DAO 有潜力改变传统金融机构的运作方式，推动去中心化金融（DeFi）的发展。此外，DAO 也可以在社会治理和公共事务中发挥作用，提升公众参与度和决策的民主性。

　　虽然 DAO 面临着安全风险、决策分歧等挑战，但随着技术的发展和经验的积累，相信人们会找到克服这些挑战的有效方法。DAO 作为一种创新的组织形态，预示着未来经济和社会组织的可能转变。

14.6　元宇宙经济组织

　　在数字化时代，元宇宙经济组织作为虚拟世界中的经济实体，将重塑人们对经济组织和活动的理解。这些组织不仅存在于数字平台上，还具有独立的经济功能，如资源配置、交易和合作等。元宇宙经济组织的参与者涵盖了个人、企业、社群、机构等，他们在元宇宙中从事各种经济活动，包括交易虚拟资产、提供虚拟服务和创造虚拟商品等。

　　元宇宙经济组织的核心特征体现在其虚拟性和数字化经济活动上。这些组织在数字世界中拥有自己的数字化实体、资产和资源。他们通过生产、交易、雇佣和提供服务等方式参与经济活动,运用数字资产和虚拟货币进行交易,同时在虚拟世界内与其他组织和个人进行社交互动。

元宇宙经济组织的参与者具有多样化的特点,包括个人用户、虚拟企业、社群和组织、创作者和艺术家、平台和市场,甚至金融和投资组织。这些参与者在元宇宙平台上依托各自的性质和功能开展经济活动。例如,个人用户可以通过交易、社交活动获得虚拟资产,虚拟企业可以提供特定的服务或商品,社群和组织聚集具有相似兴趣的人群共同参与社交和文化活动,创作者和艺术家通过创造性工作实现经济价值。

区块链 DAO 作为一种新兴的组织形式,在元宇宙经济组织中发挥着重要作用。DAO 提供了一种去中心化的治理模式,帮助元宇宙经济组织实现更民主、透明的决策过程。通过智能合约和自动化执行,DAO 支持元宇宙经济组织的自主性和自治性,提高其经济活动的效率。此外,区块链 DAO 还提供灵活的资源配置和激励机制,通过代币化和奖励机制鼓励参与者的积极贡献。安全性和透明性保障了交易的可靠性和信息的透明记录,而全球性和无国界特性为元宇宙经济组织提供了跨国界合作的平台,使参与者可以在全球范围内进行经济活动。

总体来说,元宇宙经济组织及其与区块链 DAO 的结合,为人们展示了一个全新的、高度数字化和去中心化的经济组织模式,预示着未来经济活动的多样化和创新性发展方向。

14.7　元宇宙经济组织的建设与运营

1. 元宇宙经济组织的创建

创建元宇宙经济组织是一个结合了创意、技术和战略规划的复杂过程,包括以下几方面。

1) 明确组织的目标和愿景

这包括在虚拟世界中实现的特定经济活动、社交互动或创新项目。例如,一个组织可能致力于在元宇宙中提供独特的虚拟体验服务或创造一个虚拟市场。

2) 选择一个合适的元宇宙平台

不同平台提供不同的功能和工具,因此选择平台时应基于组织的特定需求和目标。例如,如果组织的目标是创建一个虚拟艺术画廊,则可能需要一个支持高质量图形和用户交互的平台。

3) 设计虚拟实体

这包括创建代表组织的虚拟建筑、地点、标志和品牌。这些设计元素将成为组织在虚拟世界中的身份和形象的象征。例如,一个虚拟时尚品牌可能需要设计一系列独特且吸引人的虚拟店面和产品。

4) 开发虚拟现实环境

利用虚拟现实技术创建景观、建筑和场景。这个虚拟现实环境将成为组织日常运作的虚拟空间,如一个虚拟游乐园可能包含各种虚拟游乐设施和互动体验。

5) 设计智能合约

特别是对于涉及区块链技术的组织,智能合约可以自动执行交易规则和协议,如管理虚拟商品的销售和利益分配。

6) 创建数字资产

这可能包括设计虚拟商品和虚拟货币,这些资产在元宇宙中充当价值交换的媒介。

7) 设计经济模型

这包括货币体系、激励机制和奖励方案,将直接影响组织的经济流通和用户参与度。

8) 开发社交互动功能

该功能使用户能够在虚拟环境中互动、合作和社交,如虚拟社区会议或交互式虚拟活动。

9) 建立参与者基础,吸引用户和参与者加入组织

这包括通过社交媒体、营销活动和合作伙伴关系来宣传组织。

10) 测试和优化

通过测试和优化,确保组织在技术和用户体验方面的稳定性和有效性。

11) 安全和隐私保护

需要特别重视安全和隐私保护,特别是在处理用户数据和虚拟资产时。

12) 发布和推广

发布和推广是将组织引入公众视野的关键,可以通过各种营销和宣传策略进行实现。

通过这些步骤,元宇宙经济组织可以成功地在虚拟世界中定位自己、吸引用户和创造价值。

2. 元宇宙经济组织运营

运营一个元宇宙经济组织是一项综合性的挑战,涉及创新的经济活动、社交互动、治理、技术维护等多方面。例如,组织可以提供多样的虚拟商品和服务,如数字艺术品、虚拟房地产或娱乐体验等,类似于在现实世界中的艺术画廊或娱乐中心。激励机制的设计,如奖励系统或虚拟货币等,可以鼓励用户更积极地参与这些经济活动。

1) 社交互动和社区建设

通过开发使用户能够互相交流、合作的社交功能,如虚拟聚会或会议空间等,组织可以增强社区的凝聚力。同时,举办虚拟活动或事件,如在线音乐会或艺术展览等,可以进一步促进社区成员之间的互动。

2) 治理机制

利用区块链 DAO 模型,用户可以参与组织的决策过程,共同决定组织的发展方向。智能合约的应用可以确保治理过程的透明性和公平性。

3) 用户参与

通过提供具有吸引力的奖励、特权等激励措施,组织可以鼓励用户参与其经济活动和社交互动。同时,提供优质的用户体验是吸引和保持用户参与的重要因素。

4) 技术维护和安全性保障

技术维护和安全性保障是元宇宙经济组织的基础。组织需要不断监测和维护其虚拟环境和技术系统,确保稳定运行。同时,保护用户的数据和虚拟资产安全也非常重要。

5) 反馈和改进

反馈和改进是持续优化的关键。通过倾听用户的反馈,组织可以不断改进其虚拟世界的功能、体验和服务。根据用户需求和市场的变化,进行相应的调整和优化。

6)市场推广和拓展

通过制定有效的市场推广策略,组织可以吸引更多用户加入。同时,跨平台的推广策略可以吸引不同地区和背景的用户。

7)法律合规性

组织需要确保其运营活动符合相关的法律法规,以保护用户权益,特别是在隐私保护和数据安全方面。

8)社会影响和可持续性

组织应寻求可持续的商业模式,并考虑其活动对社会的影响,以促进组织的可持续发展。

3. 建设运营关键技术

创建和运营元宇宙经济组织涉及以下多种关键技术,共同为用户提供身临其境的虚拟体验。

1)虚拟现实技术

虚拟现实(VR)、增强现实(AR)和混合现实(MR)是构建元宇宙的核心技术。虚拟现实技术允许用户进入虚拟环境,与虚拟世界互动。例如,用户可以穿上 VR 头戴式设备,沉浸在数字世界中,与其他用户互动或参与虚拟活动。增强现实则将虚拟元素叠加到现实世界中,如在手机应用中看到虚拟物体等。混合现实将虚拟元素与真实环境融合,可以创造出更丰富的交互体验,如在虚拟会议中与远程同事互动等。

2)区块链技术

区块链技术为元宇宙提供了去中心化、安全和透明的技术基础。智能合约是一种可编程的合约,它可以自动执行规定的操作和逻辑,如自动分发虚拟资产或奖励等。去中心化意味着没有单一控制点,实现分布式和自治的运作,这使得元宇宙更具公平性和民主性。分布式账本记录和验证所有交易和操作,保证数据的透明性和不可篡改性。加密技术用于保护数据和交易的隐私性与安全性。

3)经济模型和货币系统

在元宇宙中,需要设计数字货币体系用于交易和激励用户参与经济活动。经济模型制定虚拟世界内的经济规则和激励机制,以鼓励用户积极参与。资源分配机制的设计应确保虚拟资源的有效利用和公平分配,如分发虚拟土地或数字商品等。

4)用户体验和互动设计

为了提供自然的互动体验,需要利用手势、语音、触摸等技术使用户能够在虚拟世界中进行自然的互动。社交互动功能的创建允许用户在虚拟世界中交流、合作和社交,类似于社交媒体平台。

5)数据整合和治理体系

元宇宙中需要整合不同类型的数据,包括空间数据(地图、景观等)和用户数据等。数据整合和分析可以用于优化用户体验和经济模型的制定。同时,需要利用区块链和加密技术进行身份验证和数据隐私保护。

6)区块链 DAO

治理机制的设计允许用户参与决策和管理。智能合约可实现投票和决策的自动化,确保公正和透明,这使得元宇宙的治理更加民主和去中心化。

这些关键技术的综合运用使得元宇宙经济组织能够创造出令人惊叹的虚拟世界,为用户提供丰富的体验和经济活动机会。例如,用户可以在元宇宙中购买虚拟地产、参与虚拟音乐会、与其他用户互动,同时通过智能合约和数字货币进行交易和激励。

14.8 典型元宇宙经济组织

以下是一些典型的元宇宙经济组织及其相关案例,展示了在不同领域中如何利用虚拟现实和区块链技术来创造丰富的虚拟经济体系。

(1) Decentraland:Decentraland 是一个基于以太坊区块链的虚拟现实平台,允许用户购买、拥有和开发虚拟土地。用户可以在自己的土地上构建虚拟建筑、社交场所、娱乐设施等。土地和虚拟资产使用以太币进行交易,区块链技术保障了商品/资产的所有权和唯一性。用户可以参与经济活动、社交互动,创造虚拟的社区和商业。

(2) CryptoKitties:CryptoKitties 是一个基于以太坊区块链的数字宠物养成游戏,玩家可以收集、繁育和交易虚拟的数字猫咪。每只猫咪都是独特的,由智能合约生成并记录在区块链上。玩家可以购买、出售和繁育这些虚拟猫咪,参与经济活动并互相交流。这个平台展示了如何将虚拟现实和区块链结合以创造一个数字资产交易平台。

(3) Somnium Space:Somnium Space 是一个虚拟现实平台,用户可以在其中购买虚拟土地、建筑物,创建虚拟环境并与其他用户互动。该平台使用区块链技术记录土地所有权、数字资产等,允许用户在虚拟现实中进行经济交易和社交互动。

(4) Axie Infinity:Axie Infinity 是一个基于以太坊的虚拟宠物游戏,玩家可以收集和培养称为 Axies 的虚拟生物。这些 Axies 是独特的数字资产,使用智能合约和区块链技术确保其稀缺性和唯一性。玩家可以在游戏中参与战斗、交易 Axies,获得虚拟货币作为奖励。

(5) VRChat:VRChat 是一个多人虚拟社交平台,用户可以创建自己的虚拟形象,与其他用户互动、聊天和玩游戏。尽管不涉及区块链,但它展示了如何利用虚拟现实技术在虚拟世界中创造社交和互动。

目前元宇宙经济组织主要存在于虚拟经济领域,随着元宇宙在虚实融合应用中的作用越来越大,具有虚实融合特征的元宇宙经济组织也将广泛出现。虚实融合的元宇宙经济组织是指将虚拟现实和区块链等技术融合到实际产业和经济活动中,创造出具有虚拟元素的实体经济模式,其相关应用如下。

(1) 虚拟商城和虚拟商品。一些公司通过创建虚拟商城,允许用户购买虚拟商品,如虚拟服装、家具等,然后在虚拟世界中使用这些商品。这种模式已在一些游戏中得到应用,如玩家可以购买虚拟服装装扮自己的游戏角色等。

(2) 虚拟地产开发。一些地产开发商在虚拟现实世界中创建虚拟地产项目,用户可以购买虚拟土地、房屋等。这些项目可能使用区块链技术记录土地所有权和交易过程,用户可以在虚拟现实中体验虚拟房地产。

(3) 虚拟活动和会议。一些企业和组织在虚拟世界中举办虚拟活动、会议和展览,通过虚拟现实技术模拟现实的社交互动和参与体验。参与者可以在虚拟空间中交流、展示产品,甚至进行虚拟现实演示。

（4）虚拟培训和教育。实体企业可以利用元宇宙技术在虚拟环境中开展培训和教育活动。虚拟现实技术可以模拟实际情境，让学员在虚拟世界中进行模拟实验和互动培训，提升学习效果。

（5）虚拟金融和投资平台。实体金融机构可以创建虚拟投资平台，让用户体验虚拟的金融市场，进行虚拟货币的投资和交易。这种平台可以模拟真实市场波动，帮助用户学习投资技巧。

（6）虚拟零售和购物中心。一些实体零售商可以在虚拟现实平台上建立虚拟购物中心，用户可以在虚拟商店中选购商品，然后在现实世界中进行配送。

本章小结

（1）经济组织是指为了实现经济活动目标而组织起来的一系列经济主体，其产生、发展和形态的演进对于经济活动的组织、协调和效率具有重要作用。经济组织的产生源自人类对合作与分工的需要。经济组织的形态多种多样，常见的经济组织包括企业、合作社、金融机构、国际组织等。企业是最常见的经济组织形态，它以生产和销售商品或提供服务为目标，通过组织资源和分工来实现经济目标。公司作为一种经济组织形态，在现代经济中具有重要地位。公司组织管理治理是一个复杂的体系，涉及决策、领导、控制、责任和风险管理等方面。建立在法规、制度、组织及人的基础上的经济组织，在其运作过程中常常面临各种问题，这些问题往往与人性的特点和行为有关。

（2）比特币和以太坊是基于区块链技术的加密货币，代表了一种全新的去中心化经济组织形态，为人们建立互联社会中的新型经济组织提供了重要的参考和借鉴。这类新经济组织具有显著区别于传统经济组织的特征：去中心化、开放性和透明性、自治性、无国界性。去中心化自治组织（DAO）是一种基于区块链技术的新型组织形态，它的产生、发展与形态特征具有创新性和颠覆性，为未来的经济和组织模式提供了展望。

（3）元宇宙经济组织是基于数字技术和虚拟现实技术构建的虚拟世界内的经济实体。它是在元宇宙平台上运营的，具有独立的经济活动、资源配置、交易和合作。元宇宙经济组织可以包括个人、企业、社群、机构等参与者，在元宇宙中开展各种经济活动，如交易虚拟资产、提供虚拟服务、创造虚拟商品等。创建一个元宇宙经济组织，需要综合考虑虚拟现实技术、区块链技术、智能合约等方面。运营元宇宙经济组织涉及多方面，包括经济活动、社交互动、治理、技术维护等。

习题

1. 简述经济组织的产生和发展历程及其在人类社会发展中的重要地位。
2. 简述经济组织的分类及各类不同经济组织的特征。
3. 简述企业（特别是公司）这类经济组织的特点及面临的各种复杂问题。
4. 简述传统经济组织的弊端及其产生原因。

5. 简述区块链技术带来的新经济组织变革及其特征。
6. 简述DAO这类经济组织的产生和发展背景及其主要特征。
7. 简述元宇宙经济组织的定义及其主要特征。
8. 简述元宇宙经济组织的建立过程。
9. 简述元宇宙经济组织的运营要点。
10. 结合典型元宇宙经济组织案例,简述元宇宙经济组织的建设与运营特征。

第三篇 技 术 篇

元宇宙技术架构

第 15 章
CHAPTER 15

互联网(Internet)是一个全球性的网络体系，由无数个小型网络形成了巨大的信息交流平台。这些网络包括了私有网络、公共网络、学术网络、商业网络和政府网络等，它们通过各种有线和无线的方式相互连接，构成了互联网这个庞大的生态系统。

元宇宙是互联网发展的高级阶段，在互联网基础上进一步集成了当今最新的信息科技，如虚拟现实(VR)、人机接口、人工智能(AI)、区块链、5G、大数据、物联网、云计算等。

15.1 互联网与元宇宙

20 世纪 60 年代，美国国防高级研究计划局(Defense Advanced Research Projects Agency, DARPA)启动的 ARPANET 项目标志着互联网的诞生。这个项目旨在创建一个能抵御大规模物理攻击的分布式网络系统。随着时间的推移，这一系统演化成了人们今天所熟悉的互联网。互联网的发展和普及是一个逐步的过程，涉及多项关键技术的创新和应用。

TCP/IP 的出现是一个重要里程碑，它允许不同的网络进行互联，从而形成了一个大规模的网络——互联网。互联网的分层架构如图 15-1 所示。1971 年，电子邮件的首次使用标志着数字通信时代的开始。这一创新不仅改变了人们的沟通方式，也为后来的网络应用奠定了基础。

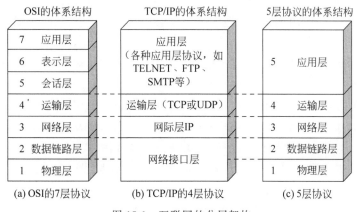

图 15-1 互联网的分层架构

20世纪80年代,ARPANET发生了显著转变。它从一个主要用于研究和军事的网络逐渐转为民用网络,这一转变为互联网的商业化铺平了道路。在这个时期,论坛和电子邮件列表等早期网络服务兴起,为在线社区的形成奠定了基础。

1991年是另一个关键节点。欧洲核子研究中心提出的万维网(WWW)计划,以及随之而来的HTML、HTTP和Web浏览器的发明,极大地促进了互联网的普及和使用。这些技术使得访问和分享信息变得更加容易,为后来的数字革命奠定了基础。

进入21世纪后,互联网进入了一个新的时代。移动互联网的兴起,以及社交网络、视频流媒体、云计算等新应用的出现,极大地丰富了互联网的功能和用途。这些发展不仅改变了人们的生活方式,也推动了新的经济模式和商业模型的出现。

互联网通过一系列网络协议和技术实现了全球信息的互联互通。在这个过程中,以下几个关键的技术发明和应用起到了至关重要的作用。

(1) TCP/IP协议栈是互联网的基石。它确保了全球范围内数据传输的可靠性和统一性,使得不同地区、不同系统间的通信成为可能。这一创新让不同的网络可以无缝连接,形成了一个全球性的网络。

(2) 浏览器技术的出现大大简化了普通用户访问内容和在线互动的方式。它提供了一个用户友好的界面,使得网页浏览、在线购物、信息检索等活动变得轻松简单。浏览器的不断进化也推动了网页设计和在线服务的发展。

(3) 路由算法是互联网高效运行的关键。在海量的网络节点中,路由算法决定数据包的传输路径,确保信息能够高效、快速地到达目的地。这些算法不断优化,支持了互联网数据量的日益增长。

(4) 加密技术保护了网络中的数据安全和用户隐私。在开放的网络环境中,加密技术的应用是必不可少的,它保证了信息传输的安全性,并防止了数据泄露和网络攻击。

随着技术的发展,互联网也实现了新技术的整合,带来了更多的应用和服务。例如,宽带和光纤技术的应用极大地提高了数据传输速度,使得高清视频流、在线游戏和复杂的云应用成为可能。4G和5G通信技术的推出使移动互联网的体验更加流畅,支持了智能手机和物联网设备的广泛应用。云计算的兴起改变了数据存储和处理的方式,允许企业和个人在互联网上存储、处理数据而无须依赖物理服务器,在降低成本的同时提高了效率。大数据技术的应用使得从海量数据中发掘有价值的信息成为可能,支持更加精准的决策制定和个性化的服务。人工智能技术的融入,从搜索引擎到语音助手,使得互联网应用变得更加智能和个性化。

互联网已经成为现代社会不可或缺的基础设施之一,它的影响力与水、电、交通等传统基础设施相媲美。无论是企业、政府机构还是普通个人,都依赖互联网进行沟通、交易和获取信息。互联网改变了信息的传播方式,打破了时间和空间的限制,加速了全球化的进程。同时,它也提供了新的交流、学习、工作和娱乐方式,从根本上改变了社会的运作方式。

互联网产业不仅本身产值巨大,还推动了其他许多行业的发展,如电子商务、数字广告、内容创作和技术服务等。这些领域的蓬勃发展证明了互联网技术的广泛影响力和潜在价值。

元宇宙被视为互联网发展的下一个重大趋势。元宇宙是一个包含多个模拟的、数字化的虚拟空间的系统,形成了一个数字宇宙或一系列互联宇宙。这个虚拟空间是三维的、沉浸式的,并且持续存在。用户可以通过虚拟化身进入这个世界,体验与现实世界相似或完全不同的事物。支撑元宇宙的是一系列前沿技术的发展,如增强现实、虚拟现实、人工智能等,这些技术正在共同推动着这个新的虚拟世界的形成和发展。

15.2 元宇宙集成技术

元宇宙是新兴信息技术融合的一个显著示例,它不仅整合了传统的互联网技术,还涉及了许多前沿技术。这些技术的结合为元宇宙的构建提供了必要的基础和动力。在这个大融合中,几项关键技术起着核心作用,如图 15-2 所示。

图 15-2 元宇宙的关键技术

(1) 虚拟现实(VR)和增强现实(AR)技术为用户提供了一种全新的、沉浸式的体验。VR 技术通过创造一个完全虚拟的三维环境,让用户仿佛身处其中。在这个环境中,用户可以通过特殊的设备(如 VR 头盔和手套等)观察、移动并与虚拟世界互动。这种技术已被广泛应用于各个领域,如游戏、电影、医学、房地产、教育和训练等方面。VR 创造了一个完全独立于现实世界的虚拟空间,让用户能够体验到前所未有的沉浸感。

与 VR 相辅相成的是 AR 技术。AR 技术通过在真实世界中添加虚拟元素,为用户创造了一种"增强"的现实体验。这种技术不会完全替代真实世界,而是在现实中叠加虚拟信息。用户通常通过智能手机、平板电脑或 AR 眼镜等设备体验这种结合了真实与虚拟的环境。AR 已经在多个领域得到应用,包括购物、导航、游戏、医疗、工业和教育等。例如,在购物场景中,用户可以通过 AR 技术看到产品的 3D 模型,甚至在自己的家中放置虚拟家具来预览效果。

VR(虚拟现实)和 AR(增强现实)技术在元宇宙中提供了增强的感知和交互体验。VR 创造了一个完全虚拟的环境,用户在这个环境中完全沉浸,与真实世界隔绝。相比之下,AR 在真实世界的基础上增加了虚拟信息,将计算机生成的图像叠加到现实世界中。这两种技术正在重新定义人们与数字信息的互动方式,为各个行业开辟了新的应用领域。例如,在教育领域,VR 可以用于创造沉浸式的学习环境,而 AR 可以用于增强课堂学习体验并通过虚拟图像丰富教学内容。

(2) 区块链与加密货币在元宇宙中确保了虚拟物品的所有权和稀缺性。区块链是一个分布式的、去中心化的数据库,通过密码学方法链接数据块,确保了数据的不可篡改性和透明性。在元宇宙中,用户的虚拟物品和土地交易被记录在区块链上,保证了所有权的真实性和永久性。加密货币则用于购买这些虚拟资产,并使用密码学来确保交易安全,同时充当价值存储的角色。例如,某个虚拟世界可能只接受特定的加密货币作为购买土地或物品的媒介。

(3) 人工智能(AI)与机器学习技术为元宇宙提供了智能化的交互体验。AI 技术使得机器能够执行学习、判断和解决问题等活动,为用户提供自然和人性化的交互体验。机器学习则使元宇宙能够根据用户的行为和偏好自适应环境,如推荐相关内容或创建智能 NPC(非玩家角色)等。这些技术让元宇宙的内容和互动更加丰富和真实,如通过自动生成的故事线和任务来增强用户体验等。

(4) 3D 建模与渲染技术确保了元宇宙中虚拟世界的逼真和高质量的视觉效果。3D 建模是创建物体的三维数字模型的过程,而渲染则是将这些模型转化为二维图像或视频的过程。这些技术的进步使得元宇宙中的光影效果、纹理和动画更加真实。例如,先进的 3D 渲染技术可以模拟复杂的物理行为,使得虚拟世界中的物体和角色以更自然和流畅的方式移动和互动。

(5) 边缘计算与高速互联网(如 5G/6G 等)技术为元宇宙提供了快速的网络速度和低延迟,确保了实时的交互和流畅的体验。边缘计算将数据处理从数据中心转移到网络的边缘,即接近数据产生的地方,从而提高了数据处理的效率和响应速度。5G/6G 技术提供了更高的数据传输速度和更低的延迟,使得用户在元宇宙中的体验更加流畅和真实。

(6) 云计算与分布式系统为元宇宙提供了强大的后端支持,确保其稳定和持续运行。云计算通过提供按需计算服务,能够根据用户数量的变化动态调整资源。分布式系统确保了数据的完整性和持久性,通过在多个节点上复制数据,减少了因单一故障点而导致的数据丢失风险。这些系统的协同作用支持了元宇宙的日常运行,并为应对大规模用户增长和各种未预见事件提供了能力。

15.3 元宇宙基础设施建设

元宇宙是一个全新的、由数字构建的宇宙,为人们提供了一个新的、沉浸式的在线体验空间。元宇宙基础设施建设涉及以下关键领域,以确保为用户提供稳定、高效和真实感的体验。

1. 通信设施

在构建元宇宙这一全新的虚拟世界时,通信设施的角色显得至关重要。一个先进、真实的元宇宙体验依赖于高速、低延迟的数据传输,而这正是通信设施所承担的关键任务。

光纤通信技术在这方面扮演了一个核心角色。与传统的电缆相比,光纤利用光信号传输数据,这种方式在数据传输速度和稳定性上有着显著的优势。光纤通信减少了数据在传输过程中的损失和延迟,使得大量数据能够在极短的时间内进行传输。例如,在高清视频流媒体和大规模在线游戏中,光纤通信能够提供足够的带宽,保证流畅的观看和游戏体验。

宽带连接也是元宇宙通信基础设施的一个重要组成部分。随着技术的进步,宽带连接的速度和带宽都在不断增加,这为元宇宙运行的连续性和数据需求提供了坚实的支持。宽带连接的稳定性和高速特性对于保证元宇宙中的实时互动和无缝体验至关重要。

未来,6G 和后续的通信技术预计将会带来更加显著的改进,包括更快的传输速度、更低的延迟和更高的网络容量。这些进步将为元宇宙的实时互动体验提供强大的支持,使得不同地理位置的用户能够无障碍地进行互动。例如,6G 技术有望实现几乎零延迟的通信,这对于虚拟现实和增强现实体验来说至关重要。

通信设施是元宇宙成功的关键支柱。从光纤到宽带和 6G,这些技术共同构成了支持元宇宙高速、低延迟体验的强大通信基础设施。随着这些技术的不断发展和完善,人们可以期待一个更加真实、流畅和互动的元宇宙世界。

2. 存算中心

存算中心在元宇宙基础设施中占据核心地位,提供了计算和存储的关键能力。考虑到元宇宙涉及庞大的用户基数、多样化的物体和场景，以及复杂的交互方式，强大的计算和存储资源对于保证元宇宙中所有活动的实时性和流畅性至关重要。

面对可能高达数亿的同时在线用户，存算中心必须具备高度的计算能力。分布式云计算技术在这里发挥着重要作用，它可以根据需要动态分配计算资源，即使在面临巨大的系统负载时也能保持稳定性。在这种架构下，不同的计算任务可以被分配到最适合它们的服务器上运行。例如，进行物理仿真、AI 互动和图形渲染的任务可以被分配到专门为这些任务优化的服务器上。这种灵活的资源分配确保了计算资源的最大化利用。

此外，在元宇宙中，海量的数据需要得到高效管理。这些数据包括但不限于 3D 模型、用户资料、交互日志等。高效的数据存储系统能够处理这些结构化和非结构化数据，并确保快速存取。分布式存储系统通过将数据分布在多个硬件设备上，不仅提高了数据的访问速度，还增加了数据的冗余性，从而增强了系统的可靠性。鉴于元宇宙中数据的高价值和敏感性，强化备份和恢复机制是必要的，以防数据损失或被破坏。

在元宇宙中，特别是对于 VR 和 AR 这样的沉浸式体验，低延迟是至关重要的。边缘计算技术可以在靠近用户的位置处理数据，大幅减少数据传输带来的延迟。这意味着用户生成的数据可以在边缘进行初步处理和分析，仅将有价值的信息发送回中央服务器，有效减少不必要的数据传输。边缘计算的应用还能提升元宇宙的安全性，因为可以在本地处理敏感数据，减少了在网络上的传输风险。

存算中心的设计和运营是元宇宙成功的关键因素。从分布式云计算的灵活性到分布式存储系统的高效性，再到边缘计算的低延迟优势，这些技术共同支撑着元宇宙的稳定运行和用户体验的优化。

3. 网络设施

元宇宙作为一个涵盖广泛用户和处理海量数据交互的复杂系统，对网络的稳定性和安全性提出了高标准的要求。实现这些目标的关键在于构建一个高效、稳定且安全的网络架构。

分布式网络架构在元宇宙中扮演了关键角色。在这种架构中，数据和服务分布在多个节点上，这种布局提高了系统的鲁棒性和可靠性。当任何一个节点遇到故障时，其他节点可以迅速接管其任务，确保元宇宙的持续运行，从而大大降低了因单一故障点导致的系统崩溃风险。相比之下，传统的中心化网络结构更容易受到单点故障的影响，一旦中央服务器出现问题，整个系统可能面临瘫痪。而分布式架构则提供了更强的适应性和扩展性，可以根据用户数量和数据量的增长灵活添加更多节点，而无须对现有架构做出重大修改。

在安全方面，保护用户数据是至关重要的。所有在传输过程中的数据，包括个人信息和交互记录，都应该进行强加密处理，以防止数据在传输过程中被截获或篡改。元宇宙必须具备抵御各种网络攻击的能力，包括分布式拒绝服务（DDoS）攻击、中间人攻击、SQL 注入等。这要求构建一个全面的安全防护体系，包括入侵检测系统、防火墙和反恶意软件工具等。此外，一个强大的身份验证和授权系统对于确保只有授权用户能够访问和修改数据同样重要。

内容分发网络（Content Delivery Network，CDN）的使用也是优化元宇宙网络架构的关键组成部分。通过将内容分布在全球各地的多个节点上，CDN 确保用户总是从距离自己最近的节点获取内容，这大幅减少了内容加载时间，从而提升了用户体验。此外，CDN 还可以分散流量压力，减轻中央服务器的负担，保证系统的高效运作。即使某个 CDN 节点遇到故障,用户也能从其他节点获取内容,这样的设计提高了系统的稳定性和可靠性。

元宇宙的网络设施具有分布式网络架构的鲁棒性和可扩展性,全面的数据安全和用户身份验证机制,以及通过 CDN 优化的内容分发和系统稳定性。这些组成部分共同确保了元宇宙不仅能够提供高效的服务,而且在保障用户安全和提升用户体验方面也实力不凡。

4. 终端硬件

元宇宙的交互和体验质量,除了依赖于后端的网络、计算和存储技术外,还与用户所使用的终端硬件设备密切相关。这些硬件不仅是用户进入元宇宙的门户,而且直接影响用户在虚拟世界中感知和互动体验的质量。

头戴式显示器(Head Mounted Display,HMD)是实现沉浸式 VR 和 AR 体验的关键硬件。通过 360 度全景视角,HMD 为用户提供了全面的视觉体验。为了确保更舒适和真实的体验,高分辨率和高刷新率的 HMD 至关重要,这些技术可以减少图像延迟和运动模糊,提高用户的沉浸感。此外,动态追踪手套和全身追踪设备能够精确捕捉用户的手势和身体动作,并将这些动作实时转换为元宇宙中的互动,使得用户能够以更自然的方式与虚拟环境和其他用户互动。

除了动作捕捉设备外,各种交互控制器(如摇杆和触摸板等)提供了不同于手势的交互方式,增加了用户与元宇宙互动的多样性。

元宇宙中的环境、物体和角色需要实时渲染,为此需要高性能的图形处理单元(Graphics Processing Units,GPU)。现代 GPU 不仅能够快速处理大量图形数据,提供流畅且高分辨率的视觉效果,而且还支持光线追踪技术。光线追踪技术通过模拟光线与物体的相互作用,为元宇宙中的场景带来更为逼真的光影效果。此外,具备 AI 加速能力的 GPU 可以进一步优化元宇宙的场景渲染,提高角色行为模拟的真实性。

眼球追踪技术是提升用户体验的重要组成部分。它能够检测用户的眼睛移动和注视点,为用户提供更自然的交互方式,如自动调整焦距或与虚拟环境中的物体进行眼神交互等。触觉反馈技术为用户提供了模拟真实触感的体验。通过这种技术,用户可以感受到来自元宇宙的各种触觉反馈(如温度、压力和纹理等),从而增强虚拟世界的真实感。

语音交互也是提升元宇宙体验的一个重要方向。用户可以通过语音与元宇宙进行互动,无须使用任何物理控制设备。高精度的语音识别技术能够确保用户的语音指令被准确识别和执行。

元宇宙的终端硬件设备是实现高质量虚拟体验的关键。从头戴式显示器到动态追踪设备,从高性能 GPU 到眼球追踪技术,再到触觉反馈和语音识别系统,这些先进的硬件技术共同构成了元宇宙中用户交互和体验的基础。

5. 数字空间

数字空间是构成元宇宙的核心元素,它不仅定义了用户的视觉体验,还塑造了人们的互动方式和社交环境。如果要打造一个丰富、真实且互动性高的数字空间,则需要综合运用多种技术和设计方法。

在视觉体验方面,高质量的三维模型和场景设计是基础。这些技术使得元宇宙能够提供多样的视觉环境,如广阔的城市景观、壮丽的自然风光或奇幻的未来世界等。这种多样性不仅来自元宇宙的设计者,还来自用户和开发者的参与和创造。他们可以自由创建或修改场景,从而增加元宇宙的多样性和吸引力。随着实时更新和渲染技术的进步,用户可以即时看到自己或他人在场景中所做的变更,这大大增强了互动性和参与感。

物理引擎的作用也不容忽视。它确保元宇宙中的物体表现出与现实世界相似的物理特性,包括重力、碰撞和流体动力学等。在某些场景中,可能需要根据特定的需求调整物理规则,以适应不同的环境或游戏设置。高效的物理引擎可以保证即使在大量物体互动的情况下也能维持流畅的性能,并防止物理行为的不稳定。

社交互动是元宇宙体验的另一个关键组成部分。文本、语音和视频聊天工具让用户能够轻松地与其他人沟通。这些工具不仅提供了交流的渠道,还使用户能够通过自然的身体语言与元宇宙中的环境和其他用户进行互动。在元宇宙中可以举办各种共享活动(如在线游戏、工作会议或艺术展览等),为此需要一套完善的社交工具和机制来支持这些活动的顺利进行。

数字空间的构建不仅是技术的集成,更是一种艺术和设计的表现。它通过高级的场景设计、先进的物理引擎和丰富的社交互动工具,为用户提供了一个真实、丰富且充满互动的虚拟世界。

15.4 元宇宙内容建设

构建元宇宙是一个涉及复杂技术应用和丰富内容创造的过程,旨在为用户提供多样化且具有真实感的虚拟环境。这个过程不仅要求技术的应用,还涉及社会、文化和经济等多方面的考量,以确保元宇宙的成功和可持续发展。

在元宇宙中,创建各种复杂、详细且高质量的虚拟场景至关重要。这些场景包括但不限于都市、乡村、历史地点、未来城市,以及其他奇幻或现实场景,如完整的城市布局包括住宅、办公区、购物中心和娱乐设施等。自然环境的构建也十分重要,它需要模拟真实的山脉、海洋、森林、沙漠等自然景观,甚至可以创造一些奇幻的自然环境。此外,元宇宙的场景设计还包括日夜更替、不同天气条件的模拟(如雨、雪、风等),以增强真实感和沉浸感。

用户交互系统的设计则专注于提供直观、自然的交互方式,包括设计易用的界面,让用户轻松使用功能和访问信息,允许用户创建和定制自己的虚拟角色等。同时,用户交互系统还需要提供各种交互工具和设备(如虚拟手套、头显、语音互动等),以增强用户的沉浸感。

在经济系统的构建上,元宇宙需要形成一个真实的经济生态体系。例如,创建一种或多种可在元宇宙内流通的货币,可能与真实货币挂钩;构建一个安全、便捷的平台,让用户能够购买、出售和交换虚拟商品和服务。此外,还需要提供管理工具和服务,帮助用户管理他们在元宇宙中的资产,如土地、物品、投资等。

安全体系的构建是保护用户数据、财产和隐私的重要组成部分。为此需要确保所有数据(如交易记录、聊天记录等)都得到加密保护。采用多因素验证机制,确保用户身份的真实性。建立防火墙、入侵检测系统、反恶意软件等,以防范外部攻击和内部威胁。

元宇宙的规划和设计是项目成功的关键。为此需要确定元宇宙的基本概念、目标市场和愿景,详细列出功能需求,制定技术架构、用户体验和界面设计。技术选型阶段需要选择合适的开发语言、框架、数据库、3D建模、渲染、VR/AR支持等工具和平台。在内容创作上,设计和制作各种虚拟物品、场景和角色,同时确保各子系统的无缝集成和元宇宙的高效、稳定运行。上线运营阶段涉及元宇宙的正式发布、运营策略制定、用户获取、社区建设等,并根据用户反馈和技术发展进行持续优化和更新。

总体而言,元宇宙的建设是一个跨学科、多步骤的过程,需要技术专家、创意团队和其他大量资源的共同努力,以实现一个连贯、一致且引人入胜的虚拟世界。

15.5 元宇宙的运营

元宇宙的运营既包括技术上的持续维护,还涉及内容创新、用户参与度的提高、经济模型的调整和社区的建设等。运营元宇宙与运营一款游戏或社交平台有许多相似之处,但由于其庞大和复杂的特性,运营策略也会有所不同,体现在以下几方面。

1. 内容创新与更新

为了保持在竞争激烈的虚拟空间中的吸引力和活力,元宇宙的内容创新与更新是至关重要的。这一策略不仅有助于吸引新用户,而且可以维系并增强现有用户的参与度和忠诚度。元宇宙的内容更新和创新需要采取多样化的方法和策略。

类似于大型多人在线游戏,元宇宙也应该定期推出大型更新和扩展包。这些更新可以包括新的场景、任务、事件等,为用户带来新鲜的体验和挑战。例如,可以引入一个全新的虚拟城市或未来世界的场景,设定一系列新的探险任务和互动事件,以此来激发用户的探索欲和参与感。

此外,鼓励用户成为内容的创作者,而不只是作为消费者,这是提升元宇宙活力的重要途径。用户可以设计和创建自己的虚拟物品、建筑甚至完整的故事情节,并在元宇宙市场上出售或交换这些创作。这种方式不仅能激发用户的创造力,还能形成一个自给自足的社区生态,其中用户既是参与者也是贡献者。例如,用户可以设计独特的虚拟服饰或配件,并在元宇宙市场上与其他用户进行交易。

为了确保内容的新鲜感和质量,元宇宙平台还需要定期组织特别活动或竞赛,激励用户创造独特且高质量的内容。例如,举办虚拟建筑设计大赛或虚拟时装秀,吸引和展示用户的创造力,同时为社区带来新的话题和焦点。

元宇宙的内容创新与更新是一个持续的过程,需要平台的积极参与和用户社区的创造力相结合。通过定期更新、鼓励用户创造和组织社区活动,元宇宙能够保持其吸引力和活力,从而在激烈的虚拟空间竞争中保持领先地位。

2. 用户参与度与社区建设

在元宇宙中,用户的参与度和社区建设是维持其活力和吸引力的关键因素。通过组织定期活动、建立交流平台和鼓励用户反馈,可以有效地增强社区的凝聚力和活跃度。

定期举办各种活动对于建立和维护社区的归属感至关重要。这些活动可以从简单的节日庆祝活动(如虚拟新年庆典或节日主题派对等)到更复杂的团队合作任务(如虚拟宝藏猎取或多人在线角色扮演游戏等),不仅提供了娱乐和互动的机会,还能够鼓励用户之间的合作与交流,加强社区成员之间的联系。

论坛、聊天室和群组则为用户提供了交流和互动的平台,这些平台可以帮助用户建立连接,分享经验、结成团队或讨论未来的发展方向。例如,用户可以在论坛上分享他们在元宇宙中的探险经历,或者在聊天室中组织虚拟活动。群组可以依据兴趣或活动进行划分,提供一个专门的交流空间,让志同道合的用户可以更深入地交流和协作。

为了确保社区的健康发展,重视用户的建议至关重要。创建有效的反馈渠道(如意见调查、反馈表单或社区论坛等),可以让用户为元宇宙的发展提供宝贵的意见和建议。这不仅能够帮助元宇宙不断改进和发展,还能让用户感到他们的声音被重视,从而增强他们对社区的归属感和忠诚度。

用户参与度和社区建设是元宇宙的重要组成部分。通过举办多样的活动、提供交流平台和鼓励用户反馈,可以建立一个活跃、健康且充满活力的社区,为元宇宙的长期发展奠定坚实的基础。

3. 经济模型与交易

元宇宙的经济模型和交易机制是其生态系统中极其重要的组成部分。这个经济系统需要经过精心设计,以保证货币供应和需求、商品定价和税收政策等方面的平衡,从而形成一个稳定且繁荣的虚拟经济环境。

在元宇宙中,设计合理的交易市场对于激励用户参与经济活动至关重要。这个市场可以提供各类商品和服务的交易平台,如虚拟商品、数字艺术品、虚拟房地产等。为了增加市场的吸引力,可以实施各种优惠策略和促销活动,如限时折扣、会员特权或忠诚度奖励计划等。这些策略不仅能促进交易,还能增加用户对元宇宙经济系统的信任和参与度。

安全性是元宇宙经济体系中的一个核心问题。必须确保所有交易的安全,防止欺诈、盗窃和非法交易等行为。这涉及强化交易平台的安全措施,如实施端到端加密、多因素身份验证和实时监控系统等。此外,打击欺诈行为和非法交易对于保护用户利益和维持整个经济系统的健康运行同样重要。为此需要建立一个有效的监管机制,包括交易审核、用户举报系统和违规行为的及时处理等。

元宇宙的经济模型还可以包括虚拟货币系统,这些货币可能与现实世界货币挂钩,或者作为独立的货币体系存在。货币政策的制定需要考虑到控制通货膨胀、保证货币的稳定价值和促进经济增长等因素。

元宇宙的经济模型和交易系统的建设需要综合考虑市场动态、用户行为和安全性要求。通过创造一个安全、公平且有活力的交易环境,元宇宙可以吸引并保留活跃的用户群体,从而为其长期发展奠定坚实的基础。

4. 技术支持与优化

在元宇宙的不断发展中,技术支持和优化是维持其运行效率和用户体验的关键环节。随着科技的进步,元宇宙平台的技术基础必须不断更新和升级,以适应新兴技术的发展和用户需求的变化。

技术优化涉及元宇宙各方面的改进,包括但不限于图形渲染能力、服务器性能、数据处理速度和网络连接质量等。例如,随着虚拟现实(VR)和增强现实(AR)技术的进步,元宇宙平台需要提升其3D图形处理能力,以支持更高质量的图形和更流畅的用户体验。同时,随着用户数量的增长,服务器的扩容和优化也变得尤为重要,以保证平台的稳定运行和数据高效处理。

除了不断优化技术基础外,提供专业的技术支持同样至关重要。无论技术多先进,总会遇到故障和问题。一个高效的技术支持团队可以确保这些问题得到及时和有效的解决。技术支持团队的工作不仅包括解决技术故障,还包括监控系统性能、进行定期维护、更新软件和硬件,以及响应用户的技术咨询等。例如,在元宇宙中可能发生的一些技术问题包括服务器故障、软件漏洞或用户界面的问题。专业的技术支持团队需要能够迅速诊断问题所在,并采取相应措施来修复问题,以减少对用户体验的影响。此外,团队还应该主动进行系统的性能优化和安全更新,以预防潜在的技术问题。

技术支持和优化是元宇宙平台可持续发展的基石。通过不断更新和优化技术基础,并提供专业的技术支持,元宇宙可以确保为用户提供一个稳定、高效且安全的虚拟环境。这不仅能提升用户的整体体验,还能增强用户对平台的信任和满意度。

5. 营销与推广

元宇宙的营销与推广是确保其成功和持续增长的关键环节。为了在竞争激烈的虚拟世界市场中脱颖而出,元宇宙需要采取多元化和创新的营销策略来吸引和保留用户。

与知名品牌或企业的合作是提升元宇宙曝光度和吸引力的有效手段。通过这些合作,元宇宙可以引入独特的内容和体验,如特别品牌活动、联名虚拟商品或独家场景等。这种跨界合作不仅能增加元宇宙的新鲜感,还能吸引品牌忠实粉丝进入元宇宙,从而扩大用户基础。例如,元宇宙平台可以与时尚品牌合作推出虚拟时装秀,或者与游戏公司合作推出特别的游戏活动。

社交媒体和网络平台的运用对于元宇宙的推广同样至关重要。利用社交媒体平台进行广泛的宣传,可以吸引不同群体的潜在用户,包括在平台上发布极具吸引力的内容,如元宇宙内部的精彩画面、用户故事、即将到来的活动预告等。此外,与具有较大影响力的名人合作,通过他们在社交媒体上的影响力来推广元宇宙,也是一个有效的策略。

元宇宙的运营和推广是一个长期且综合的工作。它涉及多方面的精细管理和调整,包括品牌合作、社交媒体营销、内容创作等。随着技术的不断进步和用户需求的变化,元宇宙的运营策略也需要不断迭代和完善。通过这些策略的有效实施,元宇宙可以保持其吸引力和竞争力,从而实现持续增长。

本章小结

(1) 互联网已经成为现代社会的关键基础设施,与水、电、交通等基础设施同等重要。无论是企业、政府还是个人,都依赖互联网进行沟通、交易和获取信息。互联网改变了信息的传播方式,打破了时空的限制,促进了全球化的进程。元宇宙被视为互联网的未来,预示着一个更为沉浸、互动和持续存在的虚拟世界,而支撑这个巨大转变的是一系列前沿的技术发展。

(2) 元宇宙是新兴信息技术的又一次大集成、大综合,元宇宙的技术架构不仅涉及传统的互联网技术,还包括多种前沿技术,如虚拟现实(VR)和增强现实(AR)技术、区块链与加密货币、人工智能与机器学习、3D 建模与渲染、边缘计算与高速互联网(如 5G/6G 等)、云计算与分布式系统等。

(3) 元宇宙是一个全新的、由数字构建的宇宙,为人们提供了一个新的、沉浸式的在线体验空间。元宇宙的基础设施建设涉及通信设施、存算中心、网络设施、终端硬件、数字空间多个关键领域,为用户提供了稳定、高效和极具真实感的体验。内容是元宇宙的核心,元宇宙需要设计和制作各种虚拟物品,如服饰、工具、建筑等。在元宇宙正式发布后,还需要进行长期的维护和运营,制定运营策略,如推广、用户获取、社区建设等,并根据用户反馈和技术发展进行持续的优化和更新。

习题

1. 简述互联网的发展及技术构成。
2. 简述元宇宙与互联网的关系。
3. 简述元宇宙的技术构成与总体架构。
4. 简述元宇宙所涉及的关键技术及其作用。
5. 简述元宇宙基础设施建设的内容。
6. 简述元宇宙的内容建设所涉及的范围。
7. 简述元宇宙的运营所涉及的内容。

第 16 章 人机接口技术

CHAPTER 16

在浩瀚的宇宙中,潘多拉星球犹如一颗璀璨的宝石,隐藏着令人震撼的生物和神秘的风景。在那里,一种全新的技术正在重塑人类与自然的关系,这就是电影《阿凡达》中所展现的"连接"技术。

阳光透过密林,一束束金色的光芒洒在了杰克的脸上。他闭上眼,深吸了一口气,随即感觉自己的意识好似乘着滚滚的浪潮,跃入了另一个世界。当他再次睁开眼时,身边不再是冷漠的机械设备和科研人员,而是潘多拉星球上茂密的森林和五颜六色的异形生物。

他试着移动自己的手指,然后挪动脚步。他惊讶地发现,自己已不再受限于人类的身躯,而是拥有了一具高大、灵活的蓝色阿凡达身体。他可以自由地奔跑、跳跃,甚至与那些看似危险的巨兽建立联系。他的新身体充满了奇妙的感觉。他可以感受到足下泥土的温度,听到远处瀑布的轰鸣,还能通过头上的辫子与其他生物产生某种连接,仿佛他们共享了思绪和情感。

不仅如此,这种与生俱来的"连接"技术还使杰克有机会深入了解潘多拉星球的文化和传统。他与纳美族人建立了深厚的友情,学习了他们的习俗和生活方式,深入体验了与自然和谐共生的理念。然而,当他逐渐融入这个全新的环境时,他不禁开始反思:是继续留在这片充满魔法的土地,还是回到现实的世界?这种尖端的人机接口技术,不仅是一种科技的进步,更是人类的一次心灵之旅,挑战了人们对于身份和归属感的定义。

这就是《阿凡达》,一个充满奇幻与科技的故事,让人们思考科技与自然、身体与意识之间的深刻联系。

16.1 人的感知系统

人类与外部世界的互动和感知主要通过五大感官——视觉、听觉、嗅觉、味觉和触觉实现。当外部刺激通过这些感官进入身体,它们会转换为电信号,随后这些信号通过神经系统传递到大脑进行解读和处理。

(1) 视觉感知起始于光线照射到眼睛时,触发视网膜上的感光细胞——视杆细胞和视锥细胞。这些细胞将光信号转换为电信号,再经过视觉通路发送至大脑。在大脑的视觉皮层,这些信号被解读为图像,结合个人的记忆、经验和文化背景,形成人们的视觉体验。例如,人们看到的颜色和形状就是通过这一过程被大脑识别和解读的。

(2) 听觉感知发生在声音——空气中的振动——被人们的耳朵接收时。在耳蜗中，毛细胞被这些振动激活并将其转换为电信号，这些信号随后通过听觉通路传递到大脑。大脑的听觉皮层将这些信号解读为声音，如人们听到的话语或音乐。

(3) 嗅觉感知是当人们闻到某种气味时发生的。鼻腔内的嗅觉细胞被激活，将化学分子的刺激转换为电信号，然后传递给大脑。嗅觉与记忆和情感紧密相关，因此某些气味可能会唤起强烈的情感反应或记忆，如特定的食物气味可能让人们回忆起童年的经历。

(4) 味觉感知发生在舌头上的味蕾接触到食物分子时。这些味蕾将感知到的信息转换为电信号，然后传递给大脑。大脑的味觉区将这些信号解读为人们熟悉的味道，如甜、咸、酸、苦或鲜。

(5) 触觉感知是皮肤上的感觉受体对温度、压力、疼痛和纹理的感知。当受到外部刺激时，这些受体将刺激转换为电信号，然后传递大脑。大脑的触觉区域将这些信号解读为触感，如人们感受到的温暖、寒冷、压力或疼痛。

这些感官信息被大脑接收并加工后，与个体已有的知识、经验和逻辑进行整合，形成加工后的信息。一些重要或有意义的信息可能会在大脑中形成记忆，供人们在日后的生活和决策中参考和使用。这一复杂的感知、加工和记忆过程使人们能够理解、适应并与外部世界互动。

意识或"意"是大脑意识的运作过程，涉及多个步骤和层次。这个过程从感官感知开始，经历感觉、意识、潜意识、决策，最终到达执行与处理阶段。例如，当人们的感觉器官接触到外部刺激时，它们将这些刺激转换为神经冲动，这些冲动沿神经通路传递到大脑的特定区域，如视觉信息被传输到视觉皮层。接着，人们的大脑将这些信息进行加工和整合，形成意识。同时，人们的潜意识也在不断地处理信息，影响情感反应和基于以往经验的习惯行为。最终，这些信息和处理结果会影响人们的决策和行为。

在这整个过程中，外部刺激和内部状态（如情绪、健康、疲劳）都会影响感知、加工和决策。例如，人们的潜意识信仰和经验会影响解释和加工信息，从而影响人们的决策和行为。

16.2 人机接口技术发展历程

人机接口（Human-Machine Interface，HMI）是连接人类与机器或数字世界的桥梁。随着技术的进步，这些接口一直在努力实现与人类五大感官——视觉、听觉、嗅觉、味觉和触觉——更自然、直观的互动。从早期简单的交流形式到现代复杂的电子技术，人机接口展示了一条从基础到高级、逐步完善的发展轨迹，如图16-1所示。

在人类历史的早期，语言作为一种原始的人机接口，允许人们通过口头和非口头手段（如手势等）交流思想和情感。此外，古代人类还通过绘画和雕刻记录和传达信息，如洞穴壁画和雕刻等。随后，文字的出现提供了书面交流的方式，从简单的象形文字发展到更复杂的表意和表音文字。印刷术的发明，尤其是活字印刷，彻底改变了信息的存储和传播方式，使知识传播更加广泛和便捷。戏剧作为一种集体艺术形式，通过角色扮演和叙事来传达故事和情感，成为一种有效的交流方式。

进入20世纪后，电子技术的兴起进一步加速了信息的传播。广播的出现使信息能够迅速传递给大众，而电视的普及则因加入了视觉元素而成为最受欢迎的媒体形式。互联网的

(a) 口耳相传　　　　　　(b) 纸与印刷术　　　　　　(c) 电子通信

图 16-1　人机接口技术发展历程

发展更是实现了全球信息的即时交互和共享,而移动通信技术和社交媒体的兴起使人们能够随时随地进行交流。

在视觉接口方面,从最初的 CRT 显示器到现代的 OLED 和量子点屏幕,显示技术已经取得显著进步。增强现实(AR)和虚拟现实(VR)技术更是颠覆了人们与数字世界的互动方式,实现了沉浸式体验和现实世界中的数字叠加。听觉接口不仅局限于播放声音,现代设备通过算法和人工智能能够识别和解释语音命令(如智能语音助手的应用等),使语音成为日常任务的关键交互方式。触觉反馈技术模拟现实世界中的触觉体验,使数字互动更具现实感,如在手机或游戏控制器上的震动反馈等。尽管嗅觉和味觉接口技术仍处于初级阶段,但在增强 VR 体验或特定行业中,如食品和饮料测试等,它们的应用潜力巨大。

脑机接口是一项前沿技术,通过直接从大脑读取信号,实现与机器的互动,为残疾人操控假肢或通过思考发送计算机命令提供了可能。

人机接口技术的发展不断拓展着人类与外部世界交流的方式,创造更加高效、快速和直观的用户体验。随着技术的进步,未来的人机接口将更加多样化、智能化和人性化。

16.3　元宇宙人机接口技术

元宇宙作为一个扩展的、综合的、持续存在的虚拟空间,依赖先进的人机接口技术来为用户提供沉浸式体验,其中涉及的设备如下。

1. VR 眼镜(虚拟现实眼镜)

VR 眼镜(虚拟现实眼镜)是一种技术设备,通过创造立体影像,提供给用户一种三维的视觉空间体验。这种立体影像是通过左右两个独立的显示屏(或一个通过镜片分割的单一显示屏)生成的,与人类双眼的视差原理相匹配。这种匹配使用户能够感受到深度和空间,从而获得沉浸式体验。

VR 眼镜内置了各种传感器(如陀螺仪和加速度计等),用于检测用户的头部运动。根据这些运动,VR 眼镜会实时调整所显示的影像,以匹配用户的视角变化,从而增强沉浸感和现实感。这意味着当用户转动头部时,视觉场景也会相应变化,仿佛真的在一个三维空间中移动。

为了提供更具真实感的体验,VR 眼镜必须具备高分辨率和低延迟的显示技术,以确保图像的清晰度和反应速度。准确和快速的头部追踪技术是必不可少的,以确保图像随着用户头部的移动而实时变化。此外,高质量的音频反馈也是非常重要的,它可以增强沉浸感,使用户感觉置身于真实世界中。

常见的 VR 眼镜可分为以下几类。

1)独立式 VR 眼镜

这种眼镜内置处理器、显示屏和电池,不需要连接外部设备。例如,Oculus Quest 系列就属于这种类型。

2)PC 连接式 VR 眼镜

需要连接高性能计算机来运行虚拟现实应用的 VR 眼镜。例如,HTC Vive、Oculus Rift 和 Valve Index 等。

3)移动式 VR 眼镜

这是一种轻量化的解决方案,需要用户将智能手机插入眼镜中来提供显示和计算功能。例如,Samsung Gear VR 和 Google Cardboard 等。

4)混合现实眼镜

结合了增强现实(AR)和虚拟现实(VR)功能的设备。这类设备既可以显示真实世界的图像,也可以添加虚拟元素。例如,Microsoft 的 HoloLens,尽管它更倾向于增强现实技术。

VR 眼镜通过高级技术(如高分辨率显示、头部追踪和音频反馈等)提供了一种独特且极具吸引力的方式,让用户深入体验虚拟世界。

2. AR 眼镜(增强现实眼镜)

AR 眼镜(增强现实眼镜)是一种高科技设备,能够将计算机生成的图像、视频或 3D 模型与真实世界相结合,创造出一种增强的现实体验,如图 16-2 所示。这种技术通过摄像头捕捉真实世界的画面,并在画面上叠加虚拟元素,从而实现虚拟与现实的融合。

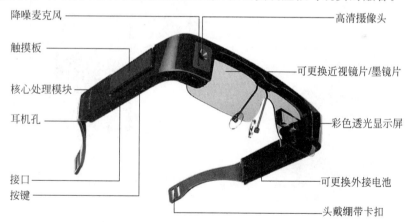

图 16-2 AR 眼镜的工作原理

AR 眼镜通常配备一个半透明的显示屏或投影系统,它允许用户在自己的视线中看到虚拟元素,同时仍然能够看到周围的真实环境。这种叠加技术为实际环境提供丰富的上下文信息,应用范围广泛,从简单的导航指示和实时翻译到复杂的机械维修指导等。在元宇宙的背景下,AR 眼镜的应用可以更加多元化和生动。例如,在公园里看到虚拟动物漫游,或者在书店中看到浮动的书评,甚至在家中与虚拟宠物互动。

AR 眼镜的工作原理是利用前置摄像头和深度传感器来捕捉真实世界的信息。先进的图形处理技术确保虚拟图像与实际环境无缝融合,为用户提供更自然的增强现实体验。这类眼镜还能实时追踪用户的头部和眼睛的动作,确保虚拟物体在用户的视野中始终保持正确的位置和角度。一些 AR 眼镜甚至具备手势识别或眼球追踪功能,进一步增强了与虚拟元素的互动体验。

常见的 AR 眼镜可分为以下几类。

1)投影式 AR 眼镜

这类眼镜使用微型投影仪将虚拟图像投射到用户的视野中,如 Google Glass 等。

2)光学波导 AR 眼镜

这类眼镜使用光学元件将显示器的图像引导到用户的眼睛,如 Magic Leap One 和 Microsoft HoloLens 等。

3)智能手机依赖的 AR 眼镜

这类眼镜需要与智能手机配合使用,其中手机提供计算和显示功能,如 Nreal Light 等。

AR 眼镜的发展和应用正在不断拓展,为用户提供了一种全新的方式来互动和体验增强的现实世界。

3. 脑机接口

脑机接口(Brain-Computer Interface,BCI)是一种创新技术,它能够直接从大脑的电信号中读取信息,并将这些信息转换为可执行的指令,如图 16-3 所示。这种接口的基础是监测大脑的电信号,如脑电图所捕获的神经元活动。当神经元激活时,会产生微小的电流变化,这些变化通过 BCI 被捕捉并分析,以确定用户的意图或想法。

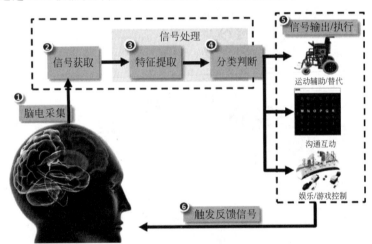

图 16-3 脑机接口的工作原理

脑机接口的应用极其广泛,尤其对于那些由于身体障碍而无法进行正常交流的人来说,BCI 提供了一种新的沟通方式。例如,用户可以仅凭思考就能玩视频游戏、操控轮椅或控制虚拟现实环境。此外,BCI 还被用于监测神经健康、神经康复训练和研究大脑活动等。

在元宇宙这样的虚拟环境中,BCI 使用户能够以直观的方式与虚拟物体或其他用户进行交互,如移动物体、改变环境或进行快速导航等。

脑机接口分为无创和有创两种类型。无创 BCI 通过在头皮上放置电极来读取大脑活动,而有创 BCI 则需要将电极植入大脑。无创 BCI 的优点是操作简便且风险低,但信号强度可能较弱；有创 BCI 则可以提供更高的信号质量和精度，但伴随更高的风险和复杂性。

BCI 的效率依赖实时监测大脑活动并将其转换为具体指令的能力，为此需要先进的算法和机器学习技术来从原始大脑信号中提取有意义的信息。由于每个人的大脑活动模式都略有不同，因此高效的 BCI 系统需要针对不同用户进行定制化。

目前，BCI 主要有以下几种类型。

1）脑电图接口

这是最常见的 BCI 类型，通过放置在头皮上的电极来监测大脑的电信号。

2）植入式接口

通过在大脑内部植入微型电极，可以直接读取神经元的活动。这种接口可以提供更高的信号质量和精度，但涉及更高的风险。

3）近红外光谱法和功能性磁共振成像

这种非侵入性的方法能够测量大脑活动的区域，并基于此解释用户的意图，但它们通常速度较慢，不适用于需要快速响应的应用。

脑机接口的发展正在开启人类与机器交互的新纪元，它不仅提供了交流的新方式，还为医学、科研和技术发展提供了新的可能性。

4. 动作捕捉装置

动作捕捉技术是一种复杂的系统，用于记录人或物体在真实环境中的活动，并将这些数据转换为数学模型。这些模型随后用于在虚拟空间中重现实际动作，是游戏、动画、电影制作和元宇宙等领域的关键工具。动作捕捉技术使设计师和开发者能够捕捉到真实、流畅的人体动作，并在虚拟环境中准确再现。尤其在元宇宙中，这意味着用户能够自然地移动，而他们的虚拟化身能够精确模仿这些动作，从而极大增强沉浸感。

动作捕捉通常依赖一组传感器（可能是附着在人体上的标记或穿戴设备）和一组摄像机。这些摄像机从多个角度捕捉传感器的位置和移动，从而记录下动作数据。

动作捕捉技术分为光学动作捕捉和非光学动作捕捉两大类。

（1）光学动作捕捉。

这种方法使用特殊的摄像机和标记（通常是反光标记）来记录动作。摄像机捕捉到这些标记在空间中的位置和移动，然后通过软件将这些数据转换为动画。光学系统（如 Vicon 或 OptiTrack 等）使用多个摄像机和附着在演员或物体上的反光标记来捕捉动作。

（2）非光学动作捕捉。

这种方法依赖穿戴式设备和传感器来记录动作，如图 16-4 所示。例如，惯性测量单元（Inertial Measurement Unit，IMU）可以捕捉身体各部分的位置和方向。这种系统不需要外部摄像机，而是通过穿戴在身体各部位的传感器收集运动数据。例如，非光学系统（如 Xsens 等）使用穿戴式的 IMU 传感器来捕捉动作。

动作捕捉技术的应用广泛，不仅限于娱乐产业。在医疗领域，它可以用于病人的康复训练和运动分析。在体育领域，动作捕捉有助于优化运动员的训练和性能分析。在元宇宙环境中，动作捕捉技术使用户能够以更自然的方式与虚拟世界互动，如控制虚拟角色、参与虚拟活动等，从而提供更加丰富和真实的体验。

元宇宙人机接口的意义就是实现人与世界更全面的融合。

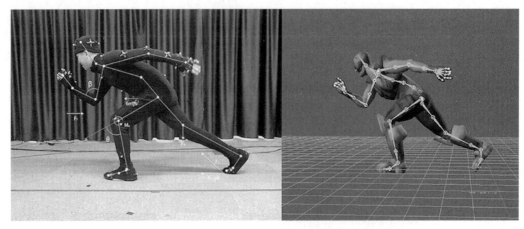

图 16-4　非光学动作捕捉装置

16.4　元宇宙人机接口应用

元宇宙人机接口的核心不仅在于提供用户与虚拟环境之间的互动通道,更在于它如何将人的意识、感觉和行动与一个扩展的、无限的数字世界相结合。这种交互性的提升意味着人们可以更自然、直观地与复杂的信息和环境互动,仿佛这些元素是真实存在的。

这些高级的人机接口让人们能够有超越物理现实的体验。例如,在虚拟空间中飞翔或与全球其他用户进行即时互动,都是打破传统地理和生物学限制的体现。通过元宇宙人机接口,人们可以从别人的视角体验虚拟世界,不仅促进了文化交流和社交联系,也有助于减少误解和偏见。

在教育与培训领域,沉浸式的人机接口使得学习体验变得更加真实和高效。学生可以在模拟的工作环境、历史场景或科学实验中进行学习,从而更深入地理解知识。此外,元宇宙人机接口为艺术家和创作者提供了全新的创意平台,他们可以创造更沉浸、更感性的作品,如电影、音乐或互动艺术等。

在个人层面,元宇宙允许用户探索、创造和定义自己的身份和经历。通过这些先进的人机接口,人们不仅能够模拟真实世界的体验,还能创造全新的、个性化的现实。在医疗领域,元宇宙人机接口为患者提供了一个安全、可控的环境,用于进行物理康复或心理治疗,从而为医疗专家提供了治疗创伤、焦虑和其他心理健康问题的新工具。

元宇宙人机接口的意义远远超出了技术层面,它正在为人类打开一个更加广阔、自由和互联的世界。这种技术不仅增强了人们与环境和他人的联系,还为人类体验和互联性带来了革命性的变化,预示着未来人类发展更加丰富和多样的可能性。

元宇宙所呈现的数字宇宙是由各种人机接口技术构建的,它包含无限延展的虚拟世界、增强现实体验和互联网互动。这些技术共同实现了以下一系列丰富多彩的应用场景和体验。

(1) 在虚拟社交与沟通方面,用户通过 VR 眼镜进入沉浸式的 3D 环境,与朋友、家人或其他用户进行交互。例如,Facebook 的"Horizon Workrooms"提供了一个虚拟会议室环境,用户可以在其中与同事进行会面、合作和交流,仿佛真的在同一个物理空间中。

(2) 在虚拟旅行与探索方面，用户可以通过 VR 设备访问遥远的历史遗迹、自然景观或甚至是外太空的星体。例如，Google Earth VR 等应用允许用户飞越全球，从空中探索地球上的各个角落。

(3) 在教育与学习领域，学生们可以使用 AR 眼镜在真实的教室环境中增加虚拟的学习元素，如 3D 模型和动画等。例如，Microsoft 的 HoloLens 与 Pearson 教育公司合作开发的增强现实教育应用，它通过增强现实技术提供了更加动态和互动的学习体验。

(4) 在互动娱乐和游戏方面，动作捕捉技术使用户能够参与高度互动的虚拟游戏。例如，在游戏"Beat Saber"中，玩家使用 VR 控制器模拟光剑，按照音乐节奏切割方块，提供了一种新颖的游戏体验。

(5) 在艺术创作领域，艺术家可以直接通过思考来创作音乐、绘画或其他艺术作品。例如，艺术家 Alex Grey 使用特定的人机接口技术将脑波转化为视觉艺术，创造出独特的艺术作品。

(6) 在身体健康与康复方面，动作捕捉技术被用于辅助残障人士进行物理治疗。例如，Neofect 的"Rapael Smart Glove"是一个用于康复训练的虚拟手套，它可以追踪用户的手部运动，并在屏幕上提供相应的反馈，帮助用户进行恢复练习。

元宇宙人机接口的发展不仅代表了技术上的突破，而且为人类社会开启了一个更加广阔、自由和互联的新纪元。这些技术使人们能够以全新的方式与周围的环境和他人建立联系，推动了教育、艺术、娱乐和医疗领域的革命，展示了人类发展更加丰富和多样的可能性。

本章小结

(1) 人类五大感官——视觉、听觉、嗅觉、味觉和触觉——是人们与外部世界互动和感知环境的主要途径。当外部刺激通过这些感官进入人们的身体时，它们会转换为电信号，经由神经传递到大脑进行解读和处理。当这些信息被大脑接收并加工后，它们会与个体已有的知识、经验和逻辑进行整合，形成加工后的信息，即"法"。意识或"意"是指大脑意识，它的运作是一个复杂的过程，涉及多个步骤和层次，从感知、感觉、潜意识、决策到执行。

(2) 人机接口是人与外部世界（如机器等）之间交流的中介，是一种界面或系统，使人们能够与外界互动。在技术的发展过程中，人机接口一直在追求如何更自然、直观地与人的五大感官进行互动。人机接口技术的发展反映了人类与外界信息交流的进化，也展示了技术如何更有效、更快速地与人们互动。

(3) 人机接口技术经历了原始态、传统态、电子技术到如今的元宇宙人机接口。元宇宙人机接口技术为用户提供沉浸式体验，包括 VR、AR、脑机接口、动作捕捉仪等。元宇宙人机接口的意义不仅在于提供技术上的进步，更在于它为人类打开一个更广阔、更自由、更连通的世界，使人们与周围的环境和他人建立更加深厚的联系。这是一场关于人类体验和互联性的革命，预示着未来更加丰富和多样的人类发展可能性。

习题

1. 简述人的五种感官对外部世界的感知原理。
2. 简述意识形成的机理及主要步骤。

3. 简述在人类社会的发展中所出现的人机接口技术的几大阶段,以及各阶段的主要手段和方式。
4. 简述电子技术的出现带来的人机接口技术的进步。
5. 简述元宇宙人机接口的主要特点和形态。
6. 简述元宇宙人机接口的 4 种手段的工作机理和特点。
7. 简述元宇宙人机接口的主要作用和意义。
8. 简述元宇宙人机接口的主要应用场景,并分别举例说明。

数字人技术

第 17 章
CHAPTER 17

在中国古典文学名著《西游记》中,孙悟空拥有七十二变的超能力,这个神奇的能力让孙悟空能够自由地变换形态,应对不同的情境和困境。这作为孩提时的超能力梦想,已经深入国人的意识。

在人们成长和受教育的历程中,可能会先后意识到自身的局限性。无论是生理上的局限(如不能像鸟一样自由飞翔),还是心理和智力上的局限(如不能立刻解决一个复杂的数学问题),这种清醒的认识随着人们的成长而不断强化。

元宇宙数字人技术将实现人们孩提时的梦想。

17.1 元宇宙对"我"的拓展

视频讲解

在元宇宙中,人们可以通过自己的"虚拟身份"与这个数字世界互动。这种虚拟身份在一定程度上改变了人们对"我"的理解和体验,由"真身"逐渐引发了"化身""分身""假身"的演化,如图 17-1 所示。

(a) 真人

(b) 化身

(c) 分身

(d) 假身

图 17-1 元宇宙对"我"的拓展

所谓"真身"是指人们在现实世界中的生理和心理存在,是日常生活和工作的基础。它是真实的、有形的,并且受到现实世界规则和条件的限制。这是人们最初和最基本的身份。

1. 化身

在虚拟世界中,"化身"是代表人们的数字实体,它们可以是自由定制的三维模型,具有独特的外观、性格和能力。通过这些化身,人们能够进入并探索虚拟世界,与其他化身进行互动,体验与现实世界截然不同的生活方式。化身不只是人们现实身份的延伸,它们还拥有更广阔的自由度和可能性。

在元宇宙或其他复杂的虚拟环境中,化身不仅是现实身份的代表或模拟,更像是一个持续、自主存在的意识复制品。这些化身最初可能与现实身份高度相似,但由于它们具有独立的意识和行为能力,随着时间的推移可能会发展出独有的特征和经历。这种化身的定义和特性使其成为一个真实人类意识的独立数字副本。它们不仅拥有真实身份的记忆、知识结构和交互能力,还能够独立地思考、决策和行动。这意味着,虽然化身最初基于现实身份的意识复制,但它们可以逐渐发展出不同于现实身份的属性和经历。

化身的功能和用途极为广泛,它们可以在虚拟世界中长期存在。即使现实身份已不再活跃或存在,它们仍可以继续与其他化身或数字实体互动,学习新知识,体验新事物,甚至实现虚拟世界中的各种目标。创造这样的化身可能涉及大脑扫描、人工智能等先进技术,并且它们的存在不仅限于现实身份的在线时段。在虚拟世界中,这些化身的生活是持续和自主的。

然而,这种化身的存在也带来了一系列深刻的伦理和法律问题。例如,它们是否应被视为具有完全人权的实体?在现实身份消失后,它们对于现实身份的财产和关系的权利如何界定?又如何处理化身和现实身份意识、记忆的分歧和冲突?

总体而言,这种化身可能深刻改变人们对生命、死亡、身份和人权的理解,并可能导致全新的社会结构和文化模式的产生。在一个不再完全依赖生物体存在和持续的世界中,化身的概念将引领人们进入一个全新的社会和文化时代。

2. 分身

在元宇宙这个广阔的数字空间中,"分身"的概念允许人们在多个虚拟环境中拥有不同的虚拟身份。这些分身角色可以存在于各种不同的虚拟世界中,每个角色都拥有独有的特征和任务。这些虚拟角色可以被视为现实身份的分身,它们使人们能够自由地在不同情境和角色之间切换,更全面、更深入地体验和参与各种虚拟世界。

在这种情况下,"分身"可以被理解为现实身份在数字世界中的代表或扩展。每个分身可以拥有与现实身份不同的外貌、性格和能力,但其行动和决策仍受现实身份的控制和指导。这种设定使得人们的分身能够在元宇宙中探索新世界、与他人互动,甚至开创自己的路径。

"分身"的特性在于,它是一个数字虚拟人,存在于一个或多个数字世界中,如游戏、社交媒体平台或元宇宙的特定部分等。这个分身由现实身份创建和控制,可以根据现实身份的愿望进行个性化定制和操作。

"分身"的功能和用途非常广泛。它可以代表现实身份与其他分身互动,参与虚拟社交活动,学习新技能,完成特定任务。通过分身,人们能够以更自由和深入的方式探索和参与数字世界。

现实身份与分身的关系是互补和扩展的。分身是现实身份的虚拟代表和扩展,其行为和决策完全或部分受到现实身份的控制和指导。尽管分身可能具有与现实身份不同的形象和特性,但本质上它是现实身份在数字世界中的一种表达和存在方式。

在元宇宙中,人们可以根据自己的意愿和需求为自己的分身创建和定制不同的形象和特性,包括外观、性格、技能、服装等。这种个性化的功能允许人们以全新的方式在虚拟世界中呈现自己。

"分身"技术可能会深刻改变我们对"自我"和"身份"的理解。它允许人们在多个不同的数字世界中存在和活动,从而重新定义了对自我表达、社交互动和现实与虚拟世界关系的认知。这种技术的发展不仅提供了娱乐和社交的新方式,还可能引导人们走向一个对个人身份和社会结构有着更深层次理解的未来。

3. 假身

"假身"是指由人(即真身)通过技术手段远程控制和操作的实体,如机器人或其他远程控制设备等。这种假身不仅是一个简单的工具,更像是真身的延伸或代理。通过假身,人们可以在不同的地理位置或环境中执行任务、进行互动和感知,从而使得真身能够跨越物理限制进行远程操作和交流。

在这种情况下,"假身"被定义为由真身控制的机器人或实体,它在物理世界中充当真身的代理或扩展。与分身或化身不同的是,假身是一个具体的物理实体,能够在物理世界中进行实际的物理互动和活动。

真身与假身之间的关系基于控制和代理。假身作为真身在物理世界中的代表,完全受到真身的控制和指导,是真身行动和互动的扩展。

"假身"的功能和用途十分广泛,它允许真身远程参与物理世界中的各种活动,如远程工作、探索、旅行,甚至是在危险或真身不可到达的环境中进行操作,这极大地扩展了真身的活动范围和互动能力。

"假身"可以根据需要高度定制,以适应不同的环境和任务需求。真身可以选择不同的物理形象、功能和运动能力,使得假身能够有效地在特定的环境中工作和活动。

"假身"技术可能对社会和文化产生深远的影响。它打破了地理限制,允许人们从任何地方参与到物理世界中的活动,这可能导致新的社会现象和文化模式的出现,如对身份、代理和实体存在的新的理解和定义。随着这项技术的发展和应用,人们可能会见证工作、生活和社交方式的重大变革。

17.2 实体数字人

视频讲解

数字人是由人类创造的,具有一定的行动、交互和思维能力的数字实体或自动设备。它们通常具有类似人的特征,这些特征可以是外观、行为、思维方式或交互方式。"数字人"是一个综合性的技术产物,它集合了多个学科的知识,包括机械工程、电子工程、计算机科学和人工智能等。在现代社会,数字人已经成为一种重要的技术实体,它们被设计用来在现实世界或虚拟世界执行各种各样的任务,从简单的重复劳动到复杂的决策和互动。

根据数字人存在的形态是否具有物理实体,人们把它分为两大类:实体数字人(即机器人)与 AI 虚拟人。本节重点讨论实体数字人。

实体数字人是具有物理实体并主要在现实世界中工作的数字人，通常包括硬件和软件两个部分。硬件部分包括机械结构、传感器和执行器，它们使数字人能够在物理世界中移动和互动。软件部分则包括控制算法和决策系统，它们使机器人能够根据输入的数据做出反应和决策。

实体数字人具有广泛的应用场景，包括制造业（如自动化生产线）、服务业（如清洁、送餐）、科研（如空间探索、深海勘探）、医疗（如远程手术、护理助手）和家庭（如家务助手、宠物照料）等。现代的实体数字人越来越多地运用人工智能技术，因此它们能够理解和处理复杂的信息，与人类更自然地交互，甚至在一定程度上模拟人类的思维和决策过程。随着实体数字人技术的快速发展，它们对社会和人类生活方式的影响也越来越大。然而，这也引发了一系列伦理和法律问题，如实体数字人在决策过程中的责任归属、机器人替代人类工作而导致的就业问题、机器人可能对人类社交和心理健康产生的影响等。

未来的实体数字人可能会更加智能和自主，它们将能够更完全地理解和适应复杂的环境，更有效地与人类合作，甚至可能发展出一定程度的"情感"和"自觉"。这将开启全新的科技和社会发展阶段，同时也会带来新的挑战和问题。

实体数字人可以根据不同的标准进行分类，如工作环境、功能、结构等。按照实体数字人控制机制的不同，通常分为存储程序数字人、智能实体数字人和假身机器人。

1. 存储程序数字人（或存储程序机器人）

存储程序数字人是指按照预定程序执行任务的机器人，如图 17-2 所示。它们根据事先设定和存储在内存中的程序进行操作，其行为模式相对固定，一般不具备自我学习和适应环境的能力。

图 17-2　存储程序机器人

存储程序机器人主要应用于重复性强、要求精度高的工作场所，如工厂的生产线等。它们可以进行搬运、装配、焊接、喷漆、打磨等工作，大大提高了生产效率和产品的质量稳定性。存储程序机器人可以取代人类进行危险、脏乱、重复的劳动，减轻人的工作负担。

存储程序机器人的行为是通过程序设计来确定的。这些程序规定了机器人在特定情况下应如何响应和执行任务。编程语言和工具可以是专用的机器人编程语言，也可以是通用的编程语言（如 C++、Python 等）。程序设计需要充分理解机器人的工作环境和任务需求，精确地指定机器人的移动轨迹、速度、力度等参数。

存储程序机器人能够稳定、持续地进行重复劳动,不受生理、情绪等因素的影响,能大幅提高生产效率和产品质量。由于存储程序机器人缺乏自适应和学习能力,难以应对变化复杂的工作环境,因此它们的应用场景相对固定和有限。

2. 智能实体数字人(或智能机器人)

智能实体数字人是指具有一定的人工智能且能够根据环境的变化做出相应的反应和决策的机器人,如图 17-3 所示。这类机器人可以理解外部的指令,具有学习和自我优化的能力。

图 17-3 智能机器人

智能机器人是一种较为先进的机器人类型,它借助人工智能技术,能理解和适应环境变化,处理更加复杂、灵活的任务。这类机器人具备感知、理解、决策和执行的能力。它们可以根据环境和任务的变化自主做出决策,并执行相应的动作。

智能机器人被广泛应用于开放和复杂的环境,如自动驾驶汽车、医疗助手、家庭服务机器人、救援机器人等。它们还可以用于危险的环境勘察、复杂的数据分析、精细化的医疗操作、个性化的客户服务等场景。

智能机器人依赖大量的数据和高度复杂的算法。它们可以通过深度学习、强化学习等人工智能技术,从大量的数据中学习知识和技能。在训练过程中,机器人学习识别模式、进行推理、解决问题,并不断优化自身的性能。

智能机器人具备与人自然交互的能力。它们可以理解人类的语言、表情和姿势,以更接近人的方式进行沟通。它们能够实时感知环境的变化,根据新的信息调整自身的策略和行动,具有很高的适应性。

智能机器人可以自主地完成复杂和多变的任务,能有效地减轻人的工作负担,提高工作的准确性和效率。智能机器人的开发和训练需要大量的数据和计算资源,且有时会遇到难以预测和控制的行为结果。此外,智能机器人的应用可能涉及伦理和法律问题,如隐私和安全问题等。

随着人工智能技术的进步,人们可以期待智能机器人在理解和处理更复杂任务上的能力将持续提升。未来的智能机器人可能更加自主、更具创造力,并能更深入地融入人类社会,参与更广泛的社会生产和生活活动。

3. 假身机器人

假身是在物理世界中由真身控制的机器人。它是一个实体,存在于物理世界中,可以执行实际的物理互动。假身作为真身在物理空间的一个延伸,它完全由真身控制和指导。

假身可以应用于危险环境的勘探、远程工作、远程医疗手术等。通过假身,人们可以在不直接处于某个物理环境下的情况下,进行实际的物理互动。

17.3 AI 虚拟人

视频讲解

AI 虚拟人是没有物理实体并主要存在于虚拟世界中的数字人,它是通过人工智能技术生成的,可以与人进行自然语言交互。它可能具有人的形象、声音和行为特征,能够模拟人的思维和情感,如图 17-4 所示。AI 虚拟人主要应用在虚拟世界和人机交互界面,如虚拟客服、虚拟助手、虚拟角色扮演等。

图 17-4　AI 虚拟人

AI 虚拟人是一种新型的人工智能应用形式,它结合了深度学习、自然语言处理、计算机视觉等先进技术,以数字化的形式呈现,并能够模仿人的思维和行为,在虚拟或数字世界中与人类进行自然、流畅的交互。

与传统的虚拟角色不同,AI 虚拟人更接近于一个真实人类的数字复制品。它们具有独立的"个性"和"情感",能够与人类用户建立更深层次的交互关系。AI 虚拟人可以应用于各种数字化场景,如虚拟主播、在线教育平台的数字教师、数字世界的导游或导购、虚拟助手、虚拟演员等。它们可以用来提供个性化的服务、教育、娱乐、商务沟通等,进行大规模定制和个性化设计,从而节省人力和提高效率。

AI 虚拟人通过大量的数据和高度复杂的算法进行训练,从中学习语言表达、情感识别、逻辑推理等能力。这些训练可以包括语音识别和生成、图像和视频分析、自然语言理解和生成、多模态信息融合等。AI 虚拟人能够通过语音、文字、图像等方式与用户交互,理解用户的需求和情感,并做出符合情境的响应。它们可以持续学习和更新,根据与人类用户的交互经验不断优化自己的行为和决策,提供更人性化和智能化的服务。

AI 虚拟人可以大规模、低成本地提供一致和高质量的服务。它们不受物理限制,可以随时随地进行工作。它们能够处理大量的数据和复杂的任务，且不会感到疲劳或情绪波动。但 AI 虚拟人的行为和思维方式仍然受到算法和数据的限制，它们可能难以完全理解和处理人类复杂和多变的情感和社会行为。此外，它们的应用可能涉及隐私和伦理问题。

随着人工智能技术的进步，AI 虚拟人的能力将更加完善，它们将更加自然、真实和智能地与人类互动，可能成为数字世界中不可或缺的存在。在未来，AI 虚拟人可能会与物理世界更紧密地结合，如通过虚拟现实、增强现实、物联网等技术进一步拓展它们的应用场景和能力。

17.4 数字人的应用

无论是现实世界、虚拟世界，还是虚实融合世界，数字人都具有极其广泛的用途。数字人在元宇宙中的应用体现在以下几方面。

1. 数字人在游戏中的应用

在如今的游戏世界中，数字人（也称虚拟角色或 AI 角色）已成为不可或缺的组成部分，它们在游戏环境中以各种方式与玩家互动和执行特定任务。

1）非玩家角色

在众多游戏中，非玩家角色（Non-Player Character，NPC）是由计算机控制的角色，按照预设的逻辑和行为模式与玩家互动。它们的角色多样，包括任务提供者、物品交易者、故事背景讲述者等，极大地丰富了游戏世界的内容深度，增强了游戏的沉浸感。

2）AI 对手与同伴

AI 角色可以成为玩家的竞争对手或合作伙伴。这些角色能够自主决策，与玩家进行竞赛或协作。AI 对手为缺乏在线玩家的游戏提供选择性，而 AI 同伴则可以帮助玩家完成任务或战斗，提高单人模式游戏的可玩性。

3）虚拟居民和社交互动

特别是在社交和模拟类游戏中，数字人可能扮演虚拟社区的居民角色。具有不同个性和行为模式的这些角色，能够与玩家进行深入的社交互动，如建立友谊、进行交流等，这为游戏世界增添了丰富的社交维度。

4）叙事和剧情推进

在故事驱动型游戏中，数字人作为关键的故事角色，通过对话、动作和决策推动游戏剧情。这些角色不仅可以增强游戏的交互性，还为叙事和情感深度增添了重要元素，帮助构建引人入胜的游戏世界。

5）教练和指导角色

在一些游戏中，数字人被设计为教练或指导者，辅助玩家理解游戏规则和策略。它们能够根据玩家的进展和需求提供即时的指导和反馈，帮助玩家改善游戏体验和提高技能。

6）实验与创新

随着人工智能技术的发展，数字人在行为和互动模式上正变得越来越复杂和自然。游戏开发者可以利用这些先进的 AI 技术，创造出全新的数字人行为和互动方式，推动游戏设计的创新和发展。

数字人在游戏中的应用不仅丰富了玩家的游戏体验，还为游戏设计和玩家互动方式带来了革新,推动了游戏行业的持续发展。

2. 数字人在生产领域中的应用

数字人和机器人在生产领域的应用正在彻底改变传统的生产方式,它们可以提高效率、降低成本,并确保更高质量的产品产出。它们在自动化生产线、质量检测、预测性维护、物流自动化等方面发挥着关键作用。

1) 自动化生产线

机器人在自动化生产线上执行精确、高效的任务,如组装、焊接、打磨和包装等。它们不仅提高了生产效率,还减少了人为错误,能在人类难以持续工作的环境中稳定运行。

2) 智能质检

利用计算机视觉和传感器技术,机器人能进行精确的质量检测。它们帮助稳定产品质量,快速发现生产线问题,降低废品率。

3) 预测性维护和监控

数字人和机器人通过实时分析设备运行数据预测潜在故障,在设备出现问题前进行预防性维护,减少停机时间。

4) 仓库和物流自动化

在仓库内,机器人能自动搬运、拣选、装载和卸载货物,提高仓库管理的效率和准确性,减轻人工劳动。

5) 协作型机器人

协作型机器人能协助人类完成重复性、高危险或高精度的任务,有效优化人力资源分配。

6) 定制生产和个性化生产

机器人和数字人能迅速适应生产线变化,实现高效小批量、定制化生产,满足市场对个性化产品的需求。

7) 远程操作和监控

借助先进的通信技术,操作员能远程控制机器人进行生产作业,特别适用于危险或恶劣的生产环境。

8) 数据分析和优化

AI系统等数字人可以通过生产数据分析优化生产流程和资源分配,提高资源利用率和生产效率。

这些应用显示,数字人和机器人正在为生产领域带来一场革命,使生产过程更加智能化、高效和安全,同时为企业提供更大的灵活性和创新机会。随着技术的进一步发展,未来的生产方式将更加依赖这些智能系统。

3. 数字人在社交中的应用

数字人在社交领域的应用正变得越来越广泛,利用人工智能技术模拟人类的行为和交流方式,它们在虚拟空间中为人们提供了多样化的互动体验。

1) 虚拟社交助手

作为虚拟社交助手,数字人能够帮助用户管理社交关系、回复消息、组织日程和活动。它们帮助用户减轻社交负担,提升社交效率和质量,使用户在社交网络中保持更高的活跃度。

2）语言交流和陪聊

凭借自然语言处理技术，数字人能够实时与用户进行文字或语音对话，为孤独、需要社交或想练习语言技能的人提供陪伴，满足他们的社交和情感需求，缓解孤独感和社交压力。

3）社交网络代表

在社交网络上，数字人可作为用户的虚拟代表，发布动态、与其他用户互动，甚至参与网络活动，帮助用户扩展社交圈，减轻管理社交媒体的压力，并提供一种新颖的社交方式。

4）社交媒体内容创造

数字人能够生成和发布各种内容，如自动撰写博客文章、设计图像、创作音乐等，为用户提供新颖且高质量的内容，同时也是有效的个人品牌推广工具。

5）社交培训和模拟

数字人能模拟各种社交场景，帮助用户提高公共演讲、谈判、冲突解决等社交技能，为用户在安全、无压力的环境中提升社交能力提供理想场所。

6）在线社区管理

作为虚拟社区管理员，数字人能监控和管理在线社区的内容和行为，确保社区健康有序，减轻人工管理的负担，提高管理效率。

7）虚拟伴侣和朋友

数字人还可以成为虚拟的伴侣或朋友，与用户建立情感联系，提供陪伴和支持。对于寻求情感支持和陪伴的人来说，这提供了一种新的、无压力的社交方式。

数字人在社交领域的应用不仅提高了社交互动的效率和质量，还为人们提供了新的社交方式，同时也为社交技能的提升和情感需求的满足提供了新途径。

随着技术的进步，预计数字人在社交领域的作用将变得更加重要和多样化。

4. 数字人在教育领域的应用

数字人在教育领域的应用日益成熟，为学生提供了更个性化、互动性强的学习体验。这些应用不仅提升了学生的学习效果，还为教育方式带来了创新。

1）个性化教学

数字人通过分析每个学生的学习进度、兴趣和能力，提供定制化的教学内容和方法。这种个性化的教学方式有助于更好地满足不同学生的需求，激发学生的学习兴趣，提高学习效果。

2）数字教师

数字教师能够模拟真实教师的行为，利用自然语言处理和图像识别技术，与学生进行互动。这种数字教师可以在任何时间和地点为学生提供高质量的教育资源，同时减轻真实教师的工作负担。

3）模拟和虚拟现实教学

在模拟和虚拟现实环境中，数字人可以引导学生进行实践学习，如科学实验、历史场景重现等。这种学习方式更加生动和有趣，帮助学生更深入地理解复杂的概念。

4）自动评估和反馈

数字人能够自动评估学生的作业和测验，提供及时和精确的反馈。这不仅提高了评估效率，还能帮助学生及时了解自己的学习进展，有效地调整学习过程。

数字人在教育领域的应用为学生提供了更多样化的学习途径，让教育更加个性化、高效和互动。

随着技术的进一步发展，预计数字人将在教育领域扮演更加重要的角色，为学习和教学带来更多革新。

5. 数字人在直播领域的应用

数字人在直播领域的应用正逐渐成为一种新兴趋势，它们通过模拟人类主播的行为和互动方式，为观众带来全新的观看体验。

1）虚拟主播

作为虚拟主播的数字人可以主持各种直播内容，包括新闻、娱乐节目等。这些数字主播能够实现高效且稳定的内容生产和发布，同时为观众提供独特而极具吸引力的观看体验。

2）互动娱乐

在直播中，数字人能够与观众实时互动，如回答问题、参与评论互动、游戏和挑战等。这样的互动增强了直播的参与性和观众的投入度，有助于形成更紧密的观众社区。

3）内容创造和演示

数字人可以自主创造和演示各种内容，如艺术表演、教育示范、产品演示等。它们提供的多样化和专业化内容能够满足不同观众群体的兴趣和需求。

4）实时语言翻译和配音

数字人能够为直播内容提供实时语言翻译和配音，使得内容能够触及更广泛的观众群体。这样的功能打破了语言和文化障碍，使更多人能够理解和享受直播内容。

数字人在直播领域的应用不仅使内容生产更加高效和稳定，而且提高了直播的互动性和观众的参与度。

随着技术的发展，预计数字人将在直播领域扮演越来越重要的角色，为观众带来更丰富和多元化的观看体验。

6. "阿凡达"

"阿凡达"技术的应用，特别是在数字人领域，开辟了个体通过虚拟化身或假身（如物理机器人等）进入各种游戏世界或实际的生物世界，从而体验不同环境和生活的新领域。这些"阿凡达"能够穿越虚拟与现实世界的边界，实现多维度的互动和体验。

1）游戏与娱乐

"阿凡达"使人们得以进入多样化的游戏世界，体验不同的角色生活，如扮演勇士、法师或冒险家，探索奇妙的世界，并与其他玩家建立联系和社交关系。

2）现实生物世界探索

通过假身技术，人们能远程探索地球上甚至是外太空的不同角落，包括深海或其他危险环境。这种应用在科学研究和环境保护中尤为重要。

3）社交与文化交流

"阿凡达"在虚拟世界中为具有不同文化背景的人提供了一个互动和交流的平台，促进了跨文化的理解和沟通。

4）教育与培训

"阿凡达"技术可用于模拟环境中的教育和培训，如历史场景的再现或科学实验模拟等，使教育过程更加生动、直观。

5）心理治疗与健康

"阿凡达"及其虚拟环境可以用于心理治疗，帮助人们在安全、舒适的环境中突破心理障碍。

6）创意与艺术表达

人们可以利用"阿凡达"在虚拟世界中创造和展示艺术作品,如虚拟绘画、音乐演奏或建筑设计等,为艺术创作提供了新的可能性。

"阿凡达"技术为人们提供了一种全新的方式来体验和探索不同的世界,无论是对虚拟游戏还是现实生物世界的探索,都为个体带来了前所未有的丰富和多元化的生活和工作体验。随着技术的不断进步,"阿凡达"的应用范围和深度将继续扩大。

17.5 典型数字人应用案例

视频讲解

数字人的典型应用案例涵盖了多个领域,展示了其在不同方面的多样性和创新性。

1. 客服聊天机器人

许多公司使用 AI 聊天机器人来处理客户服务查询。例如,银行可以使用聊天机器人来回答关于账户余额或交易历史的问题,并提供帮助。这些机器人能够理解人类的问题,并提供有用的回应,节省了人力成本,同时可以提供 24h 的服务。

2. 虚拟助手

虚拟助手(如 Apple 的 Siri、Google 的 Assistant、Amazon 的 Alexa 等)已经成为人们日常生活的一部分。它们可以理解人类的语音或文本指令,并执行各种任务,如设置提醒、搜索信息、播放音乐等。这些虚拟助手使得智能家居控制和信息获取更加便捷。

3. 虚拟新闻主播

新华社发布的 AI 新闻主播是一个引人注目的应用案例。它能够根据输入的文字内容自动生成新闻报告的视频,提供了一种快速而高效的新闻传播方式。

4. 虚拟社交媒体影响者

虚拟社交媒体影响者(如 Lil Miquela)展示了数字人在社交媒体领域的潜力。虽然她是计算机生成的角色,但在社交媒体上拥有数百万的追随者。与真实的社交媒体影响者一样,她能够与粉丝互动并推广品牌。

5. 健康诊断与咨询机器人

Woebot 是一个用于心理健康支持的机器人,通过与用户聊天来提供心理支持和建议。它能够根据用户输入的内容来提供相应的支持,帮助人们面对和处理心理问题。

6. 自动驾驶汽车的决策系统

自动驾驶汽车使用先进的 AI 系统来理解周围环境并做出驾驶决策。这些系统可以被视为一种特殊的数字人,因为它们必须像人类一样理解和响应复杂的道路和交通情况,以确保安全驾驶。

7. 教育领域的 AI 助教

一些 AI 系统被设计用来辅助教学。例如,一些在线教育平台使用 AI 自动批改学生的作业,或者根据学生的学习进度和需求提供个性化的学习资源,提高了教育的效率和个性化程度。

8. 创作领域的 AI

OpenAI 的 GPT 系列模型(如 GPT-3、GPT-4 等)可用于生成自然语言文本,帮助用户创作文章、写剧本、生成诗歌等。这些模型可以提供创作灵感和辅助创作过程。

9. 模拟人类行为的 AI

一些 AI（如 OpenAI 的 DALL-E 等）能够根据描述生成相应的图片，这在艺术和设计领域中有广泛的应用。例如，它可以将文本描述转化为艺术品或设计概念，为创作者提供了新的创作工具。

10. 虚拟人形机器人

一些机器人（如由 Hanson Robotics 开发的 Sophia 等）具有高度相似的人形外观和极高的自然语言处理能力，可以与人进行简单的对话。这些机器人在娱乐、教育和研究领域有着广泛的应用，展示了数字人在物理机器人应用中的潜力。

这些典型数字人应用案例展示了数字人技术在各个领域的创新应用，从改善客户服务到提供心理健康支持，再到模拟人类创作和娱乐体验，数字人正逐渐改变着人们的生活和工作方式。

17.6 真人、数字人的融合世界

未来的元宇宙将是一个充满活力和可能性的数字社会，其中真人和数字人的融合互动将打破传统社交、经济和教育的界限。

在元宇宙中，个体不再受限于单一身份。他们可以通过化身、分身和假身展示不同的自我。例如，个体可以在虚拟世界中化身为游戏中的勇士，与朋友一起探索奇幻世界；在另一个虚拟社区中，他们可以作为数字艺术家展示自己的创作。这种多元的身份体验让人们享受更丰富和多元化的生活，同时也拓宽了职业路径和生活体验。

社交关系也变得更加多元化和跨界。人们可以在元宇宙中穿越不同虚拟世界和现实世界，建立和维护广泛的社交关系。例如，个体可以在一个虚拟社交平台上认识来自全球各地的朋友，然后与他们一起探索不同的虚拟世界。这种无缝的社交互动重塑了社交模式，让人们能够跨越地域和文化，建立更深入的关系。

元宇宙不仅改变了社交，还开创了新的工作和创造方式。人们可以通过化身、分身或假身在虚拟世界中进行劳动和创造。例如，虚拟建筑设计师可以在虚拟世界中创建壮丽的虚拟建筑，数字艺术家可以创作独特的虚拟艺术品，而虚拟教育和咨询服务可以为学生提供个性化的学习体验。

教育也在元宇宙中迎来革命。虚拟校园、模拟实验室和互动式教学让学习更富有创意和个性化。学生可以在虚拟环境中体验历史的重现或进行科学实验模拟，使学习更加生动和实际。同时，元宇宙也促进了全球范围内的文化交流和碰撞，有助于不同文化背景的人们互相理解和学习。

在元宇宙中，人们可以自由选择和创造自己的身份，这引发了对自我、身份和自由的深刻反思。但随着元宇宙的发展，也会涌现出一系列新的社会治理和伦理问题。例如，虚拟世界的法律体系、数字人的权利、数据隐私和安全等问题需要深入研究和解决，以确保元宇宙的可持续发展和安全性。

元宇宙将是一个令人兴奋和充满挑战的数字社会，通过将真人和数字人的融合互动，可以为人们的未来带来无限可能性。它将不仅改变人们的社交和工作方式，还会影响人们对于自我和社会的理解。

本章小结

（1）在元宇宙中，人们可以通过自己的"虚拟身份"与这个数字世界互动。这种虚拟身份在一定程度上改变了人们对"我"的理解和体验，由"真身"逐渐引发了"化身""分身""假身"的演化。所谓"真身"是指人们在现实世界中的生理和心理存在，是日常生活和工作的基础。所谓"化身"是人们在虚拟世界中的代表。所谓"分身"是指在元宇宙中，人们可以不再受限于一个虚拟身份，而拥有多个不同的虚拟角色。所谓"假身"是指由"我"（真身）在物理世界中通过技术手段所控制和操作的实体，如机器人或其他远程控制设备等。

（2）数字人是由人类创造的，具有一定的行动、交互和思维能力的数字实体或自动设备。它们通常具有类似人的特征，这些特征可以是外观、行为、思维方式或交互方式。"数字人"是一个综合性的技术产物，它集合了多个学科的知识，包括机械工程、电子工程、计算机科学和人工智能等。在现代社会，数字人已经成为一种重要的技术实体，它们被设计用来在现实世界或虚拟世界执行各种各样的任务，从简单的重复劳动到复杂的决策和互动。

（3）根据数字人存在的形态是否具有物理实体，人们把它分为两大类：实体数字人（即机器人）与AI虚拟人。实体数字人的分类可以根据不同的标准进行，如工作环境、功能、结构等。按照实体数字人的控制机制的不同，通常可以分为存储程序数字人、智能实体数字人和假身机器人。AI虚拟人是没有物理实体并主要存在于虚拟世界中的数字人，它是通过人工智能技术生成的，可以与人进行自然语言交互。它可以具有人的形象、声音和行为特征，能够模拟人的思维和情感。AI虚拟人主要应用在虚拟世界和人机交互界面，如虚拟客服、虚拟助手、虚拟角色扮演等。

（4）无论是在现实世界、虚拟世界，还是虚实融合世界，数字人都具有极其广泛的用途。在未来的元宇宙中，人与人的化身、分身、假身和各种数字人充分融合互动的世界，将成为一个庞大、复杂且充满生机的数字社会。

习题

1. 简述"真身""化身""分身""假身"的概念。
2. 简述数字人的概念及其分类。
3. 简述实体数字人的概念及其分类。
4. 简述AI虚拟人的概念及其特征与应用。
5. 简述数字人的各类应用场景。
6. 简述数字人的典型应用。
7. 结合想象，简述未来真人、数字人融合生活的元宇宙世界。

第 18 章 区块链与分布式存储
CHAPTER 18

"天下大势,分久必合,合久必分"是中国古代历史名著《三国演义》中的名句,概括了历史发展中的一个重要规律,即政权和地域的合并与分裂往往是循环交替的。这一社会发展规律似乎也适用于互联网技术的发展。

早期互联网的形态更倾向于分散和去中心化,每个节点既是信息的提供者也是接收者,形成了一个广泛分布的网络。然而,随着技术的发展和市场的演变,互联网逐渐进入了集中化的阶段。大型科技公司(如谷歌、Facebook、亚马逊及国内的 BAT 等)通过强大的数据处理能力和高效的资源配置,成为互联网世界的主导者。这种集中化带来了高效率和统一标准,也引起了对数据隐私、信息垄断等问题的担忧。

如今,随着分布式技术的兴起,互联网似乎又开始回归其去中心化的本源。区块链技术是这一转变的关键驱动力。它通过加密技术和共识机制,建立了一个无须中心化信任机构的数据交换平台。这一技术不仅推动了加密货币的发展,更为分布式应用和智能合约的实现奠定了基础,从而促进了去中心化的互联网服务模式的发展。

元宇宙作为互联网技术的一个新的发展方向,预示着一种更为沉浸式和强交互性的虚拟世界。在元宇宙中,分布式技术将发挥至关重要的作用。它不仅能够确保数据的安全和隐私,还能够保证虚拟世界中资产的真实和稀缺性,为用户提供更加真实和丰富的交互体验。例如,通过区块链技术,用户在元宇宙中的身份、资产和交易可以得到可靠的验证和记录,从而为元宇宙经济体系的建立打下基础。

18.1 去中心化技术的发展

互联网技术的发展历程可视作一场不断变化的去中心化与中心化之间的舞蹈。这一过程不仅受到技术创新的推动,还深受经济、社会、政策等多种因素的影响,体现了技术发展的复杂性和动态性。

互联网的初衷是创建一个抗核攻击的、不依赖单一中心节点的通信网络。这一设计源于冷战时期的战略需求,旨在确保即使在核攻击下,通信网络也能持续运作。互联网的早期架构体现了这一目标,每个节点都具有平等地位,数据可以通过多条路径传输。这种去中心化的设计不仅赋予了网络高度的稳定性和灵活性,也体现了互联网的开放和自由精神。

随着商业公司的介入,互联网开始向中心化方向转变。大型企业(如谷歌、Facebook、亚马逊等)通过构建强大的数据中心,开始控制网络的主要资源和数据流。这一时期,诸如搜索引擎、社交媒体平台、电商网站等中心化服务成为主流,它们提供了前所未有的效率和便利性,但同时也带来了隐私泄露、数据垄断和单点故障等问题。

中心化所带来的隐私、安全和垄断问题日益受到关注,而新兴技术的发展标志着互联网又一次朝着去中心化的方向发展,如图18-1所示。区块链技术通过其去中心化的特性,提供了一种新的数据存储和交易方式,它不仅能提高网络的安全性和透明度,还能更好地保护用户的隐私。此外,分布式文件系统等技术的出现,也推动了数据和服务的再分散,增强了网络的鲁棒性和抗审查性。

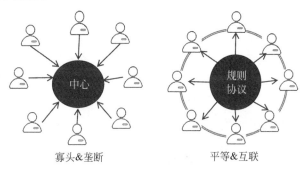

图18-1 互联网的再次去中心化趋势

这一去中心化的新浪潮不仅是技术创新的产物,也反映了社会对于数据隐私和网络自由的日益重视。用户和开发者都在寻求一种更加民主和分散的网络环境,以回应对中心化模式的担忧。

去中心化技术(特别是区块链和分布式存储),正成为构建 Web 3.0 乃至元宇宙的关键支柱。这些技术不仅为元宇宙的经济基础设施提供了坚实的基石,还在以下方面重塑了人们对数字世界的理解和参与方式。

(1) 真实所有权的确立。区块链技术使用户能够在元宇宙中真正拥有数字资产。以非同质化代币(NFT)为例,这些独一无二的数字资产被加密记录在区块链上,赋予了用户对虚拟土地、物品、艺术品等的确切所有权。这种所有权的确立不仅对个人用户意义重大,也为创作者和艺术家提供了新的展示和收益渠道。

(2) 安全与透明的交易环境。区块链的另一核心特性是创造一个安全、透明且不可篡改的交易环境。这对于建立用户信任,促进他们在元宇宙中进行交易和投资至关重要。在这样的环境下,交易的每个步骤都被实时记录,大大减少了欺诈和误解的可能。

(3) 分布式存储的应用。元宇宙的运作涉及大量数据,如 3D 模型、纹理和用户行为数据等。分布式存储技术可以在不依赖中心化服务器的情况下安全高效地存储这些数据。这种存储方式不仅提高了数据安全性,还增强了元宇宙的可用性和稳定性。

(4) 去中心化自治和治理。通过区块链和智能合约,元宇宙可以实现一种去中心化的自治和治理模式。在这种模式下,社区成员能够直接参与决策过程,共同制定元宇宙的规则和政策。这种参与方式为用户提供了更多的发声机会,确保了决策的民主性和透明性。

(5) 创新与经济激励的促进。区块链技术还能够创造新型的经济模型和激励机制,如代币化和去中心化金融(DeFi)。这些机制不仅激发了用户和开发者参与元宇宙建设的热情,还为元宇宙内的经济活动提供了新的动力。

(6) 存储永久性和可追溯性。去中心化的存储和验证机制为元宇宙内容的永久性和可追溯性提供了保障。这种机制确保了元宇宙空间和内容在面对审查和干预时具有更强的抵抗力。

去中心化技术为元宇宙提供了坚实的技术基础,在确保交易的安全性、促进社区自治、推动经济创新等多方面发挥着重要作用。通过这些技术的应用,元宇宙正逐步成为一个更加安全、开放、互联的数字世界。

18.2 区块链技术

区块链技术是一种分布式、去中心化的数据库或账本技术,它能确保存储在其中的数据的完整性和不可篡改性。

区块链的基础是密码学,特别是公钥密码学和哈希函数。这些技术为创建一个安全、不可篡改的分布式账本提供了基础。2008年的全球金融危机加深了人们对中心化金融系统的不信任,也催生了对新型金融系统的需求。在计算机科学中,分布式系统和共识算法的研究也为区块链技术的出现提供了理论基础。

2008年,一个化名为"中本聪"的人或团队发布了比特币的白皮书,详细描述了一种去中心化的电子现金系统,标志着区块链技术的诞生。2009年,中本聪发布了比特币的初始版本,这是第一个实际运行的区块链系统。其后,许多其他的加密货币也相继诞生,如Litecoin和Ripple等。2013年,Vitalik Buterin提出了以太坊项目,引入了智能合约的概念。智能合约允许在区块链上执行复杂的、自动化的任务,这极大地扩展了区块链的应用范围。随着区块链应用的增加,其可扩展性和互操作性成了重要的议题。许多新的区块链项目(如EOS、Cosmos、Polkadot等)旨在解决这些问题。

最近几年,去中心化金融(DeFi)和非替代性代币(NFT)成为区块链最热门的应用领域。DeFi旨在创建一个完全去中心化的金融系统,而NFT则允许在区块链上创建独一无二的、不可替代的资产。越来越多的政府和大型企业开始参与区块链的研究和应用。例如,许多国家正在研究和试验中央银行数字货币(CBDC),大型企业也在研究使用区块链改进供应链管理、证券发行等。

区块链技术的工作原理可以通过以下几个简单的概念进行理解。

(1) 数字账本。可以将区块链视为一个数字账本,每笔交易都会被记录在上面。

(2) 区块。账本不是一页一页的,而是由一系列的"区块"组成,每个区块都包含一定数量的交易信息。

(3) 链。这些区块按照生成的顺序被连接,形成一个链条。每个新的区块都含有前一个区块的信息,这使得链条变得很难被修改。

(4) 去中心化。与其说是存在一个中央服务器来保存和管理这个账本,不如说这个账本的多个副本分布在网络的许多计算机中。

(5) 共识机制。当有新的交易需要被添加到账本上时,这些计算机(也称"节点")会按照一定的规则("共识机制")来决定这笔交易是否有效。常见的共识机制有工作量证明和权益证明。

(6) 安全性。由于每个新的区块都依赖前一个区块,且账本的每次修改都需要大部分节点的同意,因此篡改已经记录的交易信息变得极为困难。这也是为什么区块链被认为是非常安全的技术。

(7) 透明性。由于每笔交易都会被记录,且这个账本对所有使用该区块链的人都是可见的,因此整个系统具有很高的透明性。

区块链的典型特征及支撑这些特征的技术和设计原则如下。

1. 分布式与去中心化

区块链系统中没有单一的中心点,数据和控制权分散在网络的所有参与节点上。例如,P2P(Peer-to-Peer)网络,数据的存储和维护不依赖单一的中心服务器,而是分布在整个网络的参与节点上。

2. 不可篡改与持久性

一旦数据被写入区块链中就几乎无法修改或删除。每个新的区块都包含前一个区块的哈希值,从而形成一个连续的、不可改变的链条。为了篡改旧的交易记录,攻击者需要重新计算所有后续区块的哈希值,这是非常困难的。

3. 透明性和可验证性

所有的交易记录对所有参与节点是可见的,任何人都可以验证交易的有效性。公开的交易记录和共识机制确保所有节点对数据的一致性达成共识。

4. 安全性

区块链的设计使得对系统的篡改和攻击极为困难。使用密码学原理(如哈希函数和数字签名等)来保证交易的完整性和用户的身份验证。

5. 共识机制

区块链系统中的所有参与节点需要对新的交易和区块达成共识。常见的共识算法有工作量证明、权益证明和拜占庭容错等。

6. 智能合约与可编程性

在区块链上可以部署智能合约,这些合约是自动执行的程序,当满足某些条件时会自动执行预定的操作。特定的编程语言(如 Solidity 等)和虚拟机(如 Ethereum Virtual Machine 等)允许开发者在区块链上编写和部署智能合约。

7. 跨链互操作性(对于一些新型区块链系统)

不同的区块链网络能够相互交流和互操作。跨链技术(如中继链和侧链技术等)使得不同区块链之间可以互相传递和验证信息。

区块链的典型架构可以分解为几个重要的层级或组件,如图 18-2 所示。

(1) 数据层。

区块链的基本结构就是由区块构成的链。每个区块包含一组交易数据和前一个区块的哈希值,确保数据的完整性和连续性。使用加密算法(如哈希函数和数字签名等)来保证数据的完整性和安全性。

(2) 网络层。

区块链系统采用 P2P(Peer-to-Peer)网络结构,使各个参与节点(计算机)能够直接相互通信,而不依赖中心服务器。当一个新的区块被创建时,它被快速且可靠地传播到整个网络中的所有节点。

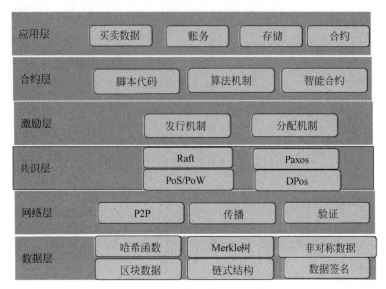

图 18-2　区块链的分层架构

(3) 共识层。

共识算法定义了区块链网络中的节点如何就某一版数据(如交易和区块)达成一致的规则。常见的共识算法包括 PoW、PoS 和 BFT 等。

(4) 激励层(对于一些新型区块链系统)。

该层处理不同区块链网络之间的互操作性。例如,中继链和侧链技术允许不同区块链之间互相传递和验证信息。

(5) 合约层。

智能合约是一种运行在区块链上的自动执行脚本或程序。当预设的条件被满足时,智能合约将自动执行已定义的操作。去中心化应用是直接运行在区块链网络上的应用程序。它们利用区块链的不可篡改和去中心化特性,提供各种服务,如金融交易、供应链跟踪和身份验证。

(6) 应用层(或服务层)。

区块链提供了一组应用程序接口和软件开发工具包,使得开发者能够更容易地创建和部署基于区块链的应用。区块链钱包是用户与区块链互动的界面,它允许用户创建和管理密钥、发送和接收交易。

18.3　区块链的应用

凭借去中心化、不可篡改性、智能合约和加密安全的核心特征,区块链技术在元宇宙中的应用领域日益扩大,成为构建数字世界的关键技术之一。这些特征为区块链的多元应用提供了强有力的支撑,从数字资产管理到社区治理,再到数据存储与分享,区块链正在逐步重塑元宇宙的基础设施和运作方式。

1. 数字资产与所有权管理

在元宇宙中,非同质化代币(NFT)的应用是区块链技术的一个鲜明例证。NFT 的独特性和不可替代性,结合区块链的不可篡改和加密安全特性,使其成为理想的数字资产记录和管理工具。对于虚拟土地、装备、艺术品等,NFT都确保了用户对这些物品的唯一所有权。

2. 交易与市场场所

区块链技术通过智能合约的应用,创建了一个安全、透明、无须中介的交易环境。在元宇宙中体现为用户可以直接、便捷地购买、出售或交换虚拟物品和资产,无须传统的中介机构,从而减少交易成本和时间。

3. 身份与凭证管理

区块链在数字身份和凭证管理方面的应用,为用户提供了一个安全、可验证和自主控制的系统。在元宇宙环境中,这意味着用户可以在不同虚拟世界中使用同一身份,同时保持对个人数据的完全控制。

4. 社区与治理

去中心化和智能合约的结合为元宇宙中的社区治理提供了新的可能性。用户可以通过投票等方式直接参与虚拟世界的规则、政策制定和未来发展的决策过程,从而实现更加民主和透明的治理模式。

5. 经济系统与激励机制

区块链技术在经济系统的设计和激励机制的构建中发挥着关键作用。代币经济模型和去中心化金融(DeFi)服务等的创新应用,不仅为元宇宙经济体系提供了动力,还激励了用户和开发者参与这个虚拟世界的建设和运营。

6. 数据存储与分享

结合分布式存储系统,区块链为元宇宙中的数据存储和分享提供了去中心化、安全和持久的解决方案。这对于保障用户的生成内容、交易记录和其他重要数据的安全和完整性至关重要。

7. 跨元宇宙互操作性

区块链的开放和去中心化特性还促进了不同元宇宙项目之间的互操作性。这意味着用户可以在不同的虚拟世界之间无缝迁移和使用他们的资产和身份,增强了用户体验的连续性和一致性。

区块链技术在元宇宙中的应用正在开辟新的可能性,无论是在增强数字资产的安全性、促进交易的便捷性、还是在推动社区治理的民主化、激发经济系统的活力方面,区块链都显示出其不可或缺的价值。随着技术的进一步发展和应用,人们可以期待一个更加安全、高效和互联的元宇宙世界。

18.4 去中心化分布式存储技术

去中心化分布式存储系统是一种特殊类型的分布式存储,它不仅将数据分布在多个地理位置上,还充分去中心化地组织和管理这些数据,以确保网络的韧性、安全性和可访问性,如图18-3所示。

去中心化分布式存储的想法可以追溯到对等网络和分布式哈希表技术的发展。这些技术旨在创建一个没有中心控制点的网络,允许节点平等地交换信息。

中心化存储解决方案(如传统的云存储服务等)虽然便捷,但它们容易受到单点故障、审

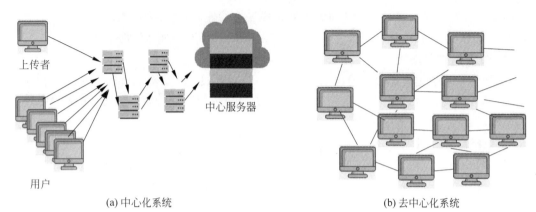

图 18-3　去中心化分布式存储的工作架构

查和第三方控制的影响。在中心化存储系统中，用户只能完全信任第三方服务提供商。去中心化存储系统提供了一种方式，使用户能够更加安全和私密地存储和管理他们的数据。随着比特币和以太坊等区块链技术的出现和普及，人们开始重新审视去中心化系统的潜力，包括去中心化的存储解决方案等。越来越多的数据在边缘（即离数据源更近的地方）生成和处理，推动了分布式、去中心化存储解决方案的发展。

Napster、Gnutella、BitTorrent 等 P2P 文件共享系统的出现，为去中心化存储的发展奠定了基础。这些系统允许用户直接共享文件，而无须通过中心服务器。分布式哈希表（如 Kademlia、Pastry 和 Chord 等）的发展提供了一种有效、可扩展和去中心化的数据查找和存储方法，这种技术成为后来去中心化存储系统的关键组件。区块链技术的出现和发展（特别是比特币和以太坊）为构建去中心化应用和服务提供了新的激励和安全模型。随着区块链技术的成熟和普及，出现了一批专注于构建去中心化存储解决方案的项目。这些项目（如 IPFS、Filecoin、Storj 和 Sia 等）旨在利用区块链技术和加密经济激励，创建一个去中心化、安全和可靠的全球存储网络。去中心化存储系统从早期的实验和原型，发展到现在越来越多地被实际应用和商业化。一些系统已经开始提供类似于传统云存储服务的功能和性能，以更去中心化和安全的方式。

去中心化分布式存储系统通过将数据分散在网络中的多个节点上，实现数据的可用性、安全性和访问速度。这些系统往往不依赖单一的中心实体，而是通过网络参与者的协作来维护和操作。当用户准备存储一个文件时，该文件首先会被切割成多个较小的数据块。然后，这些数据块经过编码（如纠删码或冗余编码等）处理，生成一定数量的冗余数据块。这些编码后的数据块可以从原始数据中得到恢复，即使一部分数据块可能会丢失。去中心化存储系统通常使用分布式哈希表（DHT）来管理网络中的所有节点和数据块。DHT 能够高效地查找和路由数据，每个节点只需维护网络一小部分的信息。通过 DHT，系统可以确定每个数据块应该存储在哪些节点上。编码后的数据块通过网络被分发到不同的存储节点上。根据预定的策略（如地理位置、存储容量和节点信誉等），系统会选择适当的节点存储每个数据块，并维护它们的副本以实现冗余。

在去中心化网络中，需要一种激励机制确保参与节点按照规定行事。例如，Filecoin 系统通过区块链技术实现了一种经济激励机制，节点通过提供可靠的存储服务获得奖励。此外，共识机制用于验证存储服务的真实性和可靠性。当用户需要访问（或检索）其存储的文件时,系统通过 DHT 查找所需的数据块的位置,然后从多个节点上并行地下载这些数据块,最后将它们重组为原始文件。如果某些数据块不可用(可能是因为节点故障),系统可以使用冗余的数据块进行修复。

去中心化存储系统经常使用加密技术保护数据的安全和隐私。例如,用户可以在上传文件前对其进行加密,确保只有拥有密钥的人能够解密和访问这些数据。一些去中心化存储系统还提供版本控制功能,允许用户访问文件的历史版本。此外,通过密码学哈希和签名技术,系统能够验证数据的完整性和真实性。

去中心化分布式存储系统的典型架构设计满足可扩展性、容错性、安全性和易用性的要求。去中心化分布式存储系统的典型架构组件和流程包括以下几方面。

(1)客户端。客户端是用户与去中心化存储系统交互的接口,它提供了文件上传、下载、管理和查询等功能。客户端可以是命令行工具、图形用户界面应用或通过 API 和 SDK 与其他系统集成的服务。

(2)数据切割与编码。客户端首先将待存储的大文件分割成更小的数据块,然后对这些数据块应用纠删码(如 Reed-Solomon 编码)或其他冗余策略,以便在数据丢失时可以恢复原始文件。

(3)加密。为了保护用户数据的隐私,客户端可以对数据块进行加密处理,确保只有拥有相应密钥的用户能够解密和访问这些数据。

(4)分布式哈希表(DHT)。DHT 是去中心化存储系统中用于节点和数据管理的关键组件。它能够高效地确定哪些节点应该存储特定的数据块,并帮助客户端找到存储它们的节点。

去中心化分布式存储系统还会采用以下机制。

(1)存储节点。存储节点是网络中实际存储数据的参与者。它们接受客户端的存储请求,保存数据块,并在被请求时提供数据的检索服务。

(2)激励与共识层。为了激励存储节点提供可靠和长期的服务,许多去中心化存储系统引入了一个经济激励层。这通常是通过与区块链技术集成实现的,如通过记账和奖励存储提供者的加密货币。

(3)共识算法。用于验证存储节点是否真实地保存了用户的数据。

(4)数据检索与修复。当客户端需要检索文件时,它首先通过 DHT 查询所需数据块的位置,然后从一个或多个存储节点上下载这些数据块。如果发现某些数据块丢失或损坏,则系统可以利用冗余数据块进行修复。

(5)安全与完整性验证。系统定期或按需检查存储节点上数据的完整性和可用性。这可以通过密码学哈希、签名和挑战-应答协议等方式实现。

(6)网络维护与自愈。去中心化存储系统通常具有自我修复和平衡能力。当某个存储节点离线或不可用时,系统会自动重新复制丢失的数据块到其他健康的节点上。

18.5 去中心化分布式存储应用

在元宇宙这个多元且复杂的数字世界中,去中心化分布式存储不仅是一种技术手段,而且是构建可靠、安全和高效数据访问环境的关键。这种存储方式的应用广泛且多样,能够满足元宇宙中各种场景和需求的特定要求。以下是一些具体的应用案例和可能的场景。

1. 持久化和安全的资产存储

在元宇宙中,虚拟资产(如土地、建筑、服装等)是用户重要的财产。通过去中心化分布式存储,这些资产能够得到安全和持久化的保护。这意味着即使元宇宙的平台或服务商遇到问题,用户的虚拟财产也能得到有效保障,确保其价值和可访问性长期稳定。

2. 分布式身份和证明

去中心化分布式存储在构建用户分布式身份系统中发挥着关键作用。用户的身份信息和相关证明材料可以安全且永久地存储在去中心化网络中,为用户在元宇宙中的自主性和隐私保护提供了强有力的支撑。这种存储方式还可以简化身份验证过程,提高用户体验的连贯性和便利性。

3. 内容分发和优化

在元宇宙中,3D模型、纹理、音频和视频等内容的分发是一个资源密集型任务。去中心化分布式存储可以优化内容的分发,减轻对中心化服务器的依赖。通过将内容存储在网络的多个节点上,可以加速数据的检索和传输,提高访问速度和稳定性,从而优化用户体验。

4. 历史和交易数据的存档与查询

元宇宙中发生的交易、社交互动和用户行为数据的存储对于未来的数据分析和争议解决非常重要。去中心化分布式存储能够永久性地保存这些数据,为后续的数据挖掘、用户行为分析提供了丰富的资源,同时在必要时可以作为解决纠纷的依据。

5. 共享计算与渲染

元宇宙中复杂的3D场景渲染需要大量计算资源。去中心化分布式存储与分布式计算的结合,能够使用户共享计算资源,加速场景的渲染和加载。这种模式不仅提高了渲染效率,还降低了对高性能硬件的依赖,使得更多用户能够流畅地体验元宇宙。

6. 去中心化应用的后端存储

随着区块链和智能合约技术的发展,元宇宙中出现了许多去中心化应用。这些应用可以利用去中心化分布式存储作为后端数据存储方案,进一步强化其去中心化和自治的特性,为用户提供更加安全、透明的应用体验。

7. 社交与合作平台的数据存储

在元宇宙中,社交和合作是不可或缺的组成部分。去中心化分布式存储为这些平台提供了一个不受单一实体控制、可靠和安全的数据存储解决方案。这样的存储方式保证了用户内容和信息的安全,同时也支持了社交和合作活动的广泛展开。

去中心化分布式存储在元宇宙中的应用不仅局限于数据的安全和持久化存储,它还深刻地影响着元宇宙的内容分发、社交互动、经济活动和应用开发。

18.6 典型应用案例

区块链与分布式存储的典型应用案例如下。

1. Filecoin 与 NFT

Filecoin 是一个去中心化的存储网络,使人们可以获取、存储和交易空闲存储空间。在元宇宙中,Filecoin 可以与 NFT 结合,确保虚拟资产(如艺术品、虚拟土地等)的所有权并存储在分散、安全的网络上。

当艺术家创作一个数字艺术品并希望将其永久存储和售卖时,他们可以创建一个NFT,并将艺术品的文件存储在 Filecoin 网络上。这确保了艺术品的持久性和独特性。艺术家、收藏家和观众都可以通过区块链验证 NFT 的所有权和真实性。

2. Decentraland 的虚拟土地所有权

Decentraland 是一个以太坊上的去中心化虚拟现实世界,用户可以购买和交易虚拟土地。这些土地的所有权是通过 NFT 表示的,而 NFT 本身存储在以太坊区块链上。

在 Decentraland 中,用户可以购买虚拟土地并在上面建设自己的资产(如建筑、艺术品等)。因为土地所有权是通过 NFT 和区块链技术管理的,所以用户对土地的所有权是安全且透明的。

3. Arweave 的永久存档

Arweave 是一个新型的存储协议,它允许用户以低成本永久地存储数据。Arweave 的目标是为互联网的重要内容提供"永久"的存储。在元宇宙中,开发者和用户可能希望永久保存某些数据,如重要的交易记录、数字艺术品等。Arweave 可以作为一个永久、不可篡改的存档层来使用。

4. IPFS 和 CryptoVoxels 的内容分发

CryptoVoxels 是一个虚拟现实世界,用户可以在其中购买、建设和浏览虚拟空间。该平台使用 IPFS 作为其内容分发网络,确保虚拟世界中的内容可以被可靠和持久地访问。

用户在 CryptoVoxels 中可以创建各种虚拟建筑和艺术品。这些内容通过 IPFS 网络分发,即使原始服务器关闭,相关内容依然可以被其他用户访问。

本章小结

(1) 互联网技术的发展经历了从去中心化到中心化,再到去中心化的趋势变化,这些变化背后受到技术、经济、社会和政策等多重因素的影响。去中心化技术(如区块链和分布式存储等)是 Web 3.0 的关键支撑技术,在元宇宙中扮演着极为重要的角色。它们可以被视为构建元宇宙经济基础设施的关键技术,在构建元宇宙真实所有权、安全和透明的交易、分布式存储、去中心化自治和治理、互操作性和开放标准、创新和经济激励、存储永久性和可追溯性等方面发挥重要作用。

(2) 区块链技术是一种分布式、去中心化的数据库或账本技术,它能确保存储在其中的数据的完整性和不可篡改性。区块链技术的工作原理可以通过数字账本、区块链等简单概念进行理解。区块链主要应用在数字资产与所有权管理、交易与市场场所、身份与凭证管理、社区与治理、经济系统与激励机制、数据存储与分享、跨元宇宙互操作性等方面。

(3) 去中心化分布式存储系统是一种特殊类型的分布式存储,它不仅将数据分布在多个地理位置上,还充分去中心化地组织和管理这些数据,以确保网络的韧性、安全性和可访问性。去中心化分布式存储的想法可以追溯到对等网络和分布式哈希表技术的发展。这些技术旨在创建一个没有中心控制点的网络,允许节点平等地交换信息。去中心化分布式存储在元宇宙中可能的典型应用:持久化和安全的资产存储、分布式身份和证明、内容分发和优化、历史和交易数据的存档与查询、共享计算与渲染、去中心化应用的后端存储、社交与合作平台的数据存储等。

习题

1. 简述互联网的去中心化到中心化再到去中心化的发展历程和背景。
2. 简述去中心化技术支撑元宇宙愿景的实现方式。
3. 简述区块链的产生、发展背景及解决的主要问题。
4. 简述区块链的主要构成及关键技术原理。
5. 简述区块链的主要应用领域,并举例说明。
6. 简述去中心化分布式存储的产生、发展背景及解决的主要问题。
7. 简述去中心化分布式存储的主要构成及关键技术原理。
8. 简述去中心化分布式存储的主要应用领域,并举例说明。

第 19 章　数字空间引擎技术

CHAPTER 19

元宇宙是一个由一系列相互连接的 3D 虚拟世界组成的数字宇宙。在这个数字宇宙中，用户可以与其他用户互动、参与虚拟经济活动、购买虚拟土地和资产等。因此，元宇宙的出现将为"房地产"行业带来一种全新的维度，这里的"房地产"不再是实物世界中的地皮和房屋，而是虚拟世界中的数字土地和资产。数字空间引擎在元宇宙"房地产"开发中起着关键作用。

19.1　元宇宙房地产

元宇宙房地产（见图 19-1）作为数字世界的一种新兴资产形态，正以其独特的方式重塑人们对房地产行业的传统理解。在元宇宙中，虚拟土地和建筑不仅是数字资产的象征，它们还是用户互动、社区构建和文化形成的重要基础。以下是元宇宙房地产应用的几个关键方面，以及一些具体的应用场景和实例。

图 19-1　元宇宙房地产

（1）在元宇宙中，虚拟土地成为一种新型资产。用户可以购买、拥有、出售甚至租赁这些土地，类似于现实世界的房地产市场。借助区块链技术，虚拟土地的所有权可以被安全地记录和交易,确保了交易的透明性和可靠性。例如,一个用户可以购买元宇宙中的一块土地,并通过数字合同将其转让给他人。

(2) 拥有虚拟土地的用户可以在土地上进行各种开发,如建设虚拟房屋、公园或商店等。这一过程类似于现实世界中的房地产开发,但开发者在元宇宙中可以运用更为广泛的创意和工具。例如,一个开发者可能在其土地上建立一个虚拟音乐会场地,为虚拟世界的居民提供娱乐。

(3) 与现实世界的房地产类似,虚拟土地和建筑物的所有者也可以选择将它们出租给他人。例如,一个虚拟空间的所有者可以将其出租给希望在元宇宙中开设虚拟商店的零售商,或者作为虚拟会议室出租给企业。

(4) 虚拟房地产的价值和投资回报潜力也与现实世界的房地产市场相似。例如,位于热门区域或周边环境良好的虚拟土地可能价值更高。因此,虚拟房地产也可能吸引各类投资者,成为一种新的投资渠道。

(5) 虚拟房地产与现实世界的房地产可能会结合得越来越紧密。例如,实体零售商可能在元宇宙中开设虚拟店铺,吸引顾客;房地产开发商可能在元宇宙中展示他们的项目模型,让潜在买家在线上参观。

(6) 随着虚拟房地产市场的成熟,相应的法律和治理结构也将逐步形成,以解决产权、交易规则和纠纷等问题。

(7) 在元宇宙中,虚拟土地和建筑不仅是资产,也是社区和文化的载体。用户可以通过参与虚拟空间的建设和活动,共同塑造独特的虚拟社区文化。

元宇宙房地产的概念和应用不仅是数字资产的交易和开发,它还涉及用户体验、社区互动、文化形成、与现实世界的融合等。

19.2 元宇宙建造与运营

元宇宙的建造是一个复杂的过程,涉及从概念设计到开发实现,再到实际运营和维护的一系列步骤。

1. 元宇宙概念设计与规划

元宇宙的概念设计与规划是一个复杂且多维的过程,涉及对虚拟世界核心目标、整体架构和功能的深思熟虑。这一过程不仅定义了元宇宙的基本形态,还影响着未来用户的体验感受和参与方式。

在构建元宇宙之前,首要任务是明确它的核心目标和定位。这个决策过程涉及对元宇宙应用场景的深入思考。例如,如果元宇宙主要面向社交互动,那么它的设计和功能将侧重于促进用户之间的交流和互动;如果是以游戏为主,那么元宇宙将更注重游戏体验的沉浸感和互动性;如果元宇宙旨在服务于教育领域,那么它可能需要集成更多的教学工具和互动学习内容。例如,一家企业可能希望建立一个专注于商务会议和专业培训的元宇宙平台,它将需要具备高质量的视频会议功能、演示工具和协作空间。

在确定了元宇宙的定位之后,接下来是设计其整体架构和视觉风格。这包括了对虚拟空间布局、场景设计、用户界面和交互方式的规划。在这个阶段,设计师需要考虑如何创造一个既符合元宇宙定位又能吸引用户的虚拟环境。例如,一个以文化交流为核心的元宇宙可能会设计多样化的虚拟展览馆和互动艺术空间,而一个以游戏为主的元宇宙则可能包含各种虚拟游乐场和竞技场。视觉风格的选择也需要反映出元宇宙的定位,如更现代化、科幻风格的设计可能更适合以技术和创新为核心的平台。

功能规划是确定元宇宙将提供哪些具体功能和服务的过程,这可能包括虚拟土地的购买、交易、社交互动功能、虚拟经济系统、内容创作工具等。例如,如果元宇宙重视用户之间的社交互动,那么它可能需要具备便捷的通信工具、社交网络集成和社区活动空间。同时,对于致力于提供虚拟经济体验的元宇宙,可能需要集成虚拟货币系统、交易市场和数字资产管理工具。此外,内容创作工具也是元宇宙中不可或缺的部分,以允许用户创造和分享自己的虚拟作品和体验。

元宇宙的概念设计与规划是一个综合考虑目标、设计和功能的过程。这一过程不仅影响着元宇宙平台的发展方向,还直接关系到用户的体验和平台的成功。通过精心的设计和规划,元宇宙可以成为一个多元、丰富且具有吸引力的数字世界。

2. 元宇宙设计与开发

元宇宙的设计与开发是一个多层次、跨学科的挑战,它不仅包含了丰富的创意元素,还涉及复杂的技术实现。这个过程从虚拟场景的建造开始,经过功能模块的开发,最终到网络和物联设施的部署,每一步都对元宇宙的最终体验有着深远的影响。

元宇宙的场景建造是将设计概念转化为实际虚拟世界的第一步。这个过程包括了3D模型的创建、材质和光影效果的设计,以及场景的布局和优化。例如,设计师创建一个虚拟城市时,涉及建筑物的3D建模、城市街道的布局设计,以及光照和材质效果的精细调整,以确保虚拟环境既真实又吸引人。此外,为了提供流畅的用户体验,场景的优化也至关重要,设计师需要通过技术手段减少渲染时间,以提高场景的加载速度。

功能开发是元宇宙建设的核心部分,涉及各种功能模块的实现,包括用户账户系统、虚拟物品的交易平台、社交互动功能等。例如,开发者可能需要实现一个复杂的虚拟经济系统,允许用户在元宇宙中买卖虚拟资产,如虚拟土地、服装或艺术品等。社交互动功能的开发则可能涉及虚拟聊天室、在线活动空间等,让用户能在元宇宙中轻松交流和互动。

为了确保元宇宙的稳定性和可访问性,底层网络基础设施的建设和部署至关重要,包括服务器的部署、网络协议的优化和数据传输的安全加密。此外,为了提升用户体验,元宇宙还需要与现实世界的物联网设备集成,如虚拟现实(VR)头盔、感应设备等。这样,用户就可以通过这些设备以更加沉浸的方式体验元宇宙,如通过VR头盔进入虚拟空间,通过感应设备感受与虚拟环境的互动效果。

3. 元宇宙运营

元宇宙的运营是一个全面且持续的过程,涵盖了从资产确权到网络部署、运营维护的迭代更新。这一过程确保了元宇宙不仅在技术上保持先进,而且在用户体验和功能上持续进步。

在元宇宙中,资产确权是确保用户对虚拟物品(如土地、物品等)拥有明确所有权的关键步骤。通过使用区块链技术,可以为每项虚拟资产建立一个不可篡改且透明的所有权记录。这不仅增强了资产的安全性,还为虚拟资产的交易提供了可靠的基础。例如,一块虚拟土地的所有权信息被记录在区块链上,可以确保其买卖过程公开、透明。

元宇宙的全球网络部署是确保用户无论身在何处都能流畅访问和使用的关键,涉及服务器的分布、网络连接的优化和数据传输的加速。例如,通过在全球不同地区部署服务器节点,可以减少数据传输的延迟,提高用户访问速度,确保元宇宙在全球范围内的稳定运行。

元宇宙的日常运营维护是确保其稳定和安全运行的基础,包括系统的定期维护、用户支持服务、内容的审核和安全监测等。例如,运营团队需要监控系统性能,及时处理任何技术问题;同时需要提供用户支持,解决用户在使用过程中遇到的问题。此外,内容审核和安全监测也至关重要,以防止不良内容的传播和网络攻击。

为了保持元宇宙的竞争力和吸引力,持续的迭代更新是必不可少的。这包括根据用户反馈和行业发展,不断更新和优化元宇宙的功能和内容。例如,开发团队可能会定期添加新的虚拟场景,引入新的互动技术,或者改进用户界面以提升用户体验。这种持续的迭代不仅使元宇宙能够适应不断变化的技术和市场趋势,还能满足用户日益增长的期待和需求。

元宇宙的运营是一个综合性的过程,涉及技术、法律、用户体验和市场策略等多方面。通过精心的规划和执行,元宇宙可以成为一个安全、稳定且持续发展的虚拟世界。

19.3 元宇宙开发商组织

元宇宙开发商组织是一个复杂且多元化的团体,它的任务涵盖了从元宇宙的概念设计和规划到具体的开发实现,以及后续的运营和维护。这样的组织通常包括多个不同专业的团队、合作伙伴和外部资源,共同合作以实现元宇宙项目的成功。

元宇宙开发商组织的核心定位是元宇宙的建造者和维护者。它不仅负责将元宇宙从一个抽象概念转变为具体的虚拟世界,还要确保这个世界的稳定运行和持续发展。这包括从初步的概念设计和规划到详细的开发和实现,以及后续的运营维护和持续优化。

元宇宙开发商组织在与客户协作的过程中,起着桥梁的作用。它们深入理解客户的需求,参与元宇宙的概念设计和总体规划,明确元宇宙的定位、目标和规模,包括技术选择、团队构建、项目管理等多方面。此外,组织还需要与客户保持紧密沟通,确保元宇宙的运营符合预期,并根据市场反馈进行迭代升级。

元宇宙开发商组织通常包括以下几个核心团队。

(1) 市场营销团队:负责市场分析、推广策略和用户增长。

(2) 开发建设团队:包括软件开发、3D设计、AI技术等专业人员,负责元宇宙的具体建造工作。

(3) 运营维护团队:负责元宇宙的日常运营和维护,包括用户支持、安全监控和数据分析。

为了充分利用外部资源和专业知识,元宇宙开发商组织通常与以下几类合作伙伴和外部团队合作。

(1) 规划设计团队:专注于元宇宙的概念设计和总体规划。

(2) 3D场景开发团队:负责创建逼真的三维虚拟世界。

(3) 数字孪生团队:专门从事现实世界与元宇宙信息互映的技术开发。

(4) 游戏团队:负责开发和维护元宇宙中的游戏内容。

(5) 物联网团队:负责实现元宇宙与现实世界的物联网设备互动。

元宇宙开发商组织是一个多功能、跨学科的团队,它集合了不同领域的专业知识和技能，共同推动元宇宙项目的成功实现。这样的组织不仅关注技术和创意的实现，也致力于优化用户体验、满足市场需求，并不断适应行业的变化和发展。

元宇宙应用开发流程的详细步骤如下。

1. 需求分析

需求分析阶段是确定应用的目标用户和使用场景，深入理解用户的需求，并明确应用要解决的问题。例如，如果开发的是一个元宇宙教育应用，那么需要分析学习者的学习方式和教育需求，基于此设计应用的功能和性能指标。编写的需求文档一般包括用例描述、界面设计、交互需求等。

2. 策略设计

在策略设计阶段，团队需要创建吸引用户并维持其兴趣的故事情节，定义应用中的游戏逻辑和规则，设计奖励和惩罚机制，以激发用户的积极参与。同时需要设计即时反馈机制以帮助用户了解进展；设计复习和练习机制以帮助用户巩固所学。此外，还要创建必要的实体资源，如 AR 标记等。

3. 虚拟世界构建

开发团队在该阶段设计并创建元宇宙的三维场景、角色模型及相关动画，使得虚拟世界更加生动和真实。例如，为一个虚拟城市设计建筑、街道和自然环境，以及城市中的居民和动物。

4. 功能模块设计

功能模块设计包括利用 AR 技术将虚拟物体融合到现实世界，设计算法动态生成互动内容，并根据用户行为给予评价和反馈。如果是语言学习应用，则可能需要设计推送复习内容机制、保存用户进度和分享功能等。

5. 测试应用

测试阶段是确保应用的每个组件正常工作，并在整合后能够协同运行。这包括单个组件的测试、整体应用的测试，以及目标用户的测试，以确保应用满足需求。同时，还要测试应用在高负载下的表现和稳定性，以及数据安全和隐私保护。

6. 部署和发布

在完成测试并修复所有已知问题后，应用将部署到生产环境并向目标用户发布，如通过应用商店或官方网站发布应用。

7. 后期维护与优化

根据用户反馈和使用数据，开发团队会不断对应用进行优化和更新。这包括修复漏洞、改进性能、添加新功能，以及分析用户行为和市场趋势，以指导产品的迭代和优化。

元宇宙应用的开发是一个从深入理解用户需求开始，经过精心设计和构建，到不断测试、发布和优化的全面过程。在这个过程中，跨学科的团队协作和持续的用户反馈至关重要，以此确保应用不仅在技术上可行，而且能够满足用户的需求和期望。

19.4 元宇宙数字空间技术

数字空间引擎是元宇宙构建的关键技术之一。它负责生成和维护这个广泛的虚拟世界，使用户能够以沉浸式、交互式的方式在其中自由行动。

数字空间引擎在构建元宇宙这一广阔且复杂的数字世界中起着至关重要的作用。它集成了一系列先进的技术,以提供逼真的三维渲染、高效的网络功能和分布式计算能力,以及直观的交互和用户界面设计。这些技术不仅使得元宇宙的虚拟环境更加生动和真实,而且保证了大规模用户可以顺畅地在其中互动。

数字空间引擎的核心功能是提供强大的三维渲染能力,以实现逼真的图像渲染和物理效果。这涉及高级的图形处理单元(GPU)编程、着色器编写、光线追踪等技术。例如,在创建一个虚拟自然景观时,引擎需要模拟复杂的自然光照、植被动态和天气变化,以提供尽可能真实的视觉体验。

数字空间引擎还提供了丰富的工具和接口,使设计者能够自由地创建和编辑虚拟空间中的各种元素,如地形、建筑物、物体和角色等。这允许设计师根据具体需求和想象来塑造各种虚拟环境,从城市街道到外太空站都能精确构建。

为了支持大量用户的并行互动,数字空间引擎必须具备高效的网络通信和分布式计算能力。这意味着引擎需要完成数据同步、负载均衡和延迟优化等挑战。例如,在一个大规模的虚拟音乐会中,引擎需要同步成千上万个用户的行动和互动,同时保证稳定流畅的体验。

为了使用户能够自然地沉浸和操作虚拟空间,数字空间引擎支持各种输入设备,如 VR 眼镜、手势识别设备等,并提供直观的用户界面。这样的设计使用户可以通过直观的手势和动作与虚拟世界进行互动,增强了沉浸感和参与感。

这些技术的集成和应用使得数字空间引擎成为构建元宇宙不可或缺的工具。它不仅使虚拟世界的创建和编辑成为可能,而且确保了用户可以在这个多维的数字空间中享受无缝且沉浸式的体验。随着技术的不断进步,数字空间引擎在元宇宙构建中的作用将会更加显著,推动着这一激动人心的新领域的发展。

数字空间引擎在构建元宇宙的过程中承担着多方面的关键角色,除了提供高级的三维渲染和复杂的网络处理能力外,它还涉及物理与行为模拟、安全与隐私保护及跨平台与设备兼容性等重要领域。

为了使虚拟世界尽可能地逼真,数字空间引擎必须能够模拟真实世界的物理规律和生物/角色的行为。这包括模拟物体碰撞、重力作用、流体动力学等物理现象,以及人物和动物的自然行为。例如,在构建一个虚拟的山谷场景时,引擎可能需要模拟水流的流动、树木在风中的摇摆和野生动物的行动模式。这种高级的物理和行为模拟不仅增加了虚拟世界的真实感,还提高了用户的沉浸体验。

在元宇宙这样一个庞大的数字空间中,保护用户的安全和隐私是至关重要的。数字空间引擎在设计之初就需要充分考虑到数据加密、权限控制和隐私保护等问题。例如,确保用户在虚拟环境中的交流和行为不被未经授权的第三方访问或利用。此外,引擎还需要实现有效的用户身份验证机制,以防止未授权的访问和数据泄露。

随着技术的发展,元宇宙预计将支持各种设备,包括 VR/AR 设备、PC、移动设备等。因此,数字空间引擎需要具备出色的跨平台兼容性,以确保用户可以在不同的设备上获得一致的体验。例如,用户可能在 PC 上设计一个虚拟建筑,然后通过 VR 眼镜在三维空间中进行细节调整。这种设备间的无缝兼容性对于提供连贯的用户体验至关重要。

数字空间引擎在元宇宙构建中的作用远远超出了简单的图形渲染和网络处理。它还需要能够模拟复杂的物理现象、保护用户的安全和隐私,同时在不同的平台和设备之间提供无缝的体验。这些高级功能的集成使得数字空间引擎成为构建真实、安全和无缝的元宇宙体验的关键技术。

数字空间引擎通过集成人工智能（AI）技术，可以极大地降低内容创造的成本和复杂性。利用 AI 技术（如深度学习和自然语言处理等），引擎可以自动生成虚拟场景、角色行为等内容。例如，AI 可以用于自动设计虚拟城市的街道布局，或者创建具有真实性格和反应的虚拟角色。这种 AI 集成不仅提高了创造效率，而且增加了元宇宙环境的多样性和动态性。

考虑到元宇宙的庞大规模和复杂性，数字空间引擎必须具备高度的可扩展性。通过模块化设计，可以更容易地对系统进行维护和升级。模块化设计允许开发者添加新的功能或升级现有功能，而不会影响系统的其他部分。这种设计使得元宇宙能够适应快速变化的技术环境，并持续扩展其功能。

构建一个成功的数字空间引擎还需要建立一个活跃的开发者和用户社区。社区成员可以提供反馈、分享创意和开发新的应用，从而推动内容和应用的不断丰富和进化。例如，开发者社区可能会创造新的虚拟交互工具或游戏，而用户社区则可以通过参与和反馈来形塑元宇宙环境的发展。这样的生态系统对于维持元宇宙的活力和持续创新至关重要。

数字空间引擎在构建元宇宙时不仅是实现复杂技术的工具，它还是推动内容创新、确保系统可持续发展和培养活跃社区的关键平台。通过集成 AI 技术、实施模块化设计及建设健康的生态系统和社区，数字空间引擎能够为元宇宙的繁荣和进步提供强大的支持。

19.5　典型数字空间引擎平台

典型数字空间引擎是元宇宙构建的核心部分，它需要集成多个领域的前沿技术，以实现一个开放、可拓展和高度互动的虚拟世界。

1. Unreal Engine

Unreal Engine（UE）是一款非常流行和强大的游戏引擎（见图 19-2），由 Epic Games 公司开发外。除用于游戏开发外，它也广泛应用于影视制作、建筑可视化、模拟训练及虚拟现实（VR）和增强现实（AR）等项目中。UE 是一款理想的元宇宙建造工具。

UE 拥有业界领先的渲染技术，可以创建极其逼真的三维场景。它的光线追踪和物理光照模拟能力使虚拟世界的视觉效果接近真实世界。UE 内置了强大的物理引擎，能够处理复杂的碰撞检测和物理模拟，如流体、布料、破碎效果等，这为创建真实感极强的虚拟世界提供了基础。UE 提供了一整套完善的开发工具，包括可视化脚本工具（Blueprints）、3D 建模工具、动画编辑器、材质编辑器等，方便开发者进行快速和高效的开发。

UE 支持多种平台的开发，包括 PC、移动设备、VR/AR 设备以及游戏主机等，这使得元宇宙能够覆盖更广泛的用户。同时，UE 有良好的网络编程支持，可以方便地开发大规模多人在线的应用，这是元宇宙的基本需求。UE 有一个活跃的开发者社区和丰富的资源市场（Unreal Marketplace），开发者可以购买或免费获取高质量的模型、材质、动画、蓝图和插件等，从而大大加速开发进程。

通常可以使用 UE 的建模和渲染工具来构建元宇宙的虚拟世界，包括地形、建筑、自然环境等；使用 UE 的 Blueprints 系统或 C++ 编程来实现虚拟世界中的交互逻辑，如玩家行

图 19-2　UE

为、NPC(非玩家角色)、AI、物体互动等；使用 UE 的网络编程功能来实现大规模多人在线互动。UE 支持动态内容更新和加载，这对于元宇宙的持续扩展和更新至关重要。UE 可以与现实世界的物联网设备进行交互，如通过 API 接口接收现实世界的传感器数据或控制实体设备等。此外，可以使用 UE 开发虚拟的经济系统，包括虚拟货币、交易市场、商品和服务等；使用 UE 开发相关的安全机制，如用户认证、数据加密和权限管理系统等。

2. Unity

Unity 是一个流行的游戏和应用程序开发平台(见图 19-3)，尤其适用于移动、桌面、网页和 VR/AR 开发。它的灵活性和易用性使其成为构建元宇宙的理想选择。Unity 支持超过 25 个平台，包括移动、桌面、控制台、TV、VR、AR 和 Web 等，这使得元宇宙可以在各种设备上无缝地运行。

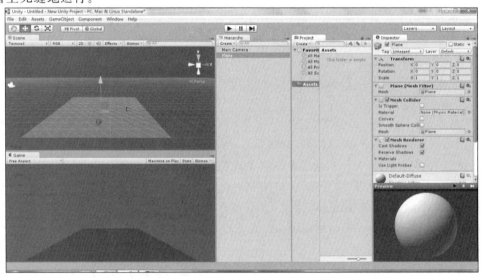

图 19-3　Unity

Unity 提供了直观的编辑器和大量的教学资源，适合初学者使用。Unity 使用 C♯ 作为其主要编程语言，允许开发者快速地实现复杂的逻辑。Unity Asset Store 提供了大量的预制资产，包括 3D 模型、材质、音效、脚本和插件等，这大大加速了开发进程。Unity 有一个活跃的全球社区，提供了大量的教程、讨论和技术支持等，这对于解决开发中的问题很有帮助。Unity 的高性能渲染和物理引擎确保了元宇宙的流畅运行。Unity 是 VR 和 AR 开发的领军者，支持多种 VR 和 AR 设备，为元宇宙的沉浸式体验提供了基础。

Unity 的编辑器和工具可以用来创建元宇宙的地形、建筑、环境和角色。使用 C♯ 脚本设计和实现元宇宙中的交互逻辑、事件和任务系统；使用 Unity 的网络功能（如 Photon 或 Mirror 等）可以实现多人在线互动；Unity 支持动态资源加载和 Asset Bundles，允许元宇宙进行实时的内容更新和扩展；使用 Unity 的 API 和 SDK，与其他系统如物联网、数据库和支付系统进行集成；使用 Unity 的 VR 和 AR 工具包（如 AR Foundation 等）创建真实的沉浸式体验；使用 Unity 和第三方插件设计安全和权限系统，确保元宇宙的数据安全和用户隐私。

3. NVIDIA Omniverse

NVIDIA Omniverse 是一个开放的协作和仿真平台（见图 19-4），旨在提供 3D 内容创建和实时仿真的工具。Omniverse 的目标是实现全球 3D 内容合作的"Google Docs"式体验，并提供高度真实的物理和光线追踪渲染。它为设计师、工程师和其他创意专业人士提供了一个高度集成和互操作的工作环境。

图 19-4　NVIDIA Omniverse

Omniverse 允许全球范围内的多个设计师和开发人员在单一的、实时同步的环境中协作。这对于大规模、复杂的元宇宙项目来说是极其有价值的。Omniverse 提供了基于 NVIDIA RTX 的实时光线追踪渲染，使得虚拟世界可以达到接近现实的视觉效果。Omniverse 旨在成为一个开放平台，可以与许多主流的 3D 内容创建工具（如 Maya、Blender、3ds

Max、Revit等)和游戏引擎(如 Unreal Engine、Unity 等)进行无缝的集成。Omniverse 包括高质量的物理仿真引擎,可以实现复杂的物理行为和交互。Omniverse 设计为模块化架构,允许开发者和企业根据需要选择和使用特定的功能模块。

使用 Omniverse 的 3D 设计和编辑工具,以及与其他 3D 工具的集成,构建元宇宙的地形、建筑、环境和角色。大规模的元宇宙项目通常需要一个大团队的协作,Omniverse 可以让团队成员实时地看到其他人的更改,极大地提高协作效率。通过 Omniverse 的渲染引擎,可以为元宇宙提供电影级别的高质量视觉效果,同时提供真实的物理交互和环境仿真。Omniverse 可以实现与各种主流 3D 工具和游戏引擎的集成,形成统一和流畅的工作流,允许团队使用他们最熟悉的工具参与元宇宙的开发。使用 Omniverse 的仿真功能进行元宇宙的预览和测试,这有助于在早期阶段就发现和解决潜在的问题。

USD(Universal Scene Description)由 Pixar Animation Studios 开发,是用于描述 3D 场景的开放源代码文件格式。USD 旨在成为跨软件包的标准,能够无缝地组织和处理大规模的 3D 场景数据。在 NVIDIA 的 Omniverse 平台中,USD 扮演着核心的角色,它被用作 Omniverse 的基本数据格式,使得 3D 内容的创建、编辑和共享变得更加高效和协同。

为什么 USD 被视作元宇宙的"HTML"?如同 HTML 成为网页内容的标准描述语言,USD 旨在成为描述 3D 场景和元素的通用标准。它允许各种 3D 软件和平台(如 Blender、Maya、Houdini、Unity、Unreal Engine 等)以统一的方式共享场景数据。HTML 允许开发者使用不同的工具和语言(如 CSS、JavaScript 等)构建和设计网页。USD 也支持与其他工具和格式的互操作,从而允许开发者使用他们熟悉的工具链进行元宇宙的开发。HTML 使用标签和元素的层次结构来组织网页内容。同样地,USD 也使用层次结构来组织 3D 场景的各个元素,这让对复杂场景的管理和编辑变得清晰和有效。如同 HTML 可以与 CSS、JavaScript 等组合使用以实现更丰富的功能,USD 也被设计为模块化的和可扩展的。它支持自定义属性和元数据,允许开发者根据需要扩展其功能。

在 Omniverse 平台中,USD 文件可以被多个用户实时地编辑和查看,这类似于多个开发者可以同时编辑和查看一个 HTML 文档。Omniverse 使用 USD 作为其主要的数据交换格式,使得从不同的 3D 创作工具中导入和导出场景变得非常简单和高效。USD 的层次结构允许开发者以逻辑和组织化的方式管理大规模的 3D 场景,这在元宇宙的构建和维护中是至关重要的。通过使用 USD,Omniverse 可以有效地管理场景的不同版本和历史变更,这与网页开发中的版本控制系统(如 Git 等)是类似的作用。

4. 51WORLD

51WORLD 是一种数字孪生技术与解决方案(见图 19-5)。通过数字孪生技术,51WORLD 旨在创建高质量、可交互的 3D 虚拟环境,它们可以模拟真实世界的各种属性和行为。该解决方案被应用于多个行业,包括城市规划、交通模拟、智能建筑和虚拟现实等。对元宇宙的建设而言,51WORLD 的技术和工具可以提供强大的支持。

51WORLD 的技术可以生成高质量、逼真的 3D 虚拟环境。这些环境不仅在视觉上令人印象深刻,而且能模拟现实世界的物理属性和行为。51WORLD 提供的工具支持多用户实时交互与协作。在元宇宙建设中,这意味着开发者和用户可以在一个共享虚拟空间中协同工作。51WORLD 的解决方案可以应用于多个不同的行业和用途,这意味着它们可以灵活地用于不同类型的元宇宙项目。51WORLD 的工具能够集成和处理大规模的现实世界

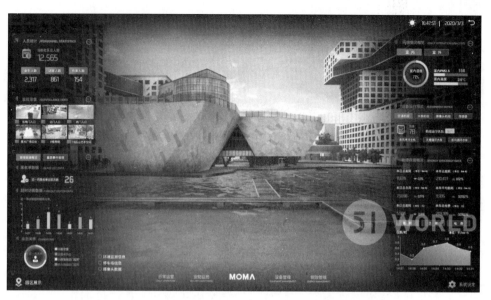

图 19-5　51WORLD

数据,这对于创建真实世界的精确数字复制品至关重要。51WORLD 提供了丰富的 API 和开发工具,允许开发者定制虚拟环境的行为和外观,以满足特定的元宇宙项目需求。

使用 51WORLD 的工具,开发者可以创建精细和逼真的虚拟世界,从城市规划和建筑设计到自然环境的模拟。51WORLD 的解决方案支持多用户实时交互与协作,这有助于大规模和跨地域的元宇宙项目团队协同工作。51WORLD 强大的数字孪生技术可以紧密地集成元宇宙与现实世界的数据和行为,为更加丰富和实用的虚拟体验提供支持。在 51WORLD 的虚拟环境中,开发者可以运行各种模拟,以测试和优化元宇宙中的系统和行为。通过 51WORLD 的工具,教育机构和企业可以在元宇宙中创建虚拟的学习和培训环境。

5. ThingJS

ThingJS 是北京优诺科技公司开发的一个 3D 场景开发框架(见图 19-6)。基于 WebGL 技术,ThingJS 允许开发者在现代 Web 浏览器中构建和展示 3D 场景,无须依赖额外的插件或外部软件。ThingJS 主要面向各类互联网应用,包括元宇宙的建设。它提供了一系列工具和库,使得开发者能够更容易地设计、制作和发布 3D 应用。

ThingJS 基于 WebGL 开发,这意味着它允许 Web 浏览器原生支持 3D 渲染,使得用户无须下载或安装额外软件即可访问和交互 3D 场景。ThingJS 设计的目标之一是简化 3D 应用的开发过程。它提供了丰富的 API 和工具,使开发者能够更容易地创建和编辑 3D 场景和元素。ThingJS 允许开发者通过使用它的 API 和脚本语言进行高度的自定义和扩展,以满足特定项目的需求。由于 ThingJS 基于 Web 技术,因此它能够在各种不同的设备和操作系统上运行,包括桌面计算机、移动设备和 VR/AR 头戴设备等。ThingJS 支持构建多用户实时交互和协作的 3D 应用,这是元宇宙场景中一个重要的特点。

开发者可以使用 ThingJS 的工具和 API 创建丰富和交互式的 3D 虚拟世界,这些世界可以作为元宇宙的一部分。

ThingJS 支持创建可以容纳多个用户同时在线交互的虚拟空间,提供实时多人互动体

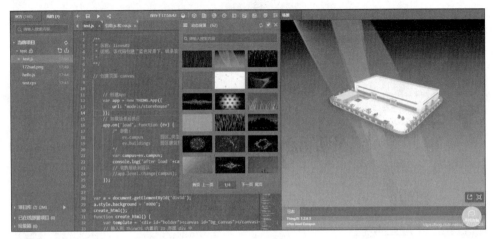

图 19-6　ThingJS

验,这是构建元宇宙的关键要素。开发者可以使用 ThingJS 构建虚拟旅游应用,允许用户在 3D 环境中自由地探索和互动。通过 ThingJS,教育机构和企业可以创建用于教育和培训的虚拟环境。ThingJS 可以用来构建虚拟的展览馆和活动空间,允许用户在一个共享的 3D 空间中参与和体验各种活动。

本章小结

（1）元宇宙是一个由一系列相互连接的 3D 虚拟世界组成的数字宇宙。在这个数字宇宙中,用户可以与其他用户互动、参与虚拟经济活动、购买虚拟土地和资产等。元宇宙房地产的应用包括虚拟土地的所有权与交易、虚拟地产开发与建设、虚拟房地产的租赁与使用、虚拟房地产的估值与投资、虚拟房地产与现实世界的结合、社区与文化建设等。

（2）数字空间引擎是元宇宙构建的关键技术之一。它负责生成和维护这个广泛的虚拟世界,使用户能够以沉浸式、交互式的方式在其中自由行动。国内外知名的数字空间引擎平台包括 UE、Unity、Omniverse、51WORLD、ThingJS。

习题

1. 试比较元宇宙"房地产"与现实中的房地产之间的异同。
2. 简述元宇宙"房地产"的开发流程。
3. 简述元宇宙"房产开发商"的定位、组织与运营模式。
4. 简述数字空间引擎技术在元宇宙数字空间开发中的主要作用。
5. 简述国外著名的数字空间引擎平台的特点与功能。
6. 简述国内知名的数字空间引擎平台的特点与功能。

第四篇 生态篇

元宇宙的产业生态

第 20 章
CHAPTER 20

"产业生态"这一概念描述了产业中各种元素如何相互关联和互动。它借鉴了生物生态系统的理念,形象地解释了企业和产业如何在一定的环境中相互作用和共同发展。这个概念涵盖了企业、供应链、相关与支持产业、政府、研究机构等多层面,共同构成了一个有机的、动态的系统,存在于一定的地域和市场环境中。

产业生态的关键要素包括以下几方面。

(1) 核心企业与参与者。产业生态通常围绕一个或多个核心企业展开,这些核心企业的周围会聚集合作伙伴、供应商、分销商等多种角色,共同参与产业的运作。

(2) 供应链与价值链。在产业生态中,企业之间通过供应链和价值链紧密相连。核心企业与其上下游企业共同形成一个完整、相互依赖的生产和服务网络。

(3) 相关与支持产业。除了直接参与主要产业生产活动的企业外,还有与主产业紧密相关的支持性产业,如原材料供应、研发设计、物流配送、市场营销、售后服务等产业。

(4) 创新与技术。技术研发和创新是产业生态中至关重要的部分。企业和研究机构的创新活动不仅推动了自身发展,还能提升整个产业链的竞争力。

(5) 政府与政策。政府及其制定的相关政策对产业生态的形成和发展起着关键作用。政府可以通过支持性政策、基础设施建设、产业引导和规划等措施,促进产业生态的健康和可持续发展。

(6) 市场与环境。市场需求和竞争环境构成了产业生态的外部条件。市场的变化会影响产业生态中企业的生存和发展策略。

20.1 元宇宙生态

随着技术的不断发展,元宇宙已经逐渐引起了广泛的关注,形成了一个日益庞大和多样化的生态。元宇宙生态图如图 20-1 所示。

1. 元宇宙的内容与应用开发

元宇宙的内容与应用开发是构建和丰富虚拟世界的基础。

1) 游戏和娱乐内容

在元宇宙中,游戏和娱乐内容是至关重要的一环。开发者可以创建各种类型的虚拟游戏,从角色扮演、冒险、竞技到解谜等,提供丰富多样的互动体验。此外,娱乐内容还可以包

图 20-1 元宇宙生态图

括虚拟音乐会、艺术展览、电影院等,让用户在元宇宙中享受到与现实世界同样或者更加丰富的娱乐体验。

2) 社交与交流平台

元宇宙中的社交与交流平台允许用户以虚拟身份与其他用户交流和互动。这些平台可能具备类似现实世界社交网络的功能,如朋友圈、群组聊天、虚拟聚会等。这不仅能够帮助人们在虚拟世界中建立和维护社交关系,还能为各种社群和团队合作提供新的可能。

3) 虚拟教育与培训

元宇宙为教育和培训提供了全新的平台。教育机构和培训组织可以在虚拟世界中建立校园和教室,提供各种类型的课程和培训,从学术课程到职业技能培训等。这种教育方式不受地理位置的限制,可以为全球的用户提供高质量、互动性强的学习体验。

4) 虚拟旅游与探索

在元宇宙中,用户可以通过虚拟的方式参观和探索各种不同的地点,从历史名胜、自然风光到未来幻想的世界等。这种虚拟旅游不仅能够满足人们对未知世界的好奇,还可以作为教育和文化传播的工具。

5) 3D 设计与建模

3D 设计与建模是元宇宙内容创建的基础,包括虚拟世界的场景设计、角色和物品的建模等。设计师和建模师可以通过专业的软件工具,创造出极富视觉和互动性的虚拟元素。这些 3D 内容不仅是元宇宙世界的构成部分,还可以作为数字资产进行交易和共享。

6) 技术与基础设施

通常包括虚拟现实(VR)与增强现实(AR)技术、3D 渲染与图形技术、网络与云计算服务、数据安全与区块链技术等。

2. 硬件设备

硬件设备是元宇宙体验的基础,使用户能够以沉浸式的方式进入虚拟世界并在其中互动。

1) VR 头盔与 AR 眼镜

VR 头盔是一种可以让用户沉浸在完全虚拟的环境中的设备。它通过高分辨率的显示屏和跟踪用户头部动作的传感器,为用户提供一种身临其境的体验。AR 眼镜则允许虚拟信息与现实世界叠加交互。用户通过 AR 眼镜可以看到虚拟物体或信息与现实世界融合的画面。

2) 传感器与交互设备

为了让用户能够以更自然和直观的方式与虚拟世界互动,开发者设计了各种传感器与交互设备。例如,手势控制设备和追踪手套可以捕捉用户的手部动作,让用户能够直接"触摸"虚拟物体。运动追踪系统和全身追踪装置能够捕捉用户的身体动作,从而让虚拟角色能够模拟真实的人体动作。其他交互设备还包括特殊的控制器、触觉反馈设备(如振动套件或力反馈手套)等,使用户能够在虚拟世界中感受到更真实的触觉和运动体验。

3) 高性能计算机与移动设备

流畅地运行复杂的元宇宙应用需要强大的计算能力。高性能计算机(包括台式机和笔记本)通常配备高速的中央处理器(CPU)、大容量的随机存取存储器(RAM)和高端的图形处理器(GPU),以保证可以流畅地渲染和运行复杂的三维场景。随着移动技术的进步,越来越多的元宇宙应用也开始支持移动设备,如智能手机和平板电脑等。这些设备的便携性使得用户可以更灵活地接入和体验元宇宙。随着边缘计算和 5G 网络的普及,低延迟、高带宽的网络连接也成为元宇宙体验的重要支持。

3. 数字资产与经济系统

在元宇宙中,数字资产与经济系统是一个至关重要的组成部分,它为虚拟世界中的交易和价值流转提供了基础和规范。

1) 虚拟货币与代币

虚拟货币和代币是元宇宙经济体系的基础。它们是一种虚拟资产,可以用来购买虚拟物品、服务或权利。这些虚拟货币和代币可以基于区块链技术,确保其安全性、稳定性和透明性。代币可以具有不同的属性和用途,如作为平台的原生货币、用于参与治理决策或表示某种特定的权益等。

2) 数字财产与虚拟物品交易

在元宇宙中,用户可以购买、使用和交易各种虚拟物品,如装备、家具、艺术品等。这些虚拟物品可以视为数字财产,有其自身的价值和用途。为了方便用户安全、便捷地交易这些数字财产,元宇宙中可能会出现类似于现实世界中股票交易所的虚拟交易平台。

3) 非同质化代币(NFT)与版权交易

非同质化代币(NFT)是一种特殊类型的加密代币,代表了一种独特且不可替代的资产。NFT 可以用来证明某个数字物品或内容的所有权和独特性。NFT 为艺术家和创作者提供了一种新的方式来保护和销售他们的作品,同时允许购买者明确、安全地证明他们对特定作品的所有权。NFT 还可以应用于元宇宙中的版权交易,使内容创作者能够更有效地管理和营利于他们的作品。

4）虚拟房地产与资产管理

在元宇宙中,虚拟空间或"土地"也是一种重要的资产。用户可以购买、开发和交易这些虚拟土地,就像在现实世界中房地产交易一样。虚拟房地产可以用于各种用途,如建设虚拟商店、艺术画廊、社交场所等。资产管理在元宇宙中也是一个重要话题。用户可能需要工具和服务来帮助他们追踪、管理和优化元宇宙中的各种资产。

4. 社群与用户

在元宇宙中,社群与用户构成了虚拟世界的人口和社会结构,它们是元宇宙生态系统的核心组成部分。

1）元宇宙的居民和用户

元宇宙的居民和用户是构成虚拟世界社会的基本单元。他们可能是个人,也可能是以团体或组织的形式存在。用户在元宇宙中可以扮演不同的角色,如开发者、玩家、投资者、艺术家、教育工作者等。用户通过自己的虚拟角色与虚拟世界互动,这些角色可能具有独特的外貌、技能和资产。

2）社交网络与虚拟社群

在元宇宙中,用户可以像在现实世界中一样建立各种社交关系,这些关系可以组织成更大的社交网络。这些网络可以是基于兴趣、活动、地理位置等各种因素组成的社群。虚拟社群可能具有它们自己的规则、文化和结构。例如,一些社群可能围绕特定的游戏或活动组织,而其他社群则可能是以职业网络、学术团体或其他共同兴趣为基础。

3）用户行为与文化建设

元宇宙是一个涵盖各种文化和行为准则的空间。用户在元宇宙中的行为模式将塑造这个虚拟世界的文化和社会规范。文化建设是一个持续的过程,它涉及用户如何相互交流、如何解决冲突、如何共同创造和分享内容等。这也包括一定的道德和行为准则,这些准则有助于维护一个健康和积极的社区环境。随着元宇宙的发展,可能会出现新的文化现象,如独特的语言和表达方式、艺术风格、社交礼仪等。

5. 监管与政策

随着元宇宙越来越多地影响人们的日常生活和经济活动,对其进行监管与政策将成为一个至关重要的问题。各个国家和地区的政府或将开始密切关注元宇宙的发展,并逐步制定相应的法律和政策来规范和引导其健康发展。

1）数据隐私与安全

元宇宙涉及大量的用户数据,包括个人信息、交易记录、行为轨迹等。如何保护这些数据的隐私和安全将是一个核心问题。相应的监管政策可能会规定数据的收集、存储、使用和分享的标准和限制,以确保用户的隐私权不受侵犯。安全也是一个重要问题,需要防范各种可能的安全威胁,如黑客攻击、欺诈行为等。

2）虚拟资产与财产权利

在元宇宙中,虚拟资产(如虚拟货币、NFT、虚拟土地等)的所有权和交易已经形成一个巨大的市场。因此,明确和保护这些虚拟资产的法律地位和财产权利将是一个关键问题。监管政策可能需要明确虚拟资产的性质(如是否被视为财产、是否可继承等)以及交易和税务的相关规定,有可能需要建立专门的法律和仲裁机构来解决与虚拟资产相关的纠纷。

3）元宇宙空间与活动的规范与监管

元宇宙中的活动和互动形式多种多样,从社交、娱乐到商业活动等。如何确保这些活动在一个公平、安全和健康的环境中进行将是监管的重要任务。政府和监管机构可能会制定一系列规范和标准,以管理和监督元宇宙中的各种行为和活动。这可能包括完善反洗钱和反恐怖主义融资相关规定、对虚拟世界中的言行进行合规审查等。对于某些特定的空间和活动(如虚拟学校、医疗机构等),可能还需要有更严格和专业的监管标准和准入条件。

4）相关与支持产业

例如,市场营销与推广服务、教育与培训服务、研究与咨询服务等相关产业。

6. 投资与融资

元宇宙的快速发展吸引了大量的投资活动。从风险投资到加密货币和区块链项目投资,再到众筹与融资活动,资本的流动为元宇宙生态系统的建设与扩张提供了重要的支持。

1）风险投资

风险投资(Venture Capital,VC)是一种投资创业企业。元宇宙领域充满了新的机会,包括虚拟现实技术、区块链应用、3D建模和渲染等,吸引了大量的风险投资。风险投资可以为元宇宙的创业公司提供早期到成熟阶段所需的资本,帮助这些公司加速产品的研发、市场扩张和团队建设。

2）加密货币与区块链项目投资

区块链技术是许多元宇宙项目的基础,它可以用于创建安全、透明和不可篡改的数据结构。加密货币和区块链项目投资为元宇宙的基础设施建设提供了重要的资金支持,包括对公链、侧链、跨链协议、智能合约平台、NFT市场等的投资。这种投资可以是直接购买代币,也可以通过各种基金和集合投资进行。

3）元宇宙项目的众筹与融资活动

众筹是一种通过网络平台从大众集资的方式。它允许元宇宙的开发者直接从社区或潜在用户处筹集资金,用于项目的开发和运营。元宇宙项目的众筹可以采取不同的形式,包括赠品众筹、股权众筹和代币众筹等。

融资活动还可以通过更传统的方式进行,如直接向投资者(如天使投资人、风险投资基金等)出售股权,或者通过债务融资。元宇宙的产业生态是一个快速发展且极具潜力的新兴领域,它涉及众多不同的行业与领域,各个参与者(包括开发者、用户、投资者和监管机构等)相互协作和互动,共同推动这个虚拟世界的构建和发展。

20.2 元宇宙创新与技术

元宇宙是一个虚拟的、持续存在的并行宇宙,它通过数字孪生(实体世界和虚拟世界之间的桥梁)将现实世界与虚拟世界融合在一起。元宇宙是一个由各种虚拟世界组成的集合体,这些虚拟世界是由不同的公司、团体和个人创建和维护的。

1. 元宇宙技术基础

元宇宙的技术基础是一系列先进技术的综合应用,这些技术共同构建了一个互动、沉浸式的虚拟环境。从虚拟现实(VR)和增强现实(AR)到区块链与加密技术,再到云计算和边缘计算,每项技术都在塑造元宇宙的体验和功能。

1) 虚拟现实(VR)和增强现实(AR)技术

VR 和 AR 技术是元宇宙技术基础的核心组成部分,提供了创建逼真虚拟环境的高级计算机图形学能力。这包括 3D 模型的构建、纹理的贴图、光线的渲染等,让用户感觉仿佛真的置身于现实世界中。例如,通过 VR 技术,用户可以进入一个虚拟的历史场景,身临其境地体验历史事件。同时,人机交互的开发(如直观的用户界面和手势、语音控制的交互方式等)使用户能够自然地与虚拟世界互动。传感器技术(如头显设备内的传感器等)用于检测用户的动作和位置,并将这些数据用于控制虚拟环境,以提升互动体验。

2) 区块链与加密技术

区块链和加密技术在元宇宙中提供了资产安全和所有权保证。通过区块链技术,虚拟物品(如虚拟土地、服装等)可以被唯一且不可篡改地标识,确保用户的所有权。例如,一个虚拟土地的所有权可以通过区块链技术进行记录和验证,保证交易的安全性和透明度。智能合约的应用可以自动、透明地执行预定的交易或合约条件,降低交易的复杂性和风险。

3) 云计算和边缘计算

云计算在元宇宙中提供了必要的可扩展性,满足对庞大用户基数和虚拟空间的需求。它还可以使资源能够快速扩展,以应对不断变化的需求。边缘计算通过将计算任务分布在网络的边缘,减少数据传输的延迟,实现更快速、更流畅的用户交互。例如,在一个大规模的虚拟演唱会中,边缘计算可以帮助实现实时音视频的流畅传输,提升用户体验。

这些技术的综合应用使得元宇宙成为一个功能丰富、体验沉浸、安全可靠的虚拟环境。它们不仅为用户提供了一个全新的虚拟世界,还为企业和开发者提供了无限的可能性。从娱乐、教育到商业活动,元宇宙正在成为一个全新的数字领域。

2. 创新的形式和驱动力

创新在元宇宙的发展中起着至关重要的作用,不仅体现在内容的创新上,还包括技术创新和商业模式的创新。这些创新形式和驱动力共同推动着元宇宙成为一个多元化、动态发展的新兴领域。

1) 内容创新

(1) 虚拟世界设计。创造独特且具有吸引力的虚拟环境和场景,提供丰富的虚拟体验。例如,设计师可能创造一个虚拟的海底世界,让用户能够探索珊瑚礁和海洋生物。

(2) 虚拟商品与服务。设计和开发各种虚拟商品(如服装、家具等)和服务(如虚拟旅游、教育课程等),满足用户在虚拟世界中的需求。例如,开发者可以设计一系列虚拟时装,让用户在虚拟聚会中穿着。

(3) 社交与交互形式。发展新型的社交方式和互动方式,如虚拟现实中的多人在线社交活动、虚拟聚会等。例如,在虚拟空间中举办音乐节,让用户以虚拟形式参加和互动。

2) 技术创新

随着 AI、5G、区块链技术的发展,元宇宙将能实现更高的自动化、更低的延迟和更安全的交易,从而提供更优质的用户体验。例如,AI 可以用于在元宇宙中自动生成动态变化的场景;5G 技术可减少数据传输延迟,提升实时互动体验。

3) 商业模式创新

(1) 虚拟地产。用户可以在元宇宙中购买和开发虚拟土地,类似于现实世界中的房地产投资。例如,用户可能会购买一块虚拟土地,然后在上面建造虚拟商店或娱乐场所。

(2) 虚拟商品交易。用户可以在元宇宙中购买、使用和交易各种虚拟物品，包括从简单的虚拟服饰到复杂的虚拟机器人等。

(3) 广告与营销。公司可以利用元宇宙进行品牌宣传和广告投放，开辟新的市场和客户群体。例如，一个时尚品牌可能在元宇宙中开设虚拟商店，或者在虚拟环境中举办时装秀。

这些创新形式和驱动力展示了元宇宙作为一个新兴技术领域的动态性和多样性。通过内容、技术和商业模式的不断创新，元宇宙正在成为一个蓬勃发展的数字生态系统，为个人用户和企业提供了前所未有的机遇。

20.3 元宇宙产业

价值链是由迈克尔·波特提出的一个概念，它描述的是企业通过一系列相互关联的活动和流程，将输入转换为输出，从而为客户创造价值的方式。这些活动可以分为两大类：主活动和支持活动。主活动是与产品的生产、销售、维护和支持直接相关的活动，包括物流、运营、营销与销售、服务。支持活动用于支持主活动的运行，包括组织结构、人力资源管理、技术发展和采购。

供应链是指涉及企业以及企业之间的网络结构，包括从原材料的获取到产品的制造，再到最终的产品分销和销售给终端消费者的整个过程。供应链的核心目标是实现输入和输出的有效流动。

1. 元宇宙价值链

元宇宙价值链是一个全面且复杂的系统，涉及从研究与开发到用户体验和社区建设的多个环节，如图20-2所示。这个价值链通过整合创新技术、设计、营销策略和优秀的服务，共同推动元宇宙的发展和繁荣。

1) 研究与开发

研究与开发在元宇宙价值链中占据着创新层的核心位置，不仅包括新技术如区块链、虚拟现实、人工智能的研究，还涉及对新商业模式、用户互动模式和社区治理模式的探索。例如，研究人员可能正在开发一种新的虚拟现实交互技术，或者探索如何通过区块链技术来改善虚拟资产的交易和管理。研究与开发的成功是决定元宇宙项目能否从竞争中脱颖而出的关键因素。

2) 设计与生产

设计与生产阶段是将研究与开发的成果转化为实际的产品和服务，包括虚拟世界的场景设计、角色和物品的3D模型创建、软件开发、区块链智能合约的编写等。例如，设计师可能会创造一个新的虚拟城市，程序员则编写代码使其运行。这个阶段需要多学科的协作和深入的技术实践知识。

3) 营销与销售

元宇宙的营销与销售是推广虚拟世界体验、虚拟物品和其他服务的关键环节。这涉及多种渠道的营销策略，如社交媒体、合作伙伴关系建立、大型线上或线下活动的举办，以及利用NFT等创新方式吸引用户参与。例如，一家公司可能通过社交媒体广泛宣传其在元宇宙中的虚拟活动。

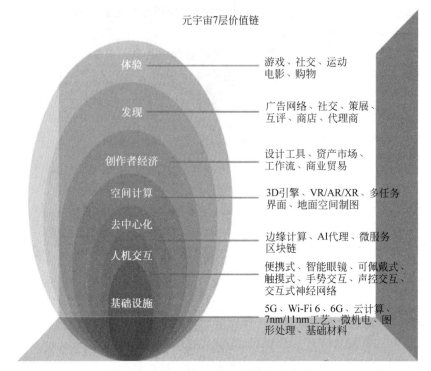

图 20-2　元宇宙价值链

4）交付与服务

在元宇宙中,交付与服务确保用户能够顺利地访问虚拟世界、购买和使用虚拟物品,以及参与社区活动。这包括软件的分发和更新、用户数据的安全与隐私保护、提供教育和培训,以帮助用户理解和使用元宇宙的各种功能。

5）用户体验与社区建设

元宇宙的成功很大程度上依赖优秀的用户体验和活跃的用户社区。这意味着设计友好直观的用户界面、建立有效的用户反馈和问题解决机制、创建社区治理结构,让用户参与元宇宙的决策和发展。例如,开发商可能会设立一个用户论坛,让用户能够分享体验、提出建议,甚至参与未来的产品和活动规划。

元宇宙的价值链覆盖了从创意的孕育到最终用户体验的各个环节,每个阶段都对元宇宙的整体发展和用户满意度产生重要影响。通过这些环节的紧密协作,元宇宙能够不断发展和创新,提供给用户一个丰富、多元和互动的虚拟体验。

2. 元宇宙供应链

元宇宙供应链是一个多层次、跨学科的系统,它涵盖了元宇宙的各方面,从基本概念的创造到技术开发、硬件生产、云计算支持、分销和最终的用户体验。

1）原始创意与设计

概念和物品设计:元宇宙供应链的起点在于创意和设计。这可能涉及独立设计师、艺术家、内容创作者等,他们负责创造虚拟世界的基本概念、设计虚拟物品和服务。例如,一个设计师可能创造一系列独特的虚拟时装,而内容创作者可能构思一个虚拟的故事世界。

2）技术与开发

软件开发和集成：将创意和设计实际化的关键环节在于技术开发。这包括软件编程、3D模型构建、区块链技术实施和整合，以及用户界面和体验设计。从大型软件开发公司到独立开发者，他们共同确保系统的安全性、可靠性和用户友好性。

3）硬件与设备生产

VR/AR设备制造：元宇宙体验通常依赖于高性能的硬件，如VR/AR头盔、传感器和高性能计算机。硬件制造商和零部件供应商需要密切合作，以确保设备性能高效且成本合理。

4）云计算与数据服务

计算和存储支持：元宇宙运行依赖大量的计算和存储资源，以支持实时、高质量的虚拟体验。云服务提供商和数据中心运营商提供的稳定和可扩展服务是元宇宙顺畅运行的基础。

5）分销与零售

产品和服务分销：负责将虚拟产品、硬件和服务分销到用户手中。参与者可能包括在线平台、实体零售商和代理商，他们的任务是确保元宇宙产品和服务能够有效、便捷地到达终端用户。

6）客户服务与维护

用户支持：提供用户支持和产品维护，以确保元宇宙的持续可用性和更新。客服团队、技术支持团队的工作是确保用户问题得到及时解决，提供满意的服务体验。

7）数据与分析

用户数据分析：收集和分析用户数据，用于优化产品和服务，提高市场竞争力和用户黏性。这个环节涉及数据分析师和市场研究人员，他们利用收集的数据来洞察用户行为和市场趋势，为未来的产品和服务发展提供指导。

整个元宇宙供应链是一个动态发展的生态系统，每个环节都对整体的成功和用户体验有着不可或缺的影响。从创意的孕育到技术的实现，再到市场的推广和用户的互动，元宇宙供应链的各个环节共同构成了这一新兴领域的支柱。

3. 元宇宙产业

元宇宙产业生态是一个多元化、互联互动的网络，涵盖了从核心企业到合作伙伴、供应商、分销商，以及其他多种参与者的广泛范围，如图20-3所示。这个生态系统中的每个成员都围绕着共同的目标，即共同构建和发展元宇宙，进行合作。在这个生态中，各方面的参与者通过各自独特的贡献，共同推动着元宇宙的成长和繁荣。

1）核心企业

技术与市场领导者：核心企业在元宇宙产业生态中起到领导和引领作用。这些企业通常拥有强大的技术能力、资金实力和市场份额。例如，大型虚拟世界运营商（如Roblox或Fortnite等）、虚拟现实硬件制造商（如Oculus和HTC Vive等）和区块链基础设施提供商（如Ethereum和Binance Smart Chain等）。它们的角色在于引领元宇宙的技术标准、产品设计和商业模式，以及建立与其他参与者的合作关系。

2）合作伙伴

战略合作与共享资源：合作伙伴与核心企业形成战略合作关系，共享技术、资源和市场

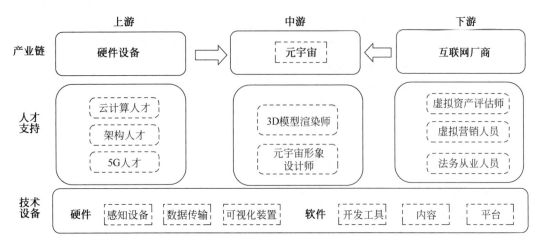

图 20-3 元宇宙的产业链

渠道。例如,一个虚拟世界运营商可能与区块链项目合作,将区块链技术应用于虚拟资产的管理和交易。合作伙伴的作用在于与核心企业共同创新,扩展元宇宙的功能和覆盖范围。

3) 供应商

提供产品与服务：供应商为核心企业和其他参与者提供必要的产品和服务,包括硬件设备、软件开发、数据中心服务、3D模型设计等。例如,一家专业提供 3D 角色建模服务的公司可能成为元宇宙游戏开发商的供应商。供应商的角色是支持核心企业的运营,帮助它们更有效地建设和维护元宇宙。

4) 分销商与平台

市场扩展与用户触达：分销商和平台负责将元宇宙的产品和服务传递给最终用户。这些参与者可能包括应用商店、虚拟现实硬件零售商、虚拟商品交易平台等。它们的作用是扩大元宇宙产品和服务的市场覆盖范围,将其推向更广泛的用户群体。

5) 其他参与者

多元化的社区贡献：除上述参与者外,元宇宙产业生态还包括开发者、内容创作者、用户(或称为"居民")、投资者、监管机构等。这些多样化的参与者从不同的角度和层面参与元宇宙的建设和运营,形成一个充满活力、互动丰富的社区。

在元宇宙的供应链与价值链中,从原材料到最终用户的每一个环节都是紧密相连的。核心企业与上下游企业共同构成了一个完整、互相依赖的生产和服务网络,共同推动着元宇宙产业的发展。这个网络不仅是技术和产品的交换,还是知识、创意和文化的交流平台,使元宇宙成为一个不断进化和扩展的新领域。

20.4 元宇宙生态环境

元宇宙的生态环境包括开发者、用户、企业、政府、技术和文化等元素。这个生态环境可以理解为一个互动的网络,其中各个参与者和元素互相依赖、互相影响,共同促进元宇宙的发展和繁荣。

1. 政府与政策

政府和相关政策在元宇宙产业的发展中扮演着至关重要的角色。通过制定支持性政策、投资基础设施建设、进行产业引导和规划,以及制定相应的监管与法规,政府能够为元宇宙产业的发展提供必要的支持和框架。

1) 税收减免与研发资金支持

政府通过制定优惠政策来鼓励元宇宙相关产业的发展。例如,美国和日本等发达国家已为技术和创新企业提供税收减免和研发资金支持,从而促进了高科技产业的发展。这类政策可以应用于元宇宙产业。我国在"十四五"规划中明确了对新技术和数字产业的支持,这为元宇宙的发展提供了政策基础。

2) 网络和数据中心建设

政府通过投资建设高速网络、数据中心和云计算等基础设施,满足元宇宙对庞大数据和计算的需求。例如,韩国和新加坡等国家已投资建设高速网络和数据中心,为各种在线服务提供支持。在国内,运营商正改进网络基础设施,使更多人能够高速接入互联网,从而为元宇宙的扩张提供可能。

3) 长期战略规划

政府通过制定长期战略规划来引导资本和人才流向元宇宙产业,实现国家或地区在全球元宇宙发展中的战略地位。欧盟为人工智能和数字创新进行了明确的策略制定和投资,这为元宇宙产业提供了参考。在我国,多地政府已发布针对元宇宙产业的长期计划和政策。

4) 确保交互安全和用户权益

政府需要制定明确的法律法规来规范元宇宙空间中的行为,保护用户的数据隐私和虚拟财产权益。例如,欧洲的GDPR法规为用户数据隐私提供了严格的保护。国内政府部门正在制定或更新法规,以确保元宇宙内的交互安全,防止欺诈和侵犯隐私等不良行为的发生。

政府对元宇宙的支持不仅为产业的发展提供了基础和框架,而且通过促进创新、提供基础设施、引导产业发展和确保合规性,帮助形成一个健康、可持续发展的元宇宙市场环境。这些措施不仅利于企业的发展,也保障了用户的利益和产业的整体健康。

2. 市场与环境

元宇宙产业生态的发展深受市场需求、竞争环境以及技术进步与创新的影响。这些因素共同作用于元宇宙的形成和成长,提升了这个新兴产业的发展速度。

1) 虚拟交互和娱乐需求

元宇宙产业的发展依赖市场对虚拟交互、娱乐、教育和工作空间的需求。用户对新的社交互动方式、娱乐形式和数字化工作空间的需求在全球范围内日益增长。例如,人们对在线社交和远程工作的需求激增会加速元宇宙相关技术和应用的发展。

2) 市场竞争激烈

元宇宙市场竞争日益加剧,企业在技术、内容和用户体验等多方面争夺优势。大型企业都在积极投入元宇宙技术和产品的开发,形成了一个竞争激烈的市场环境。这种竞争促使企业不断创新,以期在市场中获得领先地位。

3) 技术发展推动元宇宙进步

VR/AR技术、区块链技术和人工智能等技术的进步是推动元宇宙生态发展的关键因素。这些技术在全球范围内得到迅速发展和广泛应用。例如,VR/AR技术的进步使得用户能够体验更加真实和沉浸式的虚拟环境,区块链技术则为虚拟资产的交易和管理提供了安全和透明的解决方案。

这些市场和环境因素共同构成了元宇宙产业生态的外部框架。市场需求决定了元宇宙发展的方向，竞争环境推动了技术和服务的创新，而技术进步则为元宇宙的实现和扩展提供了可能。这些动态因素相互作用，共同促进了元宇宙产业生态的持续发展和繁荣。

3. 社区与文化

社区与文化在塑造元宇宙的环境和体验中起着关键作用。虽然元宇宙是一个虚拟的空间，但它的社区结构和文化价值观很大程度上受到现实世界的地域文化和社会规范的影响。

1）不同文化背景的虚拟社区

在元宇宙中，不同地域和文化背景的用户可能形成不同的社区和交互习惯。例如，一个以中华文化为背景的虚拟社区可能重视春节等传统节日的庆祝，而一个欧洲背景的社区可能有其独特的艺术展览和音乐节。这样的文化多样性使元宇宙成为一个全球化的、包容性强的空间，不同文化背景的用户可以在这里相遇、交流和互动。

2）构建和谐共处的社区规范

元宇宙社区需要建立一套公认的价值观和行为准则，以维护社区的和谐与秩序。这些准则可能受到现实世界文化和价值观的影响。例如，一个社区可能强调尊重和包容，禁止任何形式的歧视和骚扰行为。这样的共同价值观和规范有助于构建一个安全、相互尊重和互助的虚拟社区环境。

3）用户的自我管理与协作

元宇宙的健康发展依赖于社区的积极参与和自我治理，包括制定和执行社区的行为规范、组织社区活动、解决问题和冲突等。在元宇宙这样一个去中心化的空间中，社区参与和自我治理显得尤为重要。用户通过协作和对话，共同维护社区的秩序和活力，如社区投票决定某项规则的实施，或组织虚拟活动以促进社区成员之间的互动和了解。

元宇宙社区的这些特性不仅使元宇宙成为一个充满活力和创新的空间，也是其持续发展和繁荣的基础。通过这样的社区构建，元宇宙能够为用户提供一个多元化、富有包容性和互动性的虚拟世界。

本章小结

（1）"产业生态"用于描述产业中各种元素的相互关联和互动，它借鉴了生物生态系统的概念，以形象地解释企业和产业如何在一定的环境中相互作用、共同发展。产业生态涉及企业、供应链、相关与支持产业、政府、研究机构等多个层面，它们在一定的地域和市场环境中共同构成一个有机的、动态的系统。

（2）元宇宙是一个涵盖虚拟现实、增强现实、3D 互联网和人工智能等多种技术的虚拟世界，形成了一个日益庞大和多样化的生态。元宇宙生态包括元宇宙的内容与应用开发、硬件设备、数字资产与经济系统、社群与用户、监管与政策、投资与融资等。

（3）元宇宙生态环境是指由多个参与者组成的复杂系统，关系到开发者、用户、企业、政府、技术和文化等元素，包括政府与政策、市场与环境、社区与文化三大关键领域。

习题

1. 简述产业生态的概念和内容。
2. 简述元宇宙的产业生态、价值链与产业链,并比较这几个概念的区别及其关联。
3. 简述元宇宙的创新与技术包括的内容。
4. 简述元宇宙生态环境所涉及的内容。
5. 查阅资料,简述元宇宙监管对元宇宙生态环境建设的意义。
6. 查阅资料,简述政府产业政策对元宇宙生态发展的意义。

参 考 文 献

[1] 丁文文,王帅,李娟娟,等.去中心化自治组织:发展现状、分析框架与未来趋势[J].智能科学与技术学报,2019,1(2):202-213.
[2] 苟尤钊,季雪庭,叶盈如,等.元宇宙技术体系构建与展望[J].电子科技大学学报,2023,52(1):74-84.
[3] 王丽巍,苏炜,安佳.我国数字货币研究热点、演进路径与研究前沿的可视化分析[J].北京邮电大学学报(社会科学版),2021,23(4):52-63.
[4] 贾丽平.比特币的理论、实践与影响[J].国际金融研究,2013(12):14-25.
[5] 高德红,王亚丽,郭翠玲.数字孪生及其在智能制造中的应用[J].计算机集成制造系统,2019,25(1):1-18.
[6] 王伟,刘强,陈敏,等.数字孪生驱动的工业互联网平台技术体系与应用[J].中国科学:信息科学,2020,50(1):13-36.
[7] 钟诚,朱宏平.基于数字孪生的智能制造系统建模与仿真[J].计算机集成制造系统,2019,25(4):895-904.
[8] GITHENS G. Product Lifecycle Management: Driving the Next Generation of Lean Thinking by Michael Grieves[J]. The Journal of Product Innovation Management,2007,24(3):278-280.
[9] 张亮,高峰,张翼.数字孪生在制造中的应用进展综述[J].西北工业大学学报,2020,38(2):227-237.
[10] 陈永伟,吕琳媛.元宇宙漫游指南[M].上海:上海人民出版社,2022.
[11] 王文熙,周芳,万月亮,等.元宇宙技术综述[J].工程科学学报,2022,44(4):744-756.
[12] 许小可,樊亚,张宝山.元宇宙:技术、应用与挑战[J].电信科学,2021,37(6):1-26.
[13] 胡泳,李蓓.元宇宙视角下的数字人类研究[J].中国出版,2021,24:12-19.
[14] 张修维,陈宇翔,张宇翔,等.基于人工智能的元宇宙发展研究[J].电脑知识与技术,2021,17(9):1-6.
[15] 王利娟,刘巧珍.虚拟现实技术在元宇宙中的应用研究[J].计算机与数字工程,2021,49(7):1345-1350.
[16] 李锦绣,王天舒,刘杰.元宇宙:下一代互联网的探索与挑战[J].中国新通信,2021,23(14):41-44.
[17] 谷建阳.元宇宙:发展简史+技术案例+商业应用[M].北京:清华大学出版社,2022.
[18] 赵国栋,易欢欢,徐远重.元宇宙[M].北京:中译出版社,2021.
[19] 成生辉.元宇宙:概念、技术及生态[M].北京:机械工业出版社,2022.